21 世纪国际商务教材教辅系列

编写委员会

总　主　编：余世明

副总主编：袁绍岐　张彬祥　何　静

编写成员：（按姓氏笔画排列）

王雪芬	邓雷彦	邓棣嫦	邓宇松	朱艳君	刘德海
刘生峰	许　燕	杨　青	杨　遐	杨宇晖	杨子电
李　涛	肖剑锋	吴憲华	何　静	余世明	余　媛
宋朝生	张彬祥	张少辉	张小彤	陈　梅	陈夏鹏
林丽清	罗楚民	冼燕华	赵江红	胡丽媚	袁绍岐
袁以美	顾锦芬	黄　丽	黄清文	黄森才	彭伟力
彭月嫦	曾　馥	谢蓉莉	赖瑾瑜	詹益生	谭　莉
潘子助					

21世纪国际商务教材教辅系列

总 主 编　余世明
副总主编　袁绍岐　张彬祥　何　静

A New Basic Theory About
The International Business

新编国际商务理论基础

主　编　赖瑾瑜
副主编　黄清文　黄森才

暨南大学出版社
JINAN UNIVERSITY PRESS

中国·广州

图书在版编目（CIP）数据

新编国际商务理论基础/赖瑾瑜主编；黄清文，黄森才副主编.—广州：暨南大学出版社，2010.9（2020.9重印）

（21世纪国际商务教材教辅系列）

ISBN 978－7－81135－631－1

Ⅰ.①新…　Ⅱ.①赖…②黄…③黄…　Ⅲ.①国际贸易—高等学校—教材

Ⅳ.①F74

中国版本图书馆 CIP 数据核字（2010）第 169556 号

新编国际商务理论基础

XINBIAN GUOJI SHANGWU LILUN JICHU

主编：赖瑾瑜　副主编：黄清文　黄森才

出 版 人：张晋升
责任编辑：张仲玲　张剑峰
责任校对：周明恩　黄雪芬
责任印制：汤慧君　周一丹

出版发行：暨南大学出版社（510630）
电　　话：总编室（8620）85221601
　　　　　营销部（8620）85225284　85228291　85228292　85226712
传　　真：（8620）85221583（办公室）　85223774（营销部）
网　　址：http：//www.jnupress.com
排　　版：广州市天河星辰文化发展部照排中心
印　　刷：佛山市浩文彩色印刷有限公司
开　　本：787mm×1092mm　1/16
印　　张：12.75
字　　数：310 千
版　　次：2010 年 9 月第 1 版
印　　次：2020 年 9 月第 5 次
印　　数：8001—9000 册
定　　价：32.00 元

（暨大版图书如有印装质量问题，请与出版社总编室联系调换）

目 录

编写说明

改革开放二十多年来，中国外经贸事业发生了翻天覆地的变化，特别是加入世界贸易组织后，中国的对外开放进入了一个崭新的阶段，2009 年中国进出口总额 22 073 亿美元，全年出口 12 017 亿美元，进口 10 056 亿美元，贸易顺差 1 961 亿美元，出口超越德国，成为全球出口"冠军"。

经过 25 年的改革开放，中国已经是名副其实的贸易大国。与此同时，国际贸易中贸易矛盾、贸易摩擦越来越频繁；服务贸易、知识产权越来越为各国所重视；跨国公司大量增加；经济一体化趋势增强等，都使世界市场的竞争空前激烈。为了适应新形势的发展，中国急需培养一大批掌握国际贸易规则的对外经济贸易专门人才，本书正是为了这个目的而编写。

本教材在编写过程中具有以下特点：

（1）以世界贸易组织的规则为主线，重点突出国际贸易及中国对外贸易的方针、政策和措施。对以往教材中偏难、偏多的理论进行简化，使理论知识以够用为度。

（2）知识覆盖面广。教材包括了国际贸易基本概念、国际贸易基础理论、国际贸易的方针政策措施及中国对外贸易四大部分，系统地阐述了国际贸易的基础知识，既有重点，又尽量加宽知识点的覆盖面。

（3）结合当今国际贸易及中国对外贸易的热点问题，如反倾销、反补贴、反倾销规避与反规避、技术性贸易壁垒、绿色壁垒、保障措施、劳工标准、欧盟普惠制新方案等，以发展的角度来阐述国际贸易中的新知识、新方法，使教材具有前沿性。

（4）以当今国际贸易及中国对外贸易中出现的典型案例为导线，对国际贸易的基本知识进行分析解答，既使教材生动活泼，易于学生理解，又提高了学生综合运用基础知识的能力和分析解决问题的能力。

（5）每章附有"本章知识应用"，包括相关文章的导读及相关知识的扩充，不但让学生扩大知识面，同时让学生通过对基础知识的学习，提高分析问题的能力。

本书是国际商务专业的专业基础课程教材，既可作为国际商务专业通用的教材，也可作为自学考试和国际商务从业人员培训的基础教材和参考读物。

本书各章编写人员为赖瑾瑜（第一、二、三、四、五、六、七、八章），黄清文（第六章），黄森才（第一、二、七、八章），全书由赖瑾瑜、黄森才总纂和修审。

本书在编写过程中借鉴、参考了有关书籍，在此特向相关的作者表示衷心的感谢。由于时间仓促，编者水平有限，错误在所难免，诚心希望大家批评指正。

编者
2010 年 8 月 5 日

第一章
国际贸易概述

第一节　国际贸易的基本概念

一、国际贸易与对外贸易

（1）国际贸易（International Trade）亦称"世界贸易"，指世界各国（或地区）之间进行的商品（Goods）、服务（Services）和技术（Technology）的交换活动。狭义的国际贸易是指不同国家（或地区）之间的商品交换，它是具体的、有形的。也就是说，交换的是看得见、摸得着的商品，如汽车、服装、机械设备、农副产品等。因此，狭义的国际贸易又称为有形贸易。广义的国际贸易是指不同国家（或地区）之间商品和常务的交换，既包括具体的商品，也包括无形的服务，是有形贸易和无形贸易的结合。

（2）对外贸易（Foreign Trade）亦称"进出口贸易"，是指一国（或地区）与别国（或地区）之间的商品、服务、技术的交换活动。因此，提到对外贸易时要指明特定的国家。有一些海岛国家（或地区），如英国、日本等国常用"海外贸易"（Oversea Trade）来表示对外贸易。在一定时期一国的对外贸易由出口贸易和进口贸易两部分组成。对输入商品或劳务的国家（或地区）来说，对外贸易即为进口贸易；对输出商品或劳务的国家（或地区）来说，则为出口贸易。

> 请注意：广义的国际贸易既包括有形贸易的商品进出口，又包括无形的服务和技术贸易。

对外贸易是国际贸易的一部分。国际贸易从世界范围内考察不同国家（或地区）之间的交换活动，而对外贸易是从一个国家的角度研究商品和劳务的交换活动。

> 小问题：外国人到中国旅游是国际贸易吗？中国人出国留学是国际贸易吗？

二、贸易额和贸易量

贸易额就是用货币表示的贸易的金额，贸易量是剔除了价格变动影响之后的贸易额，贸易量使得不同时期的贸易规模可以进行比较。

（1）对外贸易额（Value of Foreign Trade）也称为对外贸易值，是用货币金额表示的一国一定时期内的进出口规模，是衡量一国对外贸易状况的重要指标。它是由一国一定时期内从国外进口的商品总额加该国同时期向国外出口的商品总额构成的。

对外贸易额一般用本国货币表示，也可用国际上习惯使用的货币表示；联合国发布的世界各国对外贸易额是以美元表示的；各国在统计有形商品时，出口额以 FOB 价格计算，进口额以 CIF 价格计算；无形商品不报关，海关不统计。

小知识：

改革开放以来，中国进出口贸易总额增长迅速。1978 年进出口贸易总额为 206.4 亿美元；1985 年第六个五年计划完成时，进出口贸易总额为 696 亿美元；1990 年第七个五年计划完成时，进出口贸易总额为 1 154 亿美元；第八个五年计划期间进出口贸易更是高速增长，1995 年进出口贸易总额达 2 809 亿美元；进入第九个五年计划，进出口贸易总额继续保持增长，2000 年进出口贸易总额达 4 743 亿美元；2008 年为 2.5 万亿美元，仅次于美、日，居世界第三位。

中国现在是名副其实的贸易大国。

（2）国际贸易额（Value of International Trade）是以货币表示的世界各国对外贸易值的总和，又称国际贸易值，它等于一定时期内世界各国用 FOB 价格计算的出口贸易额之和。

计算世界各国的对外贸易总额即国际贸易额的方法，是把世界上所有国家和地区的出口额相加，即按同一种货币单位换算后，把世界各国和地区的出口额相加，就能得出国际贸易额。但不能简单地把世界各国和地区的出口额与进口额相加。因为所有国家和地区的出口额，就是所有国家和地区的进口额，如相加就会出现重复计算。

请注意：国际贸易额是各国出口贸易额的总和，而对外贸易额是一国进口额和出口额的总和。

至于世界各国和地区进口总额高于出口总额的原因，是因为大多数国家和地区统计出口额时以 FOB 计算，统计进口额时以 CIF 价格计算，CIF 价格比 FOB 价格高，前者包含海运费和保险费。所以，世界进口总额会大于世界出口总额。

（3）贸易量是为了剔除价格变动影响，准确反映国际贸易或一国对外贸易的实际数量而确立的一个指标。在计算时，以报告期的贸易额除以按固定年份为基期而确定的价格指数，得到的就是相当于按不变价格计算（剔除价格变动的影响）的贸易额，该数值就叫报告期的贸易量。

假设 2005 年我国出口彩色电视机 1 000 万台，总价值为 50 亿美元，那么 1 000 万台就是彩色电视机的出口贸易量，50 亿美元就是彩色电视机的出口贸易额。

贸易量＝贸易额（进口或出口）÷价格指数（进口或出口）

这种按不变价格计算的对外贸易额已经排除了价格波动的影响，反映了对外贸易的实际规模，故称为对外贸易量。由此可以看出，国际贸易量是以一定时期的不变价格为标准计算的国际贸易额。

请注意：因为每种商品的计价单位不同，所以不可以把每种商品的贸易量相加，因此贸易量只能通过计算公式近似地计算出来。

小知识：

据联合国统计，A 类国家出口额 1970 年为 2 800 亿美元，1978 年为 11 736 亿美元；出口价格指数 1970 年为

100，1978 年为 265。

如果按贸易额直接计算，那么 1978 年与 1970 年相比国际贸易额增加了 3.2 倍。

若按贸易量计算，得出 1978 年的国际贸易量约为 4 429 亿美元（11 736÷265 亿/100），再把这一数值同基期的 1970 年的 2 800 亿美元相比较，从而得出 1978 年国际贸易实际规律变化的物量指数为 158（4 429/2 800×100），即 1978 年与 1970 年相比国际贸易量增加了 58%，而不是按贸易额计算的增加了 3.2 倍。

联合国等机构的统计资料往往采用国际贸易额和国际贸易量两种数值，以供对照参考。

三、贸易差额

贸易差额（Balance of Trade）是指一个国家在一定时期内（通常为一年）出口总额与进口总额之间的差额。

（1）贸易顺差（Favorable Balance of Trade），中国也称它为出超（Excess of Export over Import），表示一定时期内出口额大于进口额。

（2）贸易逆差（Unfavorable Balance of Trade），中国也称它为入超（Excess of Import over Export）、赤字，表示一定时期内出口额小于进口额。

小问题：贸易顺差是不是越大越好？

（3）贸易平衡就是一定时期内出口额等于进口额。

一般认为贸易顺差可以推进经济增长、增加就业，所以各国无不追求贸易顺差。但是，过大的顺差往往会导致贸易纠纷，例如日美汽车贸易大战等。

四、国际贸易条件

国际贸易条件（Terms of International Trade）是出口商品价格与进口商品价格的对比关系，又称进口比价或交换比价。它表示出口一单位商品能够换回多少单位进口商品。很显然，换回的进口商品越多就越有利。

贸易条件在不同时期的变化通常用贸易条件指数来表示。贸易条件指数是出口价格指数和进口价格指数的比值，计算公式是：出口价格指数除以进口价格指数，再乘以 100（假定基期的贸易条件指数为 100）。报告期的贸易条件指数大于 100，说明贸易条件较基期改善；报告期的贸易条件指数小于 100，说明贸易条件较基期恶化。

发达国家的贸易条件与发展中国家的贸易条件相比，显然前者要好得多。

举例说明：

假定某国商品贸易条件以 1950 年为基期是 100，1980 年时出口价格指数下降 5%，为 95；进口价格指数上升 10%，为 110，那么这个国家 1980 年的商品贸易条件为：$N=(95/110)\times100=86.36$

分析：该国的贸易条件是恶化了还是改善了？

五、贸易的商品结构

2008 年中国进出口商品构成表

项目	进口		出口	
	金额（元）	增减（%）	金额（元）	增减（%）
总值	1 1330.86	18.55	14 284.46	17.28
初级产品	3 627.76	49.30	778.48	26.49
食品及活动物	140.50	22.21	327.64	6.55
饮料及烟类	19.20	36.95	15.30	9.60
非食用原料	1 672.08	41.81	113.46	23.95
矿物燃料、润滑油及相关原料	1 691.09	61.32	316.35	58.62
动、植物油脂及蜡	104.88	42.81	5.74	89.44
工业制成品	7 703.11	8.06	13 506.98	16.80
化学品及相关产品	1 191.95	10.88	793.09	31.40
按原料分类的制成品	1 071.59	4.17	2 617.43	19.03
机械及运输设备	4 419.18	7.13	6 733.25	16.66
杂项制品	976.19	11.56	3 346.06	12.72
未分类的其他商品	44.20	79.31	17.15	-21.19

贸易的商品结构（Composition of Trade）就是各类商品在贸易总值中所占的比重。这里涉及一个商品分类的问题，一般有两种分类方法。

第一种是联合国秘书处的《国际贸易标准分类》（SITC）：把有形商品依次分为 10 大类，其中 0~4 类商品称为初级品，5~8 类商品称为工业制成品，第 9 类为未分类的其他商品。初级产品、制成品在进出口商品中所占的比重就表示了贸易的商品结构。

第二种是按生产某种商品所投入的生产要素进行分类，可分为劳动密集型商品、资本密集型商品等某种生产要素密集型商品。

贸易的商品结构分为国际贸易商品结构与对外贸易商品结构。

（1）国际贸易商品结构（Composition of International Trade）指一定时期内各类商品或某种商品在国际贸易中所占的比重或地位。

（2）对外贸易商品结构（Composition of Foreign Trade）指一定时期内各类商品或某种商品在一国对外贸易中所占的比重或地位。

> 一个国家的对外贸易商品结构中，技术含量高的商品或附加值高的商品占的比例越大，说明这个国家的经济发展水平越高。

国际贸易商品结构可以反映出整个世界的经济发展水平和产业结构状况。一国的对外贸易商品结构可以反映出该国的经济发展水平、产业结构以及资源情况等。

中国进出口商品结构不断优化

2001—2005 年机电产品和高新技术产品出口、进口变化

年份	出口额（元）		占出口总额的比重（％）	
	机电产品	高新技术产品	机电产品	高新技术产品
2001	1 187.9	464.6	44.6	17.5
2002	1 570.8	677.1	48.2	20.8
2003	2 274.6	1 101.6	51.9	25.1
2004	3 234.0	1 655.4	54.5	27.9
2005	3 916.7	2 182.5	51.4（57.6）	28.6（29.2）
年份	进口额（元）		占进口总额的比重（％）	
	机电产品	高新技术产品	机电产品	高新技术产品
2001	1 205.2	641.2	49.5	26.3
2002	1 556.0	827.1	52.7	28.0
2003	2 249.9	1 191.8	54.5	28.9
2004	3 018.8	1 614.3	53.8	28.8
2005	4 620.8	1 977.1	70.0（46.9）	30.0（29.9）

六、贸易的地理方向

贸易的地理方向包括对外贸易地理方向和国际贸易地理方向两方面。

1. 对外贸易地理方向（Direction of Foreign Trade）

对外贸易地理方向是指一国出口商品去向和进口商品的来源，从而反映一国与各国、各地区、各国家集团之间经济贸易联系的程度，从中可以看出哪些国家或国家集团是该国的主要贸易对象和主要贸易伙伴。

2008 年中国进、出口贸易伙伴情况　　　　　金额单位：亿美元

主要出口贸易伙伴情况				主要进口贸易伙伴情况			
位次	国家或地区	出口金额	增速（％）	位次	国家或地区	进口金额	增速（％）
	总值	14 285.46	17.2		总值	11 330.86	18.5
1	欧盟	2 928.78	19.5	1	日本	1 506.51	12.5
2	美国	2 522.97	8.4	2	欧盟	1 326.99	19.6
3	中国香港	1 907.43	3.4	3	东盟	1 169.74	7.9
4	日本	1 161.34	13.8	4	韩国	1 121.62	8.1
5	东盟	1 141.42	20.7	5	中国台湾	1 033.40	2.3
6	韩国	739.51	31.0	6	美国	814.40	17.4
7	俄罗斯	330.05	15.9	7	澳大利亚	374.19	44.8

（续上表）

主要出口贸易伙伴情况				主要进口贸易伙伴情况			
位次	国家或地区	出口金额	增速（%）	位次	国家或地区	进口金额	增速（%）
8	印度	315.00	31.2	8	沙特阿拉伯	310.13	76.6
9	中国台湾	258.78	10.3	9	巴西	297.47	62.2
10	澳大利亚	222.38	23.6	10	俄罗斯	238.25	21.0

2009 年世界商品贸易前十大出口国金额及排名

单位：十亿美元

国别	2009 年				2008 年			
	排名	出口金额	占世界比重	2009 年成长率	排名	出口金额	占世界比重	2008 年成长率
中国大陆	1	1,202	9.6	−16	2	1 428	8.9	17.0
德国	2	1 121	9.0	−22	1	1 465	9.1	11.0
美国	3	1 057	8.5	−18	3	1 301	8.1	12.0
日本	4	581	4.7	−26	4	782	4.9	10.0
荷兰	5	499	4.0	−22	5	634	3.9	15.0
法国	6	475	3.8	−21	6	609	3.8	10.0
意大利	7	405	3.2	−25	7	540	3.3	10.0
比利时	8	370	3.0	−22	8	477	3.0	10.0
韩国	9	364	2.9	−14	12	422	2.6	14.0
英国	10	351	2.8	−24	10	458	2.8	4.0

2009 年世界商品贸易前十大进口国金额及排名

单位：十亿美元

国别	2009 年				2008 年			
	排名	进口金额	占世界比重	2009 年成长率	排名	进口金额	占世界比重	2008 年成长率
美国	1	1 604	12.7	−26	1	2 166	13.2	7
中国大陆	2	1 006	8.0	−11	3	1 133	6.9	19
德国	3	931	7.4	−21	2	1 206	7.3	14
法国	4	551	4.4	−22	5	708	4.3	14
日本	5	551	4.4	−28	4	762	4.6	22
英国	6	480	3.9	−24	6	632	3.8	1
荷兰	7	446	3.5	−23	7	574	3.5	16
意大利	8	410	3.2	−26	8	556	3.4	10
香港	9	353	2.8	−10	13	393	2.4	6
比利时	10	351	2.8	−25	9	470	2.9	14

2008 年中国前十大贸易伙伴分别为欧盟、美国、日本、东盟、中国香港、韩国、中国台湾、澳大利亚、俄罗斯和印度。尽管中国前十大贸易伙伴的贸易量在中国总体贸易中的比重逐年下降，使得中国对外贸易地理方向有分散化的趋势，但是，目前的状况仍然十分集中，中国前十大贸易伙伴的进出口值占进出口总值的比例仍接近八成之多。

2. 国际贸易地理方向（Direction of International Trade）

国际贸易地理方向是指国际贸易的地区分布和商品流向，也就是各个地区、各个国家在国际贸易中所占的地位。通常用它们的出口额（或进口额）占世界出口贸易总额（或进口贸易总额）的比重来表示。

七、对外贸易依存度

对外贸易依存度（Foreign Dependence Degree）是指一国进出口总额与其国内生产总值或国民生产总值之比，又叫对外贸易系数。出口（进口）依存度即一国出口（进口）总额与其国内生产总值或国民生产总值之比。一国对对外贸易的依赖程度，一般可用对外贸易依存度来表示，体现本国经济增长对进出口贸易的依附程度，也是衡量一国贸易一体化的主要指标。比重的变化意味着对外贸易在国民经济中所处地位的变化。

近年来，中国外贸依存度（对外贸易总额/国内生产总值）不断提高，据中国商务部统计，2001 年中国外贸依存度为 38.47%，2005 年为 63.86%，2006 年为 67%，2007 年和 2008 年均超过 70%。这说明中国的对外贸易在国民经济中所处的地位越来越重要，中国经济与世界经济已经形成了相互依赖的伙伴关系，世界经济对中国经济发展的影响日益明显。

八、贸易差额与国际收支

一国在一定时期内（如一年或一季）对外贸易出口与进口之间的差额称为贸易差额（Balance of Trade）。当出口总值大于进口总值时，称为贸易顺差或出超，以正数表示；当进口总值大于出口总值时，称为贸易逆差或入超，以负数表示；当出口等于进口时，称为贸易平衡。

贸易差额是衡量一国对外贸易发展状况的重要标志。通常，贸易顺差说明该国的商品在世界市场竞争中具有一定优势，贸易收入大于支出；反之，贸易逆差说明该国的商品在世界市场的竞争中处于劣势，贸易支出大于收入。

一国在一定时期内对外政治、经济和文化往来中产生的全部国际经济贸易交易的系统记录称为国际收支（Balance of Payment）。一国在一定时期内与别国发生的各项收支按项目分类统计的一览表称为国际收支平衡表。贸易差额是国际收支最重要的项目之一，国际收支能从一个侧面体现一国的经济实力和对外经济活动的状况。

第二节　国际贸易的基本分类

一、按货物的移动方向划分

按货物的移动方向，国际贸易可以分为出口贸易、进口贸易、过境贸易、复出口与复进口贸易、净出口与净进口贸易。

一国（或地区）向别国（或地区）输出货物、知识和服务的贸易行为称为出口贸易（Export Trade）。各国一般采用 FOB 价格（俗称离岸价格，不包含海上运费和保险费）计算出口额。

一国（或地区）从别国（或地区）输入货物、知识和服务的贸易行为称为进口贸易（Import Trade）。各国一般采用 CIF 价格（俗称到岸价格，包括成本、海上运费和保险费）计算进口额。

凡一国向另一国出口的商品要通过第三国国境，对第三国来讲，这就是过境贸易。

外国商品进口后未经加工制造又出口，称为复出口（Re-export Trade）。复出口与经营转口贸易有关。如中国内地的商品出口到中国香港，未经加工又出口至美国，在中国香港即属于复出口。本国商品出口后未经加工制造又输入国内，称为复进口（Re-import Trade）。复进口大多是因为偶然的因素，如出口退货等。近年中国出口到中国香港和日本的产品经常发生复进口的现象。

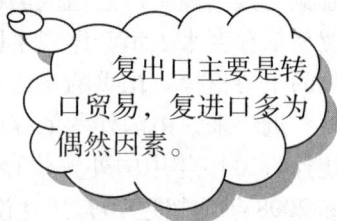

> 复出口主要是转口贸易，复进口多为偶然因素。

一国在同一种商品上，可能既有出口又有进口。一定时期内，某种商品的出口大于进口，其差额称为净出口（Net Export）。净出口说明一国生产的某种商品的产量较大，除本国消费之外，还能出口，处于有利地位。一定时期内，某种商品的进口大于出口，其差额称为净进口（Net Import）。净进口说明一国生产的某种商品的产量较小，除本国消费之外，还须进口，处于不利地位。

> 小问题：净出口与贸易顺差有什么区别？

小知识：

美国在第二次世界大战前，石油的出口大于进口，属于石油净出口国家。战后，由于石油消费数量剧增，它开始进口石油，不久，其石油的进口数量大于出口数量，美国成了石油的净进口国，这说明美国在石油贸易中处于不利的地位。

二、按商品的形态划分

有形贸易（Visible Trade）是指双方所交易的商品为实物形态的进出口贸易。被列入国际贸易中的有形商品的种类繁多，为便于统计，联合国于 1950 年出版了《国际贸易标准分类》（简称 SITC），并分别于 1960 年和 1975 年进行了两次修改。通常意义的国际贸易大多指有形贸易。有形贸易要经过海关办理进出口手续，进出口金额显示在海关的贸易统计中，是一国国际收支的重要组成部分。

无形贸易（Invisible Trade）是指双方所交易的商品为非实物形态的进出口贸易。无形贸易主要包括金融、保险、运输、邮政、通信、飞机船舶修理、工程服务、代理、国际旅游和工业产权转让等方面的内容，习惯上将无形贸易分为国际服务贸易和知识产权贸易。国际服务贸易是指不同国家（或地区）之间所发生的交换服务活动。知识产权贸易是指在国际间转让工业产权（专利权、商标权和专有技术）和版权（即著作权）的贸易活

> 有形贸易是看得见、摸得着的商品贸易，无形贸易是看不见、摸不着的商品贸易。

动。无形贸易不需要经过海关办理进出口手续，也不显示在海关的贸易统计中，但它也是一国国际收支的重要组成部分。

三、按清偿工具的不同划分

现汇贸易（Spot Exchange Trade）指在国际贸易中使用国际通用货币作为结算工具的贸易方式，也叫自由结汇贸易（Trade by Free Settlement）。常见的国际通用货币包括美元、日元、英镑、欧元和瑞士法郎等，中国在对港澳地区的贸易中最常使用的是港币。

易货贸易（Barter Trade）指一国（或地区）与别国（或地区）采取货物互换的贸易方式，也叫换货贸易（Barter Trade）。其出现的原因是贸易双方的货币不能自由兑换，而且缺乏可兑换的外汇储备。易货贸易的特点是贸易双方都有进有出，互换货物，尽量做到进出基本平衡。20 世纪 60 年代，中国与东欧国家曾进行过易货贸易。

四、按不同国家的统计方式划分

总贸易（General Trade）指某些国家以国境作为划分进出口的标准，凡进入国境的商品一律为进口，离开国境的商品一律为出口，进出口统计的总和即总贸易。中国、美国、英国、加拿大、日本和澳大利亚等国采用总贸易体系。

专门贸易（Special Trade）指某些国家以关境作为划分进出口的标准，只有进入关境的商品才算进口，离开关境的商品才算出口，进出口统计的总和即专门贸易总额。德国、瑞士和意大利采用专门贸易体系。注意，在这些国家，当外国商品进入国境，暂时存放在海关保税仓库而未进入关境的则不算进口，联合国在公布各国的贸易额时一般都注明其是总贸易额还是专门贸易额。

列入总进口的项目有：①供国内消费和使用而直接进入的进口货物；②进入海关保税工厂的进口货物；③进入海关保税仓库和自由贸易区的进口货物。列入总出口的项目有：①本国产品的出口；②从海关保税工厂出口的货物；③进口后经加工又运出国境的货物；④从海关保税仓库和自由贸易区出口的货物。

列入专门进口货物的渠道一般有三种：①为国内消费和使用而直接进入的进口货物；②从海关保税工厂或保税仓库中提出进入国内市场的货物；③为国内消费和使用而从自由贸易区提出的货物。列入专门出口货物的渠道一般有三种：①本国生产的产品的出口；②

进入海关保税工厂的出口货物；③本国化商品出口，即进口后经加工又运出关境的商品的出口（Special Export）。

五、按贸易对象划分

直接贸易（Direct Trade）指商品生产国与商品消费国直接卖、买商品的行为。

间接贸易（Indirect Trade）指商品生产国通过第三国与商品消费国间接卖、买商品的行为。商品生产国为间接出口国，商品消费国为间接进口国，第三国进行转口贸易。

请注意：过境贸易和转口贸易都涉及第三国，但两者是不同的，转口贸易涉及中间商的进口与出口业务。

转口贸易（Entrepot Trade）指商品生产国与消费国之间通过第三国所进行的贸易。即使商品是由生产国直接运到消费国的，但只要是由第三国转口贸易商分别同生产国与消费国发生贸易关系，就算消费国与生产国没有直接发生贸易关系，仍然属于转口贸易。

小问题：过境贸易一定是转口贸易吗？转口贸易一定要过境吗？

从事转口贸易的大多数是地理位置优越、运输条件便利以及贸易限制较少的国家和地区。例如，伦敦、鹿特丹、新加坡和中国香港等，它们具有上述条件，便于货物集散，所以转口贸易很发达。

六、按贸易中是否使用商业单证等书面文件划分

有证贸易（Documentary Trade）指通过单证等商业文件的交接进行结算支付的国际贸易。由于国际贸易的交易双方相距遥远，不可能做到"现钱现货"，单据在交易过程中就成了双方履约的重要依据。国际贸易中常见的单证有信用证、汇票、发票、提单、保险单、装箱单、重量单和产地证明书等。

无证贸易（Electronic date interchange Trade）即电子数据交换（EDI）贸易，也叫无纸贸易，指取消了传统的贸易单证，使用统一的标准编制资料，通过电子信息系统实现各部门之间的数据交换。无证贸易提高了贸易文件的传递和处理速度，产生了巨大的经济效益，将逐步取代有证贸易，目前在美国、欧盟、日本、新加坡等发达国家和地区已经广泛推广 EDI。中国计划在 21 世纪初期建立覆盖全国的通用 EDI 系统，目前，在海关和商检系统已经初步使用了 EDI 技术。

网上交易（Internet Trade）是网络时代所带来的新型贸易方式，指不同国家（或地区）的生产或贸易企业运用国际互联网的技术特点，最大限度地实现企业之间的信息沟通、网上竞价和谈判成交以及履行合约等商业机能。网上交易是电子商务的重要组成部分，它将随着国际互联网的飞速发展而不断扩大。

本章知识应用

专题讨论一：中国外贸依存度可能存在的经济风险应引起我们的警觉

随着改革开放不断深化与经济持续增长，中国的对外贸易量连年大幅度攀升，外贸依存度问题开始进入人们的视野。如何看待中国的外贸依存度，直接涉及如何评估中国经济安全形势与可持续发展能力。

按"进出口总额/GDP"公式计算，2004 年中国国内生产总值为 136 515 亿人民币，按现行汇率折合 1.65 万亿美元，进出口总额为 1.15 万亿美元，外贸依存度约为 70%，比 2003 年高出 10 个百分点，比 1978 年高出 60 个百分点，远远超出主要发达国家不足 20% 的水平。经过 30 多年的改革开放，中国已发展成为当今世界第三大贸易国。考虑到汇率、加工贸易、外商投资企业、服务业比重等多种因素，中国的外贸依存度并没有名义上显示的那么高，但外贸依存度可能存在的经济风险仍应引起我们的警觉。

外贸依存度的迅速增长，表明中国在国际分工体系中扮演着越来越重要的角色，国外市场需求正在成为中国经济增长的一个重要因素。另外，巨额的外贸进出口也提高了中国和所有贸易伙伴的经济效率，形成了相互依赖的关系，帮助中国成功地摆脱了困扰绝大多数发展中国家的资本、外汇缺口的制约。但是，过高的外贸依存度将使中国在能源和原材料等问题上"代人受过"，加大中国经济所面临的国际经济和政治风险。专家认为，当世界经济发生剧烈波动和国际政治出现重大事件时，外贸依存度过高将使中国经济受到事先难以预测的打击。

国际经验表明，仅从总量上考察外贸依存度的高低并不能说明问题，考察外贸依存度背后的商品贸易结构、贸易方式和贸易目的地可能更为重要。多年来，中国内地的外贸出口较多依赖美国、欧盟和以日本、中国香港、东盟为代表的亚洲市场，新兴市场的市场份额增长一直偏低。2003 年，中国对日、美、欧盟的出口占出口总额的 62%，如加上经香港转口的部分，出口对美国市场的依存度已接近 40%。中国一些产品过于依赖国外市场，如服装和鞋类的出口依存度为 71%，DVD 机为 84%，摩托车为 63%，照相机为 56%，电冰箱为 47%，彩电为 46%，空调为 42%。在国际贸易中，市场范围越大，个别市场的影响就越小。面对世界经济形势和国际贸易形势的动荡，出口竞争加剧和贸易纠纷增多，形成了合理的、有层次的多元化出口格局，对中国来说是很有必要的。

另外，2003 年，一些战略资源产品如中国钢材、氧化铝、铁矿砂及其精矿的进口分别增长了 51.8%、22.6%、32.9%。目前中国石油的对外依存度为 35% 左右，据专家估算，到 2020 年，中国石油的对外依存度将达到 60%。中国石油供应的一大半将依赖国际供应。如何有效地降低中国战略资源的对外依存度，也是我们需要关注的课题之一。

专题讨论二：对外贸易快速发展的原因与意义

改革开放 30 多年来，中国各项外经贸事业不断发展，既实现了量的飞跃，又实现了质的提升，取得了举世瞩目的成绩。1978 年，中国外贸总额为 206 亿美元，世界排名第 32 位，出口排名第 34 位，进出口只占全球比重的 0.78%。2007 年，中国外贸总额为 21 738 亿美元，世界排名第 3 位，出口排名第 2 位，进出口占全球比重近 8%。贸易额从千亿美元迈上万亿美元的新台阶，日本用了 30 年，德国用了 25 年，美国用了 20 年，而中国只用了 16 年。加入世界贸易组织后，中国加快了进出口管理体制的改革步伐，清理并修订了约 3 000 部法律、法规和部门规章，贸易政策的透明度不断增强，平均关税水平从 2001 年的 15.3% 降低到 9.9%。在外贸规模迅速扩大的同时，中国外贸结构迅速优化，外贸贡献率也显著提升。制成品出口比重从 1978 年的 46% 提高到 2007 年的 93.6%，机电产品从 3% 提高到 56%；高技术产品从不到 1% 提高到 29%，这三个比重指标全都超过发达国家的平均水平。目前，外贸对经济增长的贡献率达 20%，并与消费、投资一起成为拉动经济增长的三驾马车。同时，中国对世界贸易的贡献率不断提升，从不到 1% 扩大到 11%，并成为美国的第三、欧盟和日本的第二、东盟的第一大贸易伙伴，使"中国需要世界、世界需要中国"真正变成了现实。

（资料来源：北京青年报《从引进外资到对外投资》）

思考题：

（1）中国对外贸易快速发展的原因是什么？

（2）分析中国对外贸易发展对经济发展的作用。

第二章
当代经济全球化发展的趋势

布朗和霍根多伦合著的《国际经济学》的第一章谈到，住在美国东部的皮尔瑞纳先生和太太一天早上的生活，所接触到的每一件用品，都是外国的产品。一清早，他们是被日本生产的（其中一些零部件是韩国和泰国生产的）索尼牌的半导体闹钟叫醒的。广播中谈到中东的危机，皮尔瑞纳先生考虑这一事件是否会引起汽油价格上涨，他是应该买一辆德国生产的 Mercedes 牌的小轿车，还是购买一辆日本生产的 Honda 车呢？当皮尔瑞纳先生进入浴室时，他又有些犹豫：是用荷兰生产的 Philips 电动剃须刀，还是用英国生产的 Gillette 牌剃须刀刮胡子？皮尔瑞纳太太建议不再购买新车，而将房子扩展，增加房间，但问题是木材的价格在上涨，这是因为美国政府迫使加拿大提高出口到美国的木材的价格。当皮尔瑞纳先生下楼喝橘子汁（巴西生产的）时，门铃响了，保姆米瑞纳（墨西哥人）来打扫卫生。在皮尔瑞纳先生家里，每天的早餐是使用法国制造的咖啡壶，加拿大输送至美国的天然气，烧煮来自印度尼西亚、巴西、哥伦比亚的混合咖啡。此外，早餐还有瑞士生产的饼和面包，夹着比利时生产的草莓酱。这一天早上，皮尔瑞纳先生有一点点忧虑，玉米的价格在下跌，这是因为欧洲国家减少了从美国进口的谷物和肉类，该城市的经济不如以前好了。从对皮尔瑞纳先生的"这一天早上"的描述中，可以看出经济全球化已渗透到世界各国，渗透到人们的日常生活当中。

第一节　国际分工是经济全球化的基础

一、国际分工的概念

国际分工是指世界各国之间的劳动分工与生产的专业化分工。它是社会分工发展到一定阶段的产物，是一国的内部分工超越国界向纵深方向发展的结果。决定国际分工的因素主要包括自然条件和社会经济条件两方面，前者指资源、土地和气候等，后者指一国的科学技术和生产力发展水平、国内市场规模、社会经济结构和人口规模等，其中社会经济条件起主要作用。

> 有分工就有合作，世界各国的分工和合作形成了经济的全球化。

二、国际分工发展的阶段

国际分工的产生和发展，不是一蹴而就的，它经历了漫长的发展过程。国际分工的产生和发展大致可以分为以下几个阶段：

1. 国际分工的萌芽阶段（16 世纪到 18 世纪中叶）

在资本主义以前的各个社会经济形态中，由于自然经济占主导地位，生产力水平低，商品经济不发达，各个民族、各个国家的生产方式和生活方式差距不大，因此只存在着不发达的社会分工和不发达的地域分工。

随着生产力的发展，11 世纪欧洲城市兴起，手工业与农业进一步分离，商品经济有了较快的发展，从此，资本主义进入了资本原始积累时期。在这个时期里，资本主义一方面加强了对本国人民的剥削；另一方面，用暴力和超经济的强制手段，掠夺亚、非、拉美殖民地的人民。他们开发矿山，种植甘蔗、烟草等农作物原料，从而扩大本国工业品的生产和出口，出现了宗主国和殖民地之间最初的分工形式。

2. 国际分工的形成阶段（18 世纪 60 年代到 19 世纪 60 年代）

这个阶段发生的第一次工业革命，使国际分工进入到发展与形成的新阶段。

工业革命首先发生在英国，接着迅速扩展到其他国家。所谓工业革命，是以大机器工业代替工场手工业的革命。和工业革命一起出现的是资本主义的现代工厂制度。工业革命的完成，标志着资本主义经济体系的确立，它加快了商品经济和社会分工的发展，也促进了国际分工的形成。

由于英国首先完成了工业革命，其经济实力大大增强，成为"世界工厂"，而其他落后国家则成为英国的销售市场和原料供应地。英国的生产力和经济迅速发展，竞争力大大加强，在国际经济中处于绝对优势地位。英国的资产阶段级放弃了长时期推行的重商主义政策，开始转向自由贸易政策；通过其经济力量和贸易实力，将亚、非、拉美国家落后的农业经济逐步拉入国际分工和世界市场的漩涡中。对英国当时在国际分工中的地位，马克思写道："英国是农业世界伟大的中心，是工业太阳，日益增多的生产谷物和棉花的卫星都围着它运转。"

小知识：历史上的"世界工厂"

英国：早在 18 世纪，英国就在殖民地贸易和航海方面确立了世界霸权地位。英国凭借对殖民地的贸易垄断，积累了大量的原始资本，发展了本国的工场手工业，成为工业革命的先驱。19 世纪中叶，随着工业革命的完成和机器大工业的普遍建立，英国以其发达的纺织业、采煤业、炼铁业、机器制造业和海运业确立了它"世界工厂"的地位和世界贸易中心的地位。1760—1870 年的 110 年间，英国的工业产值增长了 23 倍，国民收入增长了 10 倍，而人口只增长了 3.5 倍。另外，进出口额均增长

英国曾经号称
"日不落"帝国。

了 7 倍多。在 19 世纪的前 70 年里，仅占世界人口 2% 左右的英国，一直把世界工业生产的 1/3 ~ 1/2 和世界贸易的 1/5 ~ 1/4 掌握在自己手中。

美国：美国以及德国都是后起的资本主义强国。英国的工业革命虽然比美国早，一度霸占"世界工厂"的地位，但它在拥有广大海外市场、廉价的劳动力来源以及获利丰厚的资本输出的条件下，经济便缺少了竞争的活力，企业的技术和设备也越来越显得陈旧。到第一次世界大战以前，英国在传统的基础工业方面的优势已经丧失，新兴工业方面则明显处于劣势，"世界工厂"的霸主地位终于丧失。与此同时，自南北战争后至第一次世界大战期间，空前大规模的铁路建设带动美国的工业和交通业进入了飞跃

"二战"后，美国取代英国成为世界经济的霸主。

发展时期。1860 年美国的制成品在世界上占第四位，19 世纪 80 年代初升为第一位。1894 年，美国制造业总产值等于英国的 2 倍，相当于欧洲各国总和的一半。此后，美国工业长期保持着世界第一的地位。到 1913 年，美国工业生产产量相当于英、德、日、法四国的总和，占全世界的 1/3 以上。1914 年其工业生产总值为 240 亿美元，比 1859 年南北战争爆发前的不足 20 亿美元增长了 12 倍以上。

美国工业腾飞的原因，归纳起来有以下几条：全国统一的政治前提使全国性的市场得以建立起来，

同时政府多支持少干涉的政策对资本主义的生产方式和资本主义工业的发展起了很大的推动作用；另外，美国自然资源得天独厚，发展工业所需的人力和资本也很充裕。四通八达的铁路运输也是促进工业生产的因素之一。实际上，美国和德国取代了英国成为19世纪末和20世纪初工业技术革命的"领头羊"，运输革命在美国的这次技术革命中起了先行作用；世界科学技术的中心从欧洲转移到美国，同时美国又涌现出一批有经营管理才能的优秀的企业家来对创新的科学技术加以应用。值得强调的是，虽然这次范围更为广泛的技术革命带动了美国经济跳跃式地向前发展，但是美国的农业一直保持良好的发展势头，有力地促进了美国工业的发展。农业的繁荣使得工业品的国内需求增加，这与其他资本主义强国有些不同。比起国内市场相对狭小的欧洲国家，美国经济具有更大的发展潜力。另外，纵观美国工业化的整个过程，大规模引进外资，尤其是英国资本，也是它的一个显著的特点。仅1914年，美国吸收的外资就达67亿美元。在所有这些因素的作用下，美国工业以惊人的速度向前发展，并且在第一次世界大战后更加发达，长期保持世界第一的地位。

日本：第二次世界大战后，日本经济的增长令其他国家望尘莫及。在战后的第二个1/4世纪，日本又成为世界第二经济强国。在整个战后年代，日本逐步缩小同美国的经济差距。20世纪五六十年代，日本在钢铁、石化、汽车制造方面引进、发明、应用了大量的新的技术，劳动生产率迅速提高，到20世纪80年代已经全面超过欧洲、赶上美国，并在钢铁、汽车等重点产业形成了远高于美国的竞争优势。20世纪80年代中期，日本在新兴的半导体产业技术方面超过了美国，赢得了占全球半数以上的市场份额，确立了美国之后新的全球制造中心的地位。

中国：以2001年中国加入WTO为标志，中国融入全球经济的一个重要特征，就是全球产业链的制造环节蜂拥而至，最终中国被称为"世界工厂"。"中国制造、美国消费"这两个环节构成了全球经济增长两个最重要的引擎。

从历史的角度看，今天中国的"世界工厂"是不能与当年工业革命后英国的"世界工厂"相提并论的。近代两次工业革命促进了世界市场的基本形成，其中主要形成了世界性的国际大分工。在这次分工中，以英、美、德等为代表的部分欧美国家扮演着工业中心国的角色，而广大的殖民地半殖民地则担任着原料国的角色。英国处于分工的中心和最高层，而且英国等欧美国家拥有广大的殖民地，拥有很多特权，可以获取便宜的原料。而今天，欧美国家已经进入后工业时代，中国处于工业化时期，中国看上去超越了原料国的地位，但其实这个"世界工厂"却两面受敌。一方面处于高层的欧美拥有各种高科技专利和标准及规则，中国只不过为其加工而已，欧美只需一心搞研发搞专利标准规则，而中国必须按照他们的技术、专利、标准规则来做，并且这些是要收费的。欧美国家坐收渔利，还可控制中国企业的生产。另一方面，中国本身原料、能源并不特别丰富。中国作为"世界工厂"，已经发展到新的瓶颈地。

3. 国际分工的发展阶段（19世纪中叶到第二次世界大战）

这个时期，资本主义世界爆发了第二次工业革命，机械、电气工业发展迅速，石油、汽车，电力、电器工业的建立，交通运输工具的发展，特别是苏伊士运河（1869年）和巴拿马运河（1913年）的建成，电报、海底电缆的出现，都大大促进了资本主义生产的迅速发展，促进了新的国际分工体系的形成。其结果是加强了世界各国间的相互依赖关系，加强了对国际分工的依存性。国际贸易在各国经济中的地位越来越重要，不管是工业国还是农业国，都依赖于国际贸易和国际分工。

4. 国际分工的深化阶段（第二次世界大战后）

第二次世界大战后，兴起了第三次科技革命和工业革命，出现了电子、信息、服务、软件、宇航、生物工程和原子能等新型产业，渗透到经济生活的各个方面，对国际分工产生了重大影响。同时，非殖民化过程开始，各殖民地纷纷开始独立，它们不甘心做发达国家的附庸，均以发展本国民族经济为主要任务，这使它们在国际分工中的地位发生了变化。这个阶段，跨国公司发展迅速，资本输出的形式发生了变化。另外，一些社会主义国家成立并参与国际分工，使国际分工发生了变化。经济一体化使国际分工深入发展，分工形式从垂直型分工日益向水平型分工过渡。

三、"二战"后国际分工发展的特点

1. 发达国家在国际分工中占主导地位

第二次世界大战前，工业制成品生产国与初级产品生产国之间的分工占主导地位，其次才是工业发达国家之间的分工。战后科学技术和经济的迅速发展改变了战前的国际分工格局。国际分工从经济结构和技术基础不同的工业国与农业国之间的分工发展为经济结构相似、技术水平接近的工业国家之间的分工。

2. 垂直型国际分工逐渐减少，水平型和混合型国际分工取而代之

第二次世界大战前，工业制成品生产国与初级产品生产国之间的垂直型分工占主导地位，随着殖民体系的瓦解，发达国家之间的水平型分工和混合型分工逐步占据主导地位。

3. 发达国家与发展中国家的分工发生了变化

二三十年前，西方国家开始向发展中国家转移生产时，主要是转移劳动密集型和污染较重的产业，而近年来西方跨国公司的投资项目发生了变化，它们越来越多地把汽车和家用电器等资本密集型的产品转移到发展中国家去生产。发达国家与发展中国家间工业分工的形式发生了变化，主要表现为：

（1）高精尖的复杂加工工业与简单的加工工业（如食品工业、胶合板工业、工艺品工业、农矿原料的初步加工工业等）的分工。

（2）发达国家与发展中国家之间资本密集型与劳动密集型产业的分工日益向知识技术密集型与资本密集型产业之间的分工过渡。

（3）资本、技术密集型零部件生产或工艺与劳动密集型零部件生产或工艺之间的分工。

4. 各国间工业部门内部的分工趋于加强

第二次世界大战前，在工业国之间的分工中占主导地位的是各个国家的不同工业部门之间的分工，如钢铁、冶金、化学、机械制造、汽车、造船、纺织等工业部门之间的分工。第二次世界大战后，由于科学技术的进步，出现了工业部门内部不同产品之间的交换增长的趋势。随着社会分工的发展，原来的生产部门逐步划分为更多更细的部门。在越来越多的生产领域中，以国内市场为界限的生产已经不符合规模经济的要求。因此，在一国国内部门之间的分工向部门内部分工发展的同时，越来越多的部门跨越国界，形成国际间部门内部的分工。

5. 跨国公司的内部分工在国际分工中占有越来越大的比重

由于以知识为中心的新型国际分工体系是通过产业间的国际转移这一具体途径实现的，而产业在国际间的转移则主要是通过跨国公司的投资、贸易和技术转让等活动来完成的。跨国公司的经营活动具有明确的全球经营战略目标，它把其在全球范围内的经营视为

一个整体，将具有不同技术、知识密集度特征的不同产品、不同工序，灵活地定位于具有不同技术水平和要素禀赋条件的国家，因此，在国际分工中，跨国公司的内部分工占有较大的比重。

6. 区域性经济集团内部分工加强

第二次世界大战后，世界性经济一体化和区域性经济一体化的趋势同时并存，在世界性经济一体化不断发展的同时，区域性经济集团化的进程也明显加快。一般说来，这些经济集团不同程度地存在着内向性和排他性。它们对内采取逐步降低、取消关税和非关税壁垒措施，促进集团内成员国之间商品贸易、服务贸易与投资的自由化，对外继续采取关税与非关税等排他性措施，这在不同程度上阻碍着经济集团与非成员国之间分工与贸易的发展。其结果导致了经济集团内成员国之间分工和贸易趋势的加强。

7. 出现了新型的以知识为中心的知识与劳动之间的分工

知识的分布状况已成为新型国际分工的基础。一个国家在国际分工中的地位，将取决于这个国家拥有的知识和技术的多寡。知识、技术存量和创造力强的国家，将在国际分工中居中心地位。信息技术及其产业化的发展为新型国际分工奠定了坚实的技术和物质基础。这种以知识为中心的新型国际分工具有与以往国际分工不尽相同的特征。

从 20 世纪八九十年代开始，由于信息技术革命，企业的管理思想与方法发生了根本性的变化，组织形式也发生了变化。这些变化在跨国公司特别是制造业跨国公司中得到了很好的发展与发挥，并将以新型全球化的方式继续发展下去。这种变化的主要特征是：广泛利用别国的生产设施与技术力量，在自己可以不拥有生产设施与制造技术的所有权的情况下，制造出最终产品，并进行全球销售。其分工模式主要有两种形式：

一是制造业公司掌握产品设计、关键技术，授权国外生产厂商按其要求生产产品，自己则在全球建立营销网络，进行产品的广告宣传与销售及提供售后服务。因此，世界范围内出现了一股通过剥离非核心资产，重新回到专业化经营道路上的经营浪潮。与这一浪潮相适应，在国际分工中出现了知识与劳动之间的分工这样一种新型的分工模式。

案例 1：以生产运动鞋而闻名于世的耐克（Nike）公司，其本身并不拥有传统意义上的生产手段，而仅拥有耐克这个品牌和一些专门从事设计、研究和营销的研究管理人员，公司将与知识有关的核心部分留在美国（如产品的设计和市场营销），而将与知识相关程度较低的生产活动以特许生产的方式分配到全球各地的其他公司。

案例 2：在计算机制造业，美国集中精力生产计算机的核心部分——操作软件和微处理器，而将其他硬件和配件让其他国家（如东亚的国家和地区）来完成。

二是制造业公司在全球范围内建立零部件的加工制造网络，自己负责产品的总装与营销。

案例：波音 747 飞机含有约 450 万个零部件，这些零部件来自近 10 个国家的 1 000 多家大企业、15 000 多家小企业。英国装配的汽车，发动机来自瑞典，控制设备来自德国，底盘、弹簧来自美国，车身来自意大利。

总之，第二次世界大战后国际分工发生了重大变化，以自然资源为基础的分工已逐步让位给以现代化工艺、科技为基础的分工；工业部门之间的分工逐步让位给工业内部的分工，非经济集团国家间产品的分工开始转向经济集团内部的分工；工业国与农矿业国间的分工逐步转向不同层次工业部门的分工；纵向的垂直型分工逐步过渡到横向的水平型分工等。这一切都说明国际分工的发展已进入一个新阶段。

四、国际分工对国际贸易的影响

国际分工是各国对外贸易的基础，各国参与国际分工的形式和格局决定了其对外贸易的发展速度、地区分布、地理方向、商品结构和对外贸易政策的制定。

1. 国际分工影响国际贸易的发展速度

从国际贸易发展的历程来看，国际分工发展快的时期，国际贸易也发展快；相反，在国际分工发展缓慢的时期，国际贸易也发展较慢或处于停滞状态。因此，国际分工是当代国际贸易发展的主动力。在资本主义自由竞争时期，由于形成了以英国为中心的国际分工体系，国际贸易得到了迅速发展。从贸易量来看，世界贸易年均增长率从 1780—1800 年的 0.27% 增加到 1860—1870 年的 5.53%；相反，1913—1938 年间，世界生产发展缓慢，国际分工处于停滞状态，国际贸易在这个时期年平均增长率只有 0.7%。第二次世界大战后，国际分工又有了飞速的发展，国际贸易的发展速度也相应加快，且快于以前各个时期。1950—1991 年，世界贸易年平均增长率为 11.3%。

> 国际分工发展快的时期，国际贸易发展也快。

2. 国际分工影响国际贸易的地区分布

国际分工发展的过程表明，在国际分工处于中心地位的国家，在国际贸易中也占据主要地位。从 18 世纪到 19 世纪末，英国一直处于国际分工中心国的地位，它在资本主义世界对外贸易中一直独占鳌头。英国在资本主义世界对外贸易总额中所占比重 1820 年为 18%，1870 年上升到 22%。随着其他国家在国际分工中地位的提高，英国的地位逐步下降，但直到 1925

> 谁在国际分工中处于中心地位，谁就在国际贸易中占据主要地位。

年，它在国际贸易中仍约占 15%。从 19 世纪末以来，发达资本主义国家成为国际分工的中心国家，它们在国际贸易中一直居于支配地位。发达资本主义国家在世界出口中所占比重在 1950 年为 60.8%，1985 年为 69.9%，1991 年又上升到 72.4%。

3. 国际分工影响国际贸易的地理方向

各个国家的对外贸易地理方向是与它们的经济发展及其在国际分工中所处的地位分不开的。第一次科技革命后，形成了以英国为核心的国际分工。这种国际分工的结果是英国对世界贸易的垄断。这次科技革命在欧美各国完成后，英、法、德、美四国在国际贸易中的地位显著提高，它们在世界贸易中所占的比重从 1750 年的 34% 提高到 1860 年的 54%。第二次世界大战后，由于第三次科技革命，发达国家的对外贸易得到了迅速发展。它们的对外贸易的增长速度远远超过发展中国家，在世界贸易中占主导地位。

4. 国际分工影响国际贸易的商品结构

随着国际分工的发展，国际贸易的商品结构与各国的进出口商品结构不断发生变化。第二次世界大战后，这种变化表现在以下几个方面：

（1）工业制成品在国际贸易中所占的比重超过初级产品所占的比重。第二次世界大战前，由于殖民主义宗主国与殖民地落后国家的国际分工以垂直型分工为主，故初级产品在国际贸易中的比重一直高于工业制成品。从 1953 年起，工业制成品贸易在国际贸易中所占的比重超过初级产品贸易所占的比重。

（2）发展中国家出口中的工业制成品增长。随着发达国家与发展中国家分工形式的变化，发展中国家出口中的工业制成品不断增加。

（3）中间性机械产品的比重提高。随着国际分工的深化和跨国公司在国际分工中地位的提高和作用的加强，产业内部、公司内部贸易增加，中间性机械产品在整个机械工业制成品贸易中的比重不断提高，在各主要发达国家工业制成品贸易中占 70% 以上。

（4）服务贸易发展迅速。服务贸易在近年来，尤其是在发达国家有了迅速的发展。服务贸易在各发达国家对外贸易中都占很大比例。世界服务贸易额从 1967 年的 700~900 亿美元剧增到 1997 年的 12 950 亿美元，2000 年增至 14 164 亿美元，2002 年更增至 15 400 亿美元。

5. 国际分工影响各个国家对外贸易政策的制定

一个国家对外贸易政策的制定，不仅取决于它的工业发展水平及其在世界市场上的竞争地位，而且还取决于它在国际分工中所处的地位。第一次科技革命后，英国首先完成了产业革命，建立了大机器工业，形成了以英国为核心的国际贸易分工。在资本主义自由竞争时期，在国际分工的基础上，产生了适应工业资产阶级利益的对外贸易政策。各国由于工业发展水平不同以及在世界市场上和国际分工中所处的地位不同，因而也就采取了不同的对外贸易政策。当时，英国的工业化水平最高，它的商品不怕与其他国家竞争，因为需要以工业制成品的出口换取原料和粮食的进口，所以它实行自由贸易政策；美国和西欧的一些国家工业发展水平落后于英国，它们为了让本国幼稚的工业不遭到英国产品的冲击，便采取了保护贸易政策。第二次科技革命后，资本主义从自由竞争阶段过渡到垄断阶段，垄断代替了自由竞争。帝国主义通过资本输出把殖民地、半殖民地卷入到资本主义生产中，使后者成为前者的商品销售市场、投资场所和原料来源地，使国际分工进一步深化；在对外贸易政策上，由自由贸易政策和保护贸易政策过渡到帝国主义的超保护贸易政策，这种政策具有更大的侵略性和扩张性。第二次世界大战后西方工业国家虽然继续实行超保护贸易政策，但其表现形式却发生了变化，即从 20 世纪 70 年代中期以前的贸易自由化转变为 70 年代中期以后的贸易保护主义。西方国家之所以采取这种形式的贸易政策，原因是多方面的，其中一个重要原因是第二世界大战后国际分工进一步向纵深方向发展。

第二节　世界市场是经济全球化的载体

世界市场是在国际贸易、国际分工不断发展和深化的进程中逐渐形成的，是由世界范围内通过国际分工联系起来的各国内部及各国之间的市场综合组成的。世界市场的发达程度取决于参与世界市场的国家的数量、商品总额、各国经济发展水平以及国际分工的深度等。

一、世界市场的概念

世界市场是指世界各国之间进行货物、知识和服务交换的领域，它既是一个地理概念，也是一个经济概念。从地理概念上看，世界市场是指世界各国进行商品和劳务交换的场所；从经济概念上看，世界市场指的是与交换过程有关的全部条件和交换的结果，不仅包括一般商品交换，还包括技术转让、货币结算、货物运输和保险等业务。

二、世界市场的产生与发展

虽然在公元前就已经出现了国际贸易，但由于生产力水平较低，商品经济落后，交通不便利，世界市场并不存在。15 世纪末至 16 世纪初的地理大发现，对欧洲各国经济的发展产生了巨大影响，为世界市场的产生提供了条件。通常人们将 16 世纪初至 18 世纪 60 年代看成是世界市场的产生时期。

18 世纪 60 年代至 19 世纪 70 年代是世界市场的发展时期。18 世纪 60 年代随着产业革命在以英国为首的欧洲各国的发展，生产力大大提高了，国际贸易发生了根本性的变化，世界市场的范围迅速扩大。

19 世纪 70 年代至"二战"前，形成了统一的世界市场。19 世纪 70 年代，发生了第二次科技革命，使工农业生产迅速增长，交通运输业也发生了巨大变化，生产力得到空前的发展。随着资本主义生产关系由自由竞争向垄断阶段的过渡，资本输出急剧扩大，资本输出与商品输出互相结合，从而推进了国际贸易发展的深度和广度，世界各国经济上的联系越来越紧密，进而形成了统一的世界市场。统一的世界市场形成的标志主要表现为三个方面：第一，多边贸易和支付体系的形成。多边贸易体系包括经济不发达国家和经济发达国家，英国是多边支付体系的中心；第二，国际金本位制的建立和世界货币的形成。黄金作为世界货币，在统一的世界市场上发挥了重要作用；第三，健全和固定的销售渠道与运输网络的形成。大型的商品交易所、国际商品博览会和交易会、金融机构、运输企业和保险公司等将世界市场结合为有机的整体。

小知识：国际金本位制度

金本位制就是以黄金为本位币的货币制度。在金本位制下，每单位的货币价值等同于若干重量的黄金（即货币含金量）；当不同国家使用金本位时，国家货币之间的汇率由它们各自货币的含金量之比——金平价（Gold Parity）来决定。金本位制于 19 世纪中期开始盛行。历史上曾有过三种形式的金本位制：金币本位制、金块本位制、金汇兑本位制。其中金币本位制是最典型的形式，就狭义来说，金本位制即指该种货币制度。

国际金本位制有以下三方面的特点：

（1）黄金充当了国际货币，是国际货币制度的基础。这一时期的国际金本位制建立在各主要资本主义国家国内都实行金铸币本位制的基础之上，其典型的特征是金币可以自由铸造、自由兑换以及黄金自由进出口。由于金币可以自由铸造，金币的面值与黄金含量就能始终保持一致，金币的数量就能自发地满足流通中的需要；由于金币可以自由兑换，各种金属辅币和银行券就能够稳定地代表一定数量的黄金进行流通，从而保持币值的稳定；由于黄金可以自由进出口，本币汇率就能够保持稳定。所以一般认为，金本位制是一种稳定的货币制度。

（2）各国货币之间的汇率由它们各自的含金量比例决定。因为金铸币本位条件下金币的自由交换、自由铸造和黄金的自由输出与输入将保证使外汇市场上汇率的波动维持在由金平价和黄金运输费用所决定的黄金输送点以内。实际上，英国、美国、法国、德国等主要国家货币的汇率平价在1880~1914年间，35年内一直没发生过变动，从未升值或贬值。所以国际金本位制是严格的固定汇率制，这是个重要的特点。

（3）国际金本位制有自动调节国际收支的机制。即英国经济学家休谟于1752年最先提出的"价格—铸币流动机制"。为了让国际金本位制发挥作用，特别是发挥自动调节的作用，各国必须遵守三项原则：一是要把本国货币与一定数量的黄金固定下来，并随时可以兑换黄金；二是黄金可以自由输出与输入，各国金融当局应随时按官方比价无限制地买卖黄金和外汇；三是中央银行或其他货币机构发行钞票必须有一定的黄金储备。这样国内货币供给将因黄金流入而增加，因黄金流出而减少。

三、当代世界市场的特点

"二战"后，世界市场在各国经济迅速增长的基础上迅速扩大。当代世界市场的特点主要表现在以下五个方面：

（1）世界市场上国家类型多样化。"二战"前，少数经济发达国家在国际贸易中占统治地位，世界市场的参与者主要可分为宗主国和殖民地落后国家。"二战"后，世界市场变成了由各种经济类型国家组成的复合体，参与者包括经济发达国家、发展中国家。目前，参加国际贸易的国家和地区已达230多个。

（2）国际贸易方式多样化。第二次世界大战后，爆发了以生物工程、微电子和新材料为特征的第三次科技革命，社会生产力水平迅速提高，国际分工进一步向纵深发展，各国之间在资金、技术、劳务和知识产权方面的合作不断加强，出现了许多新的贸易方式，如技术许可贸易、补偿贸易、租赁贸易和对外加工装配等。

（3）国际贸易的商品结构发生了重大变化。主要表现为国际贸易中工业制成品的比重超过了初级产品、工业制成品中的机械产品交易的比重大大增长、燃料在初级产品交易中的比重大幅度上升、技术许可贸易的发展速度超过了商品贸易的发展速度、劳务贸易迅速发展等五个方面。

（4）世界市场的垄断与竞争更为激烈。"二战"后，世界市场由卖方市场转向买方市场，竞争更为激烈，各国为了争夺市场，采取了各种各样的方式，包括从价格竞争转向非价格竞争、出口市场多元化、通过跨国公司打入别国市场、政府采取优惠措施鼓励出口等。

（5）区域贸易集团化日益加强。区域贸易集团化是指同一区域内的某些国家为维护共同利益加强经济合作，通过某种形式组成贸易集团，巩固和扩大集团内部市场，增强经济实力和对外竞争力。

四、世界市场的类型

（1）按地理方向划分。世界市场可按大洲或地区划分成西欧市场、东欧市场、东南亚市场、北美市场和非洲市场等，也可按国家分为美国市场、日本市场、英国市场、德国市场、中国市场和法国市场等。

（2）按经济发展程度划分。分为发达国家市场和发展中国家市场两大类。

（3）按市场内容划分。可分为商品市场、货币市场和劳务市场等。

五、世界商品市场

世界商品市场是指世界各国之间进行商品交换的场所，即通过国际间的买卖而使各国国内市场相互联系起来的交换领域。按交易进行的形式，它可分为有固定组织形式的市场和无固定组织形式的市场。

（一）有固定组织形式的世界商品市场

它是指在固定场所，按照事先规定好的原则、规章和程序进行商品交易活动的市场。这种市场主要包括商品交易所、国际拍卖、国际贸易博览会和展览会等。

> 商品交易所的价格一般会被认为是该种商品的国家市场价格，你只要打开电脑，世界各地的商品交易所的价格都可以在互联网上查到。

1. 商品交易所

商品交易所是世界市场上进行大宗商品交易的一种典型的具有固定组织形式的市场。它与普通市场不同，其经营活动是根据交易所规定的条例进行的。

世界上最早的商品交易所是 1531 年在比利时的安特卫普建立的。商品交易所主要设在发达国家的城市。交易所交易的商品主要是大宗初级产品，如谷物、棉花、糖、油料、黄麻、橡胶、羊毛、茶叶、可可、咖啡、有色金属等。国际上有 50 多种农产品和原料是在交易所进行交易的，其成交额约占世界出口贸易额的 15% ~ 20%。世界上最大的商品交易所设在美国的纽约和英国的伦敦。世界性的大宗商品交易

> 请注意：商品交易所一般进行的都是大宗的初级产品交易。

所，每天开市后第一笔交易的成交价格，即所谓的开盘价格和最后一笔交易的成交价格，即所谓的收盘价格，以及全天交易中的最高、最低价格，均被刊载于重要的报纸上，作为市场价格动态的重要资料。因此，世界性商品交易所价格，即交易所牌价，一般被公认为是世界市场价格的重要参考数据。在交易所中进行商品买卖，必须严格遵守交易所的规章制度，其一般方法是在大厅里口头喊价公开交易。有资格进场做交易活动的，应是交易所的会员。会员除进行自己商品的交易外，往往还充当经纪人，替非会员进场交易，以获得佣金收入。

在交易所中进行的商品买卖，可以分为实物交易和期货交易两种。实物交易可以是现货交易，也可以是未来交货；期货交易是指对正处于运输途中，或者需经一定时间后才能装运的货物的期货合同进行的交易。实物交易的特点是进行实际商品的买卖活动，合同的执行是以卖方交货、买方收货付款来进行的。期货交易绝大多数只是期货合同的倒手，因此人们又把这种交易称为纸合同交易。目前，交易所期货合同交易从性质上看主要有两类：一是投机，即买空卖空，从两次交易中的价格差额中牟利；二是在期货市场上抛出或购进期货合同，以临时替代实际货物的交易，转移价格变动的风险，这就是套期保值，又叫"海琴"交易。目前，商品交易所进行的交易中约 80% 是期货交易。

2. 国际拍卖

国际拍卖是一种在规定的时间和场所，按照一定的规章和程序，通过公开叫价竞购，把事先经买主看过的货物逐批或逐件地卖给出价最高者的交易过程。以拍卖方式进入世界市场的商品，大多数为品质不易标准化、易腐烂不耐贮存、生产厂家众多、产地分散或需要经过较多环节才能逐渐集中到中心市场上进行交易的商品，如羊毛、鬃毛、毛皮、茶叶、烟草、蔬菜、水果、鱼类、工艺品、地毯、石油、黄金等。一些外国政府在处理库存物资或海关及其他机构处理没收的货物时，也常采用这种交易方式。

目前，主要通过拍卖成交的商品都设有固定的国际拍卖地。如羊毛的国际拍卖地为伦敦、利物浦、开普敦、墨尔本、悉尼；毛皮的国际拍卖地为纽约、伦敦、蒙特利尔、哥本哈根、奥斯陆、斯德哥尔摩等；茶叶的国际拍卖地为伦敦、加尔各答、科伦坡等；烟草的国际拍卖地为纽约、阿姆斯特丹、不来梅、卢萨卡等。

3. 国际贸易博览会、展览会

国际贸易博览会又称国际集市，是开展国际贸易和经济交流的重要场所，是指在一定的地点定期举办的有众多国家、厂商参加，展、销结合的国际市场。它是由区域性的集市发展演变而成的一种定期定点的展销市场。举办博览会的目的是使参加者展示科技成就、商品样品，以便进行宣传，发展业务联系，促成贸易。展览会一般是不定期举办的，它与博览会的区别在于只展不销，通过展览会促成会后的交易。

（二）无固定组织形式的国际市场

除了有固定组织形式的国际市场外，通过其他方式进行的国际商品交易，都可以纳入无固定组织形式的国际市场。这种市场大致上可以分为两大类：一类是单纯的商品购销；另一类则是与其他因素结合的商品购销形式，如"三来一补"、投标招标、易货贸易、租赁贸易等。

六、世界市场价格

商品的世界市场价格是指一定条件下在世界市场上形成的市场价格，它是商品国际价值的货币表现。

1. 世界市场价格决定的基础和中心是国际价值

国际价值是指商品在世界范围内的市场价值，它是随着世界市场的形成而形成的。影响国际价值变化的主要因素是国际分工的广度和深度、劳动生产率的高低、劳动强度的大小和贸易参与国的贸易量大小。

国际生产价格是国际价值的转化形态。在世界市场上，随着商品国别价值向国际价值转化，商品交换不是以国际价值而是以各国平均生产价格进行交换的。商品的国际生产价格成为国际商品价格变动的基础和中心，世界市场价格围绕国际生产价格上下波动。

2. 世界市场价格与供求关系

世界市场价格围绕国际生产价格上下波动，而国际生产价格是由国际市场上的供求关系决定的，因此，国际市场的供求关系决定了世界市场价格。影响世界市场供求关系的主要因素包括六个方面：第一，垄断。第二次世界大战后，为了获取最大限度的利润，垄断组织日益向国际化发展，采取各种方法操纵市场，控制世界市场价格，如瓜分销售市场、降低商品价格、限制商品生产额和出口额等。第二，经济周期。在经济周期的危机、萧条、复苏和高涨的四个阶段，供求关系都会出现变化，导致世界市场价格发生变化。第三，各国政府采取的贸易政策和措施。如为了支持本国产品的出口，各国采取的出口补贴政策、进口管制政策、外汇管制政策、优惠税收政策都会对世界市场价格产生较大影响。第四，商品的质量和包装。在世界市场上，商品都是按质论价，优质高价，劣质低价。此外，如果没有适于国际运输、陈列、展览、携带和使用的良好包装，价格也会受到极大影响。第五，商品销售中的各种因素，如使用的货币、地理位置的远近、付款条件、淡季与旺季、服务质量等。第六，自然灾害、政治原因、战争和投机等，如石油输出国组织控制着世界石油市场价格。

3. 世界市场价格的种类

世界市场价格根据其形成条件和变化特点可分为两大类：

（1）世界"自由市场"价格

"自由市场"是指由较多的买方和卖方集中在固定地点，按一定规则，在规定时间内进行交易。世界"自由市场"价格是指在不受国际垄断或国家垄断力量干扰的条件下，由独立经营的买者和卖者之间交易的价格。国际供求关系是这种价格形成的客观基础。习惯上，在联合国贸易发展会议的统计中，把美国谷物交易所的小

> 自由市场价格完全由市场供求来决定，不受人为因素的影响。

麦价格、玉米（阿根廷）的英国到岸价格、大米（曼谷）的离岸价格以及咖啡的纽约港交货价格等36种初级产品的价格定为世界"自由市场"价格。

（2）世界"封闭市场"价格

世界"封闭市场"价格是指买卖双方在一定的约束关系下形成的价格，受国际供求关系影响较小。习惯上，人们将世界"封闭市场"价格分为四种类型：

> 封闭市场价格受人为因素的影响，包括政府、跨国公司、区域集团等。

第一种：垄断价格，即国际垄断组织利用其经济力量和市场控制力量决定的价格。垄断价格可以取得垄断超额利润。在世界市场上，垄断价格可以分为卖方垄断价格（高于商品国际价值的价格）和买方垄断价格（低于商品国际价值的价格）。垄断并不排除竞争，所以垄断价格也有客观界限，垄断价格的上限取决于世界市场对国际垄断组织所销售的商品的需求量，下限取决于生产费用加国际垄断组织的平均利润。

第二种：转移价格，也叫调拨价格，即跨国公司为了达到最大限度地减少税赋、逃避东道国外汇管制等目的，在公司内部规定的购买商品的价格。

第三种：区域性经济贸易集团的内部价格。"二战"后，成立了许多的区域性经济贸易集团，其内部形成了自己的内部价格，如欧洲经济共同体的共同农业政策中的共同价格。

第四种：国际商品协定下的协定价格。国际商品协定通常采用最低和最高价格来稳定商品价格。当市价超过最高价格时，就扩大出口或抛售缓冲存货；当市价低于最低价格时，就减少出口或用缓冲基金收购商品。

第三节　经济一体化与区域贸易集团化趋势

一、经济一体化的含义

经济一体化（Economic Integration）是指区域内两个或两个以上的国家或地区之间，在一个由各国授权组成的并具有超国家性质的共同机构的协调下，通过制定统一的经济贸易等政策，消除国别之间阻碍经济贸易发展的壁垒，实现区域内共同协调发展、资源优化配置，促进经济贸易发展，最终形成一个经济贸易高度协调统一的整体状态或过程。

二、经济一体化的主要类型

（一）按组织性质和经济贸易壁垒取消的程度划分

1. 优惠贸易安排（Preferential Trade Arrangements）

优惠贸易安排是指在实行优惠贸易安排的成员国之间，通过协议或其他形式对全部货物或部分货物规定特别的关税优惠或非关税方面的优惠。优惠贸易安排属于较低级的区域化的经济一体化形式，如 1932 年英国与其以前的殖民地建立的大英帝国特惠税制。

> 请注意：经济一体化的分类是按一体化程度由低到高排列的，不可以颠倒顺序。

2. 自由贸易区（Free Trade Area）

自由贸易区是由指签订了自由贸易协定的国家所组成的经济贸易集团，在成员国的货物或服务贸易之间彼此取消关税和非关税壁垒的贸易限制，对非成员国仍然保持各自的经济贸易政策。自由贸易区比优惠贸易安排的经济一体化程度更高，如 1960 年成立的欧洲自由联盟。

> 目前大多数的经济一体化都属于这种类型，如北美自由贸易区、东盟自由贸易区等。

3. 关税同盟（Custom Union）

关税同盟是指由两个或两个以上的国家或地区所组成的组织，在成员国之间彼此消除货物的关税和非关税壁垒，实现区域内货物的完全自由移动，并对非成员国实行统一的关税政策。关税同盟的一体化程度高于自由贸易区，如 1968 年成立的欧洲经济共同体。

4. 共同市场（Common Market）

共同市场是指由两个或两个以上的国家或地区所组成的组织，在成员国之间彼此完全消除关税和非关税壁垒，实现货物自由移动和生产要素的自由移动，同时对非成员国实行统一的关税政策。共同市场比关税同盟的一体化程度又进一步，欧洲经济共同体发展到 20 世纪 70 年代时成为欧洲共同市场。

5. 经济同盟（Economic Union）

经济同盟是目前最高层次的经济一体化形式，成员国之间实现了完全的货物和生产要

素的自由移动，建立共同的对外关税，并且制定和执
行统一对外的某些经济和社会政策，逐步废除各国在
经济贸易政策方面的差异，其一体化的范围从货物生
产和交换扩大到分配等领域。如目前已经基本实现货
币统一的欧盟。

欧盟是目前唯一一
个达到这个程度的一体
化组织。

6. 完全经济一体化（Complete Economic Integration）

完全经济一体化是指各成员国之间在经济贸易和财政金融等政策方面完全协调一致，实行统一的政策，它是最高层次的经济一体化。欧盟的最终目标就是完全经济一体化。

（二）按参加经济一体化组织的国家或地区的经济发展水平划分

1. 水平经济一体化（Horizontal Economic Integration）

水平经济一体化是指由经济发展水平大致相同的国家共同组成的经济一体化形式。如欧盟、欧洲自由贸易联盟和东盟。

2. 垂直经济一体化（Vertical Economic Integration）

垂直经济一体化是指由经济发展水平差异较大的国家或地区共同组成的经济一体化形式。如由美国、加拿大和墨西哥组成的北美自由贸易区。

（三）按实现经济一体化的范围划分

1. 部门经济一体化（Sectoral Economic Integration）

部门经济一体化是指各成员国之间的一个或几个部门纳入经济一体化的范围，实现局部经济部门的协调一致。如欧洲原子能共同体、美加汽车贸易协议等。

2. 全盘经济一体化（Overall Economic Integration）

全盘经济一体化是指各成员国所有的经济部门都纳入经济一体化的范围。如欧盟。

三、经济一体化对国际贸易的影响

（一）经济一体化对国际贸易的有利影响

经济一体化对国际贸易的有利影响主要表现在以下四个方面：

（1）有利于扩大经济一体化组织的内部贸易。贸易自由化是经济一体化组织建立的基本目标，无论是较低层次的贸易优惠安排，还是较高层次的经济联盟，组织内的各成员国之间通过减免关税或消除非关税壁垒，形成较为统一的市场，有利于各成员国之间贸易的扩大。如 20 世纪 50—70 年代，欧共体内部的贸易额占成员国贸易总额的比重从 30% 提高到 50%。

经济一体化对
组织内部有利。

（2）有利于加强经济一体化组织内部的国际分工和技术合作，加快产业结构的调整，提高国际竞争力。经济一体化组织的建立，提高了成员国之间合作的可能性，给各成员国的企业提供了重新组织和提高企业经济效益的机会，通过企业的合作或兼并，加快产业结构的调整，提高国际竞争力。

（3）有利于经济一体化组织内部的贸易与投资自由化的发展。地区经济一体化实现的过程既是取消关税或非关税壁垒，加速贸易自由化的进程，又是不断取消投资限制，加快投资

自由化步伐的过程。如欧洲经济共同体根据《单一欧洲法令》的目标，先后采取了282项立法措施，克服了贸易壁垒、技术壁垒和财政壁垒，在1992年2月签署了《马斯特里赫特条约》，在成员国之间基本实现了货物、服务和资本以及人力资源无国界的自由流动。

（4）有利于提高经济一体化组织在国际贸易中的地位和谈判力量。经济一体化促进了各成员国经济贸易的发展，提升了经济一体化组织的经济实力，增强了组织作为一个整体在世界贸易谈判中的实力。如欧洲经济共同体9国在1979年的国内生产总值为23 800亿美元，比美国多出近320亿美元，出口贸易额是美国的两倍左右，在关税与贸易总协定的多边贸易谈判中，欧洲经济共同体作为一个整体与其他成员国谈判，其谈判的实力大大增强，可以与美国等大国或贸易集团抗衡。

（二）经济一体化对国际贸易的不利影响

经济一体化对国际贸易的不利影响主要表现在以下两个方面：

（1）与非成员国的贸易减少。经济一体化组织对内采取优惠的关税和非关税措施，其内部贸易不断扩大，从而使其对组织之外的非成员国的贸易减少。如欧洲经济共同体对发展中国家的贸易份额1958年占其总贸易额的30.3%，1982年下降为20.4%；同期，对美国的贸易占其总贸易额的比重从11.4%下降为8.6%。

> 经济一体化对非成员国不利。

（2）对发展中国家出口和利用外资不利。经济一体化在各成员国内部实现或向贸易自由化发展，但对非成员国仍保留了关税与非关税壁垒，发展中国家的产品在进入经济一体化组织内部时享受不到优惠的措施，难以开拓自己的出口市场。

第四节　跨国公司是推动经济全球化的主体

跨国公司在世界范围内的经济扩展，特别是20世纪90年代以来的跨国投资与兼并，不断改变着国际经济分工协作关系，推动生产向全球一体化发展。跨国公司已经成为重要的经济体，在当今国际贸易中的地位日益突出。

一、跨国公司的含义

跨国公司（Transnational Corporation）也叫国际公司、世界公司，是指以本国为基地，通过对外直接投资，在其他国家和地区设立子公司，由母公司进行有效控制和统筹决策，从事国际化生产和经营活动的公司。

> 有人把跨国公司比喻成经济恐龙，跨国公司的众多分公司和子公司就像恐龙的庞大身躯，而母公司就是恐龙的头部。

二、跨国公司的产生与发展

跨国公司是垄断资本主义高度发展的产物，跨国公司产生和发展的基础是对外直接投资。19世纪60年代，一些较大的西方企业通过对外直接投资，在海外设立分支机构，进行国际化的生产经营，具有代表性的有美国的胜家缝纫机公司、德国的拜尔公司、美国的爱迪生电气公司和瑞典的诺贝尔公司等。

"二战"后，随着第三次科技革命的发展，生产力大大提高，国际分工日益深化，经济一体化不断扩大，国际直接投资迅速发展，跨国公司在数量和规模上都迅速发展。据世界银行统计，当今跨国公司的母公司及其子公司所创造的产值约占世界生产总值的1/5，跨国公司之间和内部的贸易占世界贸易总额的1/3。当前跨国公司的主力仍为西方发达国家，在跨国公司的发展中，美国占有绝对重要的地位和比重。根据权威杂志《财富》对全球1 000家最大的公司的排名，美国公司在前10名中占了8名，包括通用电气公司、IBM、埃克森公司、沃尔玛百货公司等大型跨国公司；发展中国家特别是印度、墨西哥、中国和巴西等都建立了许多实力雄厚的跨国公司。中国较大的跨国公司有中建总公司、中化总公司、中信公司、华润公司、中国银行和中粮总公司。

> 许多跨国公司都富可敌国。

2007年财富全球五百家最大公司前10位

1	WAL★MART 沃尔玛	沃尔玛	美国	一般商品零售	315 139.0
2	ExxonMobil	埃克森美孚	美国	炼油	347 254.0
3	(壳牌)	皇家壳牌石油	英国/荷兰	炼油	318 845.0
4	bp	英国石油	英国	炼油	274 316.0
5	GM	通用汽车	美国	汽车	207 349.0
6	TOYOTA	丰田汽车	日本	汽车	204 746.4
7	DAIMLERCHRYSLER	雪佛龙	美国	炼油	200 567.0
8	DAIMLERCHRYSLER	戴姆勒·克莱斯勒	德国	汽车	190 191.4
9	ConocoPhillips	康菲	美国	炼油	172 451.0
10	(道达尔)	道达尔	法国	炼油	168 356.7

中国进入 2007 年《财富》全球五百家最大公司前 11 位

排名	公司标志	公司名称	主要业务	营业收入（亿美元）
17	中国石化 SINOPEC	中国石化	炼油	1316.36
24		中国石油天然气	炼油	1105.20
29	国家电网公司 STATE GRID	国家电网	电力	1071.85
154	H	鸿海精密	电子	405.95
170	中国工商银行	中国工商银行	银行	368.32
180	中国移动通信 CHINA MOBILE	中国移动通信	电信	359.13
192	中国人寿 CHINA LIFE	中国人寿	保险	337.11
215	中国银行 BANK OF CHINA	中国银行	银行	307.50
230	中国建设银行 China Construction Bank	中国建设银行	银行	285.32
237	中国南方电网	中国南方电网	电力	279.66
275	中国电信 CHINA TELECOM	中国电信	电信	247.91

三、跨国公司的特征

（一）国际化

从事国际化经营，公司必然涉及生产要素的跨国转移。跨国公司的活动与进出口业务的区别在于，跨国公司的资源转移到国外后，必须保持对它的控制，这样才能加以支配和运用，以便开展国际化经营。国际化经营实际上就是跨国公司与国际环境互相作用的过程，一方面，跨国公司要对政治、经济、文化、法律和社会习俗等环境因素进行全面分析；另一方面，它要制定适应各种不同环境的方法和策略。总之，跨国公司不仅在全球投资，设立分支机构或子公司，进行国际化的生产和经营，还在管理体制、决策程序、组织机构和资源配置等方面适应国际化的要求。

（二）内部一体化

跨国公司的生产体系实际上是公司的内部分工在国际范围内的再现。跨国公司从全球竞争环境出发，进行运筹，通过控制股权或国际分包的方式，在科技、财务、会计、生产和销售等环节进行国际分工，从而降低各个环节的成本，提高整个公司的国际竞争力。跨国公司通过内部的一体化经营，从而实现国际化和全球化生产。

（三）一业为主，多样化经营

跨国公司通常废弃单一的产品生产，实行多种产品生产的模式。在跨国公司的中央决策体系下，无论是横向还是纵向的一体化生产体系，其产品都是趋向于多样化的，但是又有相对的专一性，集中于一个产业。一业为主，多样化经营有利于跨国公司资金的合理流动与分配，提高各种生产要素的利用率；有利于分散风险，稳定公司的经济收益；有利于充分利用企业的生产余力，节省共同费用，增加企业的利润收入。

> 跨国公司从方便面到导弹都可以生产。

（四）全球战略

跨国公司的经营战略包括资源战略、管理战略、营销战略、财务战略、法律战略、公共关系战略、劳资关系战略、控制战略等。全球战略是跨国公司为适应全球竞争环境的需要，将跨国公司所属的各机构和各部门看成一个整体，确定最大利益的总目标以及实现这个目标的方针、策略和方法。跨国公司实行的全球战略并不等于各海外附属公司的企业经营战略之和，在跨国公司的全球战略指导下，各海外分公司可以有自己的地区经营战略或具体战略。

四、跨国公司对世界经济的影响

（一）跨国公司的发展及全球化经营促进了国际贸易的增长

据联合国统计，20 世纪 60 年代后期，西方跨国公司总数为 7 276 家，受其控制的国外子公司和分支机构达 137 300 家。根据 1998 年《世界投资报告》的统计，全世界共有跨国公司母公司 5.3 万家，其境外分支机构已发展到 45 万家。而到 1999 年，这两个数字则分别达到 6.3 万家和 70 万家左右。目前，跨国公司控制了全球 1/3 的生产总值、50% 的国际贸易。1999 年，全球跨国公司销售额达 14 万亿美元，是世界出口总额的两倍，其销售额的增长速度快于世界出口的增长速度。除生产性跨国公司外，服务性跨国公司在世界经济发展中的作用也越来越重要。跨国公司以世界为市场，在全球范围配置资源，极大地促进了各国经济的相互依赖和融合，成为推动经济全球化的主要力量。

（二）跨国公司促进了投资所在国与跨国公司母国经济的增长

跨国公司对投资所在国与跨国公司母国经济增长的促进作用主要表现在三个方面：

第一，投资大大增长。跨国公司对发展中国家的投资有购买、兼并和创新企业几种方式，其中创新企业的投资对发展中国家资本的形成作用较大，创新企业的投资增加了资本存量，带来了新设施，扩大了生产和就业。如果收购或兼并的企业的竞争力较强，东道国也会从中获益。

第二，引进先进技术、技能和发明。跨国公司在新产品开发和新工艺研制方面发挥着主导作用，东道国通过吸收跨国公司的直接投资，可以获得新的或先进的技术与技能；东道国与跨国公司组建研究与开发分支机构可以增强东道国的技术开发能力和技术发明能力。

第三，提高组织和管理水平。跨国公司体系采用更有效的组织与管理技术，能直接提高一国的生产率，推动东道国企业的组织和管理水平的提高。

（三）跨国公司促进了发展中国家的发展

跨国公司的对外投资和技术转移，促进了发展中国家的经济发展和产业升级。近年来，跨国公司对外投资急剧增加。据联合国贸发会议报告，1996 年为 3 500 亿美元，其中流入发展中国家的资金为 2 080 亿美元，有力地推动了当地经济的发展，带动了世界贸易的快速发展，促进了金融市场的繁荣。利用外资已成为许多发展中国家的基本国策。跨国公司控制着发达国家 70% 的技术转让、80% 的研究与开发项目，是世界技术创新和技术扩散，特别是发展中国家获得新技术的主要来源。由于大跨国公司的投资更多地集中于高科技领域，客观上加快了发展中国家产业升级和经济结构调整的步伐。

> 中国改革开放30多年来取得的巨大成就与跨国公司的投资密不可分。

（四）改变世界资源的配置，推动国际分工的深化

跨国公司的国际生产推动了各种生产要素的国际流动和优化组合，使其生产过程进一步成为统一的世界生产过程的组成部分。跨国公司的生产国际化还在专业化的基础上实现了更有效率的规模经济，带动了投入与产出的成倍增长，从投资和商品交换两个方面引发了货币资本在国际间的加速流动，从而大大加快了货币资本的国际化。同时，由于越来越多的跨国公司进行科技政策的协调和联合研究与开发，科技国际化或科技一体化的趋势越来越明显。在技术因素对社会生产力发展的作用日益增强的新形势下，科学技术既可渗透到其他生产要素之中，又可以作为特殊生产要素独立存在。总之，在当今世界的经济舞台上，跨国公司已成为国际贸易、国际投资和技术转让的主要承担者。跨国公司在世界范围内有组织、有计划地实行企业之间分工的过程，推动了国际分工的深化，造成了各国之间在经济上日益增长的相互依赖性。

（五）跨国公司促进了各国产业结构的调整和升级

在跨国公司的影响下，东道国提高技术发明的能力，开发新产品并实施新的经营行为，跨国公司提供各种资源和市场机会与东道国的各种生产要素相互作用，产生了更大的业绩提高效应。在跨国公司的影响下，各东道国和母国为了提高经济效益，也为了生产新产品或从事新的经营活动，都对其旧有的经济结构进行了调整。

（六）跨国公司促进了国际技术贸易的发展

"二战"后，国际技术贸易快速发展，1965 年的国际技术贸易额为 30 亿美元，1995 年上升为 1 500 多亿美元，增长了 50 多倍，这在很大程度上得益于跨国公司的技术转让的发展。跨国公司控制了发达国家

> 大家熟悉的麦当劳就是通过技术转让的形式在各国投资的。

工艺研制的 80% 和生产技术的 90%，国际技术贸易的 75% 以上属于与跨国公司有关的技术转让。如美国，技术贸易的专利和专有技术使用费收入的 85% 属于跨国公司的技术转让收入。

第五节　电子商务的发展促进了经济全球化的发展

近几年来，随着网络技术应用的快速普及，电子商务无论是作为一种交易方式、传播媒介，还是企业组织的进化，都在广度与深度等各方面取得了前所未有的进展，渗透到了社会的各个方面。在国际贸易领域，电子商务作为一种新兴的贸易操作方式，更以其特有的优势为世界上众多国家及不同行业所接受和使用，其发展已经引起国际贸易领域的重大变革。

一、电子商务概述

电子商务作为一个完整概念被提出是在 20 世纪 90 年代，其既非单纯的技术概念也非单纯的商业概念，而是现代信息技术和现代商业技术的结合体。它是一种由计算机、通信网络及程序化、标准化的商务流程和一系列安全、认证法律体系组成的集合；是一种以互联网为基础、以交易双方为主体、以银行电子支付和结算为手段、以客户数据为依托的全新商务模式。电子商务脱胎于早期的电子数据交换和电子资金传送，并植根于以因特网技术为代表的电子网络环境，其功用并不仅限于网站的在线服务，而是利用因特网、企业内部网、外部网来"解决问题、降低成本、增加价值并创造新的商机的所有商务活动，包括从销售到市场运作以及信息处理和知识管理等"。电子商务一诞生就以超常的速度发展，并给人类的经济交往带来了巨大的变革，它改变了传统"面对面"式的商务交易模式，摆脱了展示柜与谈判桌，使商务交易变成了一种"点到点"、"站到站"的商业数据互动，极大地带动了经济结构的变革，增加了交易机会，降低了贸易成本。与传统的交易手段相比，电子商务具有以下特点：

第一，虚拟的交易平台。同传统的商务行为不同，电子商务在互联网的平台上进行，网络平台成为当事人的活动平台。这种由数字化技术支持的互联网平台构成了电子商务主体活动的一个虚拟空间。在这一虚拟空间中，商务活动中的生产者、中间商和消费者在很大程度上以数字化的方式进行信息交流，市场经营主体、市场经营客体以及经营活动的实现形式全部或部分地通过数字信息和网络技术的媒介转化为数字形态存在，或者通过数字和虚拟的技术展现为可视的文字、声音、图像等虚拟的动态形态。电子化、数字化和虚拟化构成了电子商务与传统商务的一大本质区别。

第二，"无疆界"的交易市场。电子商务的媒介因特网是开放的、全球性的，因而电子商务的数据信息在互联网上的交互流动也就打破了时间和地域的限制，这使得电子商务拥有了地地道道的"无疆界"的世界性市场。无论在哪个国家或地区，无论在什么时间，只要能接入国际互联网，就可以方便地进入全球市场，使用国际互联网所提供的各种服务，享用国际互联网上庞大的全球信息资源。

二、电子商务在国际贸易中的应用

在传统国际贸易中，交易方对产品的订购、销售、配送、支付以及各类谈判等商务活动往往分别在不同的场所进行。而在网络条件下，国际贸易的商务场所和运营方式都发生了根本性变化。整个贸易活动包括交谈、讨论、信息的索取、洽谈、订购、商品交换、结算、商品退换等都是在电脑网络上进行的，这大大地提高了贸易的效率。同时，电子商务突破了传统贸易以单向物流为主的运作格局，凭借网络技术将商务活动中的物流、商流、信息流、资金流等资源汇集在一个平台上，并通过这个平台完成资源的共享和业务的重组，从而帮助交易主体降低经营成本，加速资金周转，提高服务管理水平，增强市场适应能力。另外，电子商务能够使人们更广泛、更充分地利用信息，了解商情，共享资源。信息的透明化和公开化使市场主体间的竞争更加激烈，这必将有助于促进企业拓宽服务渠道并带动服务质量的提高。

简而言之，作为一种以电子数据交换为主要内容的全新贸易运作方式，电子商务打破了时空的限制，加快了商业周期循环，高效地利用有限资源、降低成本、提高利润，有利于增强企业的国际竞争力。因此，电子商务正在掀起国际贸易领域里的一场新的革命。它的运用，拓展了国际贸易的空间和场所，缩短了国际贸易的距离和时间，简化了国际贸易的程序和过程，使国际贸易活动全球化、智能化、无纸化和简易化，实现了划时代的深刻变革。所有这些，都是电子商务在短短十年左右的时间里得以迅速发展的原因，也是其可能取代传统贸易方式的根本所在。随着网络技术的日新月异，电子商务越发显示出它的勃勃生机，必将成为国际贸易发展的主流。

为了顺应国际贸易发展的趋势，强化中国企业参与国际竞争的能力，中国政府于 20世纪 90 年代就实施了"金关工程"，利用计算机网络技术实现对外经济贸易和相关领域的标准化、规范化和网络化管理。

小知识：目前，中国已基本实现了进出口统计系统、进出口许可证管理系统、出口退税系统、外汇核销系统的联网，通过金关工程的主干网把外经贸部、国家税务总局、国家外汇管理局、海关总署、国家统计局、商检、银行等政府机构和外经贸企业联系起来，实现贸易动态管理，逐步改变企业贸易方式。近日，联合国贸易和发展会议发表的一份报告声称，未来几年内，全球电子商务还将进一步快速发展，其增速将超过 50%，2006 年，全球电子商务交易额最多可达 12 万亿美元。报告着重指出，中国在全球电子商务的发展中发挥了重要作用。

总之，电子商务的兴起是国际贸易领域里的一场深刻的商业革命。在这场变革中，世界市场的重新构造，国际贸易方式创新的深化，对每一个国家都将产生深刻的影响。为了能够更有效地参与国际市场竞争，能够在经济全球化过程中获取更大的利益，我们应当高度重视电子商务的发展态势，认真研究和探索电子商务的发展规律及其对国际贸易产生的影响，以便采取积极的对策措施，培育企业的创新机制和企业的国际竞争能力，使中国的对外贸易在国际竞争中赢得优势和主动，保持快速和健康的发展。

案例：电子商务在国际贸易中所扮演的角色日益变得重要，以在线交易为特点的第二代电子商务开始呈现出蓬勃的发展潜力。例如专注于几十美元到几千美元交易的敦煌网在 2008 年底总交易额已经达到了 2 亿美元。在金融危机中，随着小订单高频率的趋势加快，进口商和出口商都不可能为了几千美元的生意而承担上千美元的交通成本，直接进行在线交易就成为最佳选择。

而交易型电子商务平台也在提供附加服务上下足了工夫，加强了与支付工具、信用保证、物流服务等方面的合作，使国际贸易的整个过程可以完全在线完成。

2008 年底，敦煌网在珠三角地区首推"制造港"业务，直接针对中小制造企业。"制造港"业务的核心就是利用敦煌网海外市场的影响力，通过交易全程一对一式的客户经理服务，直接在海外市场推介出口制造企业，实现这些制造企业的直接出口。从实际的职能上来看，敦煌网在其中就扮演了贸易公司的角色。令人惊讶的是，"制造港"业务在第一个月就创下了 300 万美元订单的业绩。

第六节　服务业的发展推动了国际服务贸易的增长

20 世纪 80 年代以来，国际服务贸易的增长速度超过了国际货物贸易增长的速度，随着 WTO 的推进和 GATS 的实施，世界各国的服务贸易市场将进一步开放，其在国际贸易中所占的比例也会愈来愈大。

一、国际服务贸易的概念

关于国际服务贸易，各国统计和各种经济贸易文献并无统一、公认的确切定义。下面介绍两种有代表性的定义。

（一）世界贸易组织（WTO）对其的定义

在关税与贸易总协定主持下的乌拉圭回合谈判中，于 1994 年 4 月签订的《服务贸易总协定》，对服务贸易作了如下定义：

（1）过境交付（Cross-Border Supply），指从一成员国的国境向另一成员的国境提供服务；没有人员、物资和资金的流动，只是通过电信、邮电、计算机的联网实现的，如视听服务产品和金融服务产品。

案例：中国某进出口公司与美国海外贸易集团公司正在进行关于一笔业务的谈判，中国进出口公司为了对美国公司进行资信调查，找到了美国一家咨询公司，该咨询公司在美国国境内向中国公司提供了咨询服务，这就是过境交付。

（2）境外消费（Consumption Abroad），指从一成员的国境向另一成员的服务消费者提供服务。例如，本国病人到外国就医、本国学生到外国留学、外国人到本国旅游等。

案例：中国某学生到美国府省理工大学留学，府省理工大学在美国国内向中国的消费者提供了服务，这就是境外消费。

（3）商业存在（Commercial Presence），指一成员在另一成员的国境内通过商业存在提供服务。商业存在是服务贸易活动中最主要的形式，是指允许外国的企业和经济实体到本国开业，提供服务，包括设立合资、合作和独资企业，如外国公司到本国开饭店、建零售商场、代办律师事务所等。

案例：友邦保险公司是世界 500 强美国国际集团，AIG 的的合资附属公司。1992 年，友邦保险公司成为首家获许批准在中国开展保险业务的外资保险公司。十多年来，友帮保险以商业存在的形式在中国境内为中国消费者提供了各种形式的保险服务。

（4）自然人流动（Movement of Personal），指一成员的自然人在另一成员境内提供服务。如外国教授、高级工程师或医生来本国从事个体服务。

案例：2008 年，中国广州军区战士杂技团以主题杂技晚会《中国阴阳韵》在德国汉堡掀起一股"中国旋风",令异国的观众们心旷神怡,如痴如醉。广州军区战士杂技团就是以自然人流动的形式到德国提供服务。

(二) 联合国贸发会议对其的定义

联合国贸易与发展会议利用过境现象阐述了服务贸易,将国际服务贸易定义为:货物的加工、装配、维修以及货币、人员、信息等生产要素为非本国居民提供服务并取得收入的活动,是一国与他国进行服务交换的行为。狭义的国际服务贸易是指有形的,发生在不同国家之间,并符合严格的服务定义的直接的服务输出与输入;广义的国际服务贸易既包括有形服务的输入和输出,也包括服务提供者与使用者在没有实体接触的情况下发生的无形的国际服务交换。

二、"二战"后国际服务贸易迅速发展的原因

(一) 服务业在各国经济中的地位上升

服务贸易的迅速发展反映了服务业交换的扩大,也是服务业在国民生产总值(GNP)或国内生产总值(GDP)比重上升的客观反映。20世纪60年代以来,世界各国经济结构的重心开始转向服务业,1999年在世界国内生产总值中,服务业的产值占61%,制造业占34%,而农业仅占5%左右。服务业在各国国民生产总值和就业中的比重也不断加大。发达国家服务业产值占GDP的比重由1970年的58.2%提高到1999年的65.3%,服务业就业人数占国内就业总数的比重在55%—75%之间;发展中国家服务业产值占GDP的比重也从42.5%上升到48.1%,服务业就业人数占国内就业总数的30%—55%,服务业已成为国民收入和就业增长的重要来源,其发展推动了国际服务贸易的增长。

(二) 科学技术的发展使服务业日益专业化

许多服务行业从制造业中分离出来,形成独立的服务行业,其目的是适应国内和国际市场上激烈的竞争。例如知识密集型服务业日益起着把技术进步转化为生产能力和国际竞争力的作用,在生产的各阶段不断出现对专门服务的需求。在生产的"上游"阶段,要投入的专门性服务有:可行性研究、风险资本、产品概念与设计、市场研究等。在生产的"中游"阶段,有的服务与商品生产本身相结合,如质量控制、设备租赁、后勤供应、保存和维修;有的服务与生产并行出现,如公司运行需要的会计、人事管理、电信、法律、保险、金融、安全、伙食供应等专门服务。在生产的"下游"阶段,需要广告、运输、销售、培训等服务。这样,一个生产企业在世界市场上保持竞争地位的关键是取得"上游"、"中游"和"下游"三个阶段服务的反馈。

此外,服务已成为产品增值的主要来源之一。生产"下游"阶段的服务既有助于竞争能力的提高,又是产品增值的来源之一。在当今世界市场上,影响资本和消费品竞争地位的主要因素是服务的支持,如产品/服务一揽子协议使顾客难以离开供应者,使新的供应商进入该产品领域比较困难。高技术产品的出口刺激了知识密集型服务的出口,反之亦然。例如,资本货物的出口伴随着咨询服务的出口,而飞机的出口导致训练和维修协议的达成。

(三) 世界商品贸易的增长和贸易自由化的迅速发展

整个世界商船吨位从1970年的2.17亿吨提高到1995年的7.35亿吨,2006年为9.20亿吨。国际商品贸易的发展带动了对保险、银行、咨询、运输等服务的需求及发展。

2000—2007 年世界货物贸易和服务贸易的增长情况

项目	贸易额（10 亿美元）	年增长率（%）			
	2007 年	2000—2007 年	2005 年	2006 年	2007 年
货物贸易	13 570	12	14	16	15
服务贸易	3 260	12	12	12	18

资料来源：WTO 秘书处

（四）跨国公司的迅速发展

跨国公司的迅速发展，提高了服务国际化的速度。信息技术的发展使投资者更快地获得外国市场的信息，实现规模经济。许多跨国公司在金融、信息和专业服务上都是重要的供应商，面向全球出售服务。

（五）国际服务合作的扩大促使服务贸易扩大

国际服务合作是指拥有工程技术人员和劳动力的国家和地区，通过签订合同，向缺乏工程技术人员和劳动力的国家和地区提供所需要的服务，并由接受服务的一方付给报酬的一种国际经济合作。

（六）旅游业的发展加速了世界服务贸易的扩大

第二次世界大战以后，旅游业的发展速度超过了世界经济中的许多部门，成为蓬勃发展的行业。1970 年以来，国际旅游业成为仅次于石油和钢铁工业的第三大产业。出国旅游人数从 1980 年的 2.85 亿人次增加到 1985 年的 3.25 亿人次。同期，旅游总收入从 925 亿美元提高到 1 048.5 亿美元。1996 年，出国旅游人数达 5.92 亿人次，旅游收入达 4 231 亿美元。2001 年世界旅游人数达 6.93 亿人次，世界旅游收入达 4 620 亿美元。

（七）发展中国家积极发展服务贸易

20 世纪 70 年代中期以来，石油输出国对各种服务项目的需求不断增加。新兴工业化国家和地区服务业的发展加快。

（八）各国政府的支持是国际服务贸易发展的催化剂

越来越多的国家和地区把服务贸易的发展提到重要的战略高度，制定了一系列的政策措施促进其发展。

总之，第二次世界大战后国际服务贸易的迅速发展是科技革命促进社会生产力发展、产业结构的服务化调整、国际经济联系日益加强的结果，也是世界各国经济结构的变化在国际贸易中的反映。

2000—2007 年世界服务贸易分类别的增长情况

项目	贸易额（10 亿美元）	年增长率（%）			
	2007 年	2000—2007 年	2005 年	2006 年	2007 年
服务贸易	326	12	12	12	18
运输	742	11	13	9	18
旅游	862	9	7	9	14
其他商业服务	1653	14	14	15	19

资料来源：WTO 秘书处

本章知识应用

专题讨论一：改变中国在国际分工中的地位，积极参与经济全球化

由发达国家主导的经济全球化催生了世界范围内新的国际分工格局，发展中国家得益于发达国家的技术扩散和市场开放。在这一过程中，许多发展中国家的人力资本也得以积累。经验显示，一国经济开放度的提高和其人均国民收入增长之间存在正相关的关系。应当承认，发达国家和部分发展中国家的经历支持了"共赢"的观点。然而，全球化在为世界提供"共赢"机遇的同时，也使发展中国家面临着掉入"国际分工陷阱"的挑战。

在整个国际分工链条中，发达国家凭借其资本、科技、人才、营销和消费方式上的优势或先机，占据了高附加值、高技术含量的产品和服务市场，而大多数发展中国家则处于国际分工链条的末端，成为全球市场上劳动密集型、低附加值、低技术含量产品与服务的提供者。换言之，全球化收益的绝大部分由发达国家获得，发展中国家只能够获得其中的一小部分。

由于中国经济发展水平和科技水平都较低，长期以来，中国的进出口贸易在国际分工中处于从属和被动的局面。其突出表现是出口商品结构相对落后，出口市场相对单一，地区分布不均匀及贸易条件恶化。在出口商品中，虽然工业制成品占主导地位，但却是以中低档次的劳动密集型产品居多。这些产品加工程度低，技术含量少，附加值低，产品质量不高，以计算机、光缆、传真机、精密机床等为代表的高技术产品比重极小。与中国相反，西方发达国家低技术制造业在国民经济中的比重已从最高时的 30% ~ 50% 下降为 20%，而高技术产业上升为 60% ~ 70%。发达国家通过控制高技术产品，在国际交换中获得超额利润甚至垄断利润。从中国的"产品顺差，技术逆差"中不难发现，中国的高新技术产品出口主要以组装、加工方式为主，这使得中国的高新技术产品贸易本身科技含量较低，更多意义上依旧是依靠劳动力资源的优势。

同时，出口产品缺少自主核心技术和自主品牌，过分依赖价格的优势，尤其是在机电产品和高新技术产品中，中国的核心技术所占比例很少。据了解，中国计算机毛利目前只有5%左右，专家认为，这是因为目前国产计算机两项最主要的核心部件用的都是外国货，一个是英特尔芯片，一个是微软的操作系统。据计算，如果有自主的芯片和操作系统，中国的利润可上升到40%。

此外，与发达国家的贸易方式偏重于一般贸易不同，中国以加工贸易为主，这一特色意味着中国贸易在产业链条中处于利润率最低的低端位置。虽然加工贸易有零关税的优势，但其科技含量低，究其根本还是属于劳动密集型的产业，由于缺乏品牌价值和创新内涵，加工贸易的附加值较低，所以中国的加工贸易赚的都是"辛苦钱"。加工贸易占据中国贸易方式半壁江山的境况影响了整体利润水平，降低了中国的贸易竞争力。

由于中国对外贸易主要依靠数量和价格的优势，特别是一些传统加工业，大多利用中国的土地、资金和人力资源，因而造成的负面影响越来越明显。目前出口的许多产品都要消耗大量的资源，甚至付出高污染的代价。据悉，去年中国出口电解铝和硅铁分别为168万吨和93万吨，分别消耗了252亿度电和84亿度电。这两项的出口一年基本上要用掉6.5个小浪底电站的发电量。

　　由于制造业高速发展，中国二氧化硫和二氧化碳的排放量在急剧增加，二氧化硫的排放量是美国的 8 倍，是日本的 61 倍，以至于中国在本来就缺水的情况下，长江、黄河、珠江等七大水系能够供饮用的水还不到 30%，其中 44% 为极度恶劣水质。根据 2005 年的相关报告，中国二氧化碳排放量已居世界第二。

　　在世界经济论坛公布的 2004—2005 年度全球竞争力报告显示，在全球 102 个国家和地区，中国排名第 46，比 2003 年下滑 2 个名次。这说明虽然中国的贸易规模排在世界前列，但是国际分工的地位不高，贸易利益比较少。

　　因此，如何改变中国在国际分工中的地位，使中国由贸易大国变为贸易强国，是中国今后的一项艰巨的任务。

专题讨论二：中国对外贸易的比较优势与比较劣势

　　中国之所以在经济全球化中赢得主动，是因为中国政府从本国的比较优势出发，制定了正确的对外开放战略，并一贯地加以实施。总体而言，中国的比较优势主要是其低廉的劳动力与土地，成体系的制造业基础和潜在的巨大市场规模；比较劣势则主要是一些重要技术的开发能力弱，某些自然资源相对匮乏和经济体制中存在缺陷。但是 2007 年下半年以来，中国的中小型出口企业面临着国内外多重压力：外部需求收缩、人民币升值、国际原材料价格上涨、环境成本加大……中国出口企业只有在结构调整中才能寻求突破。

思考题：
（1）根据上述材料，你如何看待中国的比较优势？
（2）中国出口企业面临困境的原因是什么？如何摆脱当前的困境？

本章知识应用

中国入世以来主要服务行业的开放进程

　　1. 银行业

　　2001 年已全面放开外汇业务，2003 年 12 月，将外资银行人民币业务的客户对象扩至中资企业。截至 2004 年年底，已有 13 个城市允许外资银行经营人民币业务。

　　批准了大众、通用、福特和丰田四家公司在国内从事汽车金融业务。

　　超出承诺的开放包括：将单个外资参股中资银行比例从 15% 提至 20%；减少外资银行分行营运资金的档次和数量要求；允许外资银行从事衍生品业务和保险公司外汇资金境外托管业务；已有 6 家商业银行获准境外投资者参股。

　　2. 保险业

　　2002 年 1 月 15 日，中意人寿保险有限公司在广州成立，这是中国入世后首家获准成立的中外合资保险公司。类似的合资公司还有中法人寿、中美大都会人寿等。中国航空集团和韩国三星人寿、东方航空公司和台湾国泰人寿的合作也在筹备之中。

　　世界大型保险公司已基本进入中国市场。截至 2003 年年底，共有 39 家外国保险公司在华开设了 70 家营业性机构，124 家外国机构在华设立了代表处。

　　监管上加快与国际标准接轨，最为引人注目的是建立了以偿付能力监管为核心的监管原则，几大国内保险巨头的改制上市，增强了公司的偿付能力。目前，已经在海外上市的3家保险公司总的市场份额超过整个市场的一半。

2004年上半年新批准设立了18家各类中资保险公司。

3. 证券业

自2003年下半年至2004年这一年半的时间内，中国证监会先后批准了13家中外合资基金管理公司，如华欧国际证券公司和长江百富勤证券公司，外方的持股比例均为33%。截至2004年年底，有11家境外机构获得了合格境外机构投资者（QFII）资格。

4. 电信业

韩国SK与联通合资成立联通时科。

英国沃达丰2002年买下中国移动香港上市公司的部分股份。

从2002年至2004年底，中国四家主要电信运营商已全部实现海外上市。

2001年国务院颁布《外商投资电信企业管理规定》，2004年7月《电信法》上交到国务院法制办并于2005年出台。

2004年12月11日起，正式对外开放基础电信等服务贸易领域的相关业务。

5. 铁路、公路运输业

根据交通部文件，自2002年12月1日起，外商可采用中外合资的形式，同中国的公司、企业或其他经济组织共同举办由外商控股经营的中外合资道路运输企业，其中外商的投资比例可以达到75%。

相比之下，铁路运输开放的脚步较为迟缓，迄今没有出现外商参股的合资铁路，也未涉足铁路运输市场。主要原因是铁道部政企合一的角色定位使得外资望而却步，而铁路行业存在的严格管制的定价与调度体系也阻碍了外资进入。

6. 旅游业

加入WTO以来，旅游业开放进程明显加快。2003年7月，国家旅游局提前4年多兑现加入WTO时的承诺，批准成立了中国第一家外商独资旅行社；2004年年底，中国公民可以组团前往的旅游目的地国家和地区达到63个。

饭店业已全面开放，全球主要大型国际饭店集团都已进入中国市场。

7. 影视业

2003年12月，广电总局宣布允许成立中外合资的电影制作及发行公司。

2004年10月10日，允许外资进入电影制片行业，外资上限为49%。

2004年10月中旬，华纳兄弟影业公司获准与中影集团和横店集团共同组建中影华纳横店影视有限公司。

2004年11月25日，索尼宣布与中影集团组建中外电视制作合资公司。此前，维亚康姆已与上海文广新闻传媒集团和北京电视台在电视制作行业展开合作。

2004年11月28日起，外资媒体公司可入股国内广播电视节目制作经营企业，中方投资人持股比例不应少于51%。

第三章
国际贸易政策

第一节　国际贸易政策概述

一、对外贸易政策的概念、目的和构成

（一）对外贸易政策的概念

对外贸易政策是各国在一定时期内对进口贸易和出口贸易所实行的政策，它包含进口贸易政策和出口贸易政策。

中国是WTO的成员，在制定对外贸易政策时，一定要符合WTO的规定。

（二）对外贸易政策的目的

各国制定对外贸易政策的目的在于：保护本国市场；扩大本国产品的出口市场；促进本国产业结构的改善；积累资本或资金；维护本国的对外政治、经济关系；促进本国经济发展等。

（三）对外贸易政策的构成

对外贸易政策由下述内容构成：

（1）对外贸易总政策。其中包括进口总政策和出口总政策。它是从整个国民经济出发，在一个较长的时间内实行的政策。例如是实行"自由贸易政策"还是"保护贸易政策"或是"协调管理贸易政策"。

（2）进出口商品政策。它是根据对外贸易总政策和经济结构、国内市场状况而分别制定的政策。例如为保护本国民族工业的发展，限制某些外国同类产品的进口。

（3）对外贸易国别政策。它是根据对外贸易总政策和对外政治、经济关系而制定的国别和地区政策。例如过去欧美等资本主义国家制定限制或禁止向社会主义国家出口与军事有关的科技产品的政策。

二、对外贸易政策的类型和演变

（一）对外贸易政策的类型

从对外贸易产生与发展的历程上来看，主要有两种类型的对外贸易政策，即自由贸易政策和保护贸易政策。

小问题：一国一般在什么情况下会执行自由贸易政策？在什么情况下会执行保护贸易政策？

1. 自由贸易政策

自由贸易政策的主要内容是：国家取消对

进出口贸易和服务贸易等的限制和障碍，取消对本国进出口贸易和服务贸易等的各种特权和优待，使商品自由进出口，服务贸易自由经营，在国内外市场上自由竞争。

2. 保护贸易政策

保护贸易政策的主要内容是：国家广泛利用各种限制进口和控制经营领域与范围的措施保护本国产品和服务在本国市场上免受外国商品和服务的竞争，并对本国的出口商品和服务贸易给予优待和补贴。

> 保护贸易政策就是国家干预对外贸易，干预的手段主要是：鼓励出口，限制进口。

其他类型的贸易政策都是在这两种形式的基础上演化而来的，是上述两种贸易政策类型的变形。

（二）对外贸易政策的演变

在资本主义生产方式的准备时期，为了促进资本的原始积累，西欧各国广泛实行重商主义下的强制性贸易保护政策，通过限制货币（贵重金属）出口扩大贸易顺差的办法扩大货币的积累，以英国实行得最为彻底。

在资本主义自由竞争时期，资本主义生产方式占统治地位，世界经济进入了商品资本国际化的阶段。这个时期对外贸易政策的基调是自由贸易，但由于欧美各国经济发展水平不同，出现了两种类型的贸易政策。在资本主义较发达的国家如英国推行自由贸易政策；在资本主义较落后的国家如美国、德国则执行保护贸易政策。

19世纪末到"二战"前，由于垄断的出现与加强，资本输出占据统治地位，1929—1933年的资本主义经济大危机，使市场矛盾日益激化，主要资本主义国家开始推行带有垄断性质的超保护贸易政策。

> 一个国家在经济状况良好时，一般倾向于执行自由贸易政策；当出现经济危机或经济较落后时，会执行保护贸易政策。

"二战"后，先是由于美国对外扩张的需要，继而因资本国际化和生产国际化，出现了世界范围的贸易自由化。

20世纪70年代中期后，由于西欧经济危机的爆发，经济发展减慢，结构性失业的出现使市场问题趋于尖锐，以美国为首的发达国家采取新的贸易保护主义。

20世纪80年代中后期以来，由于世界经济政治关系的深刻变化，各国经济相互依靠的加强，世界各国，特别是发达国家开始推行管理贸易政策。这种政策的主要内容是：国家对内制定各种对外贸易法规和条例，加强对本国进出口贸易进行有秩序地发展的管理；对外通过协商，签订各种对外经济贸易协定，以协调和发展缔约国之间的经济贸易关系。

"二战"后，发展中国家根据各国经济发展的需要，大多数国家执行保护贸易政策。但总的趋势是多数发展中国家的外贸易政策逐步从内向型的保护转向外向型的保护。

三、对外贸易政策的制定与执行

（一）对外贸易政策的制定依据

对外贸易政策属于上层建筑，它既反映了经济基础和当权阶级的利益与要求，同时又反过来维护和促进经济基础的发展。各国在制定贸易政策的过程中，要考虑众多的经济、政治外交因素。具体依据如下：

（1）从国内因素看：本国经济结构的调整；本国的物价情况、就业状况与贸易条件；国内政治派别情况；领导人本身的经济思想和贸易理论。

（2）从国际因素看：经济方面的因素，包括国际分工情况、跨国公司本身的动向、国际经济的传递情况；政治方面的因素，包括社会制度间的关系、国家间的关系、经济贸易集团的发展变化、报复性措施等问题。

各国政策的制定与修改是由国家立法机构进行的。最高立法机关所颁布的对外贸易各项政策，既包括一国较长时期内对外贸易政策的总方针和基本原则，又包括某些重要措施以及给予行政机构的特定权限。

（二）对外贸易政策的执行方式

（1）通过海关对进出口贸易进行管理。

（2）国家广泛设立各种机构，负责促进出口和管理进口。

（3）国家政府出面参与各种国际经济贸易等国际机构与组织，进行国际经济贸易等方面的协调工作。

第二节　自由贸易政策和保护贸易政策

一、自由贸易政策

（一）自由竞争时期的自由贸易政策

1. 英国自由贸易政策的兴起与胜利

英国自 18 世纪中叶开始兴起产业革命，确立了其世界工厂的地位，一方面，英国工业的发展要求从国外进口廉价的工业原料和粮食；另一方面，英国的产业革命先于其他国家，工业制成品具有强大的国际竞争力。因而此时的重商主义贸易政策实质上已成为英国经济发展和英国工业资产阶级向外扩张的障碍，工业资产阶级强烈要求废除重商主义的保护贸易政策，实施自由贸易政策。

工业资产阶级经过长期不懈的努力和斗争，最终战胜了地主、贵族阶级，使自由贸易政策在英国取得胜利，具体表现在以下几个方面：

（1）废除谷物法。1833 年英国棉纺业资产阶级组成"反谷物法同盟"，而后又成立全国性反谷物法同盟，展开声势浩大的反谷物法运动，经过斗争，终于使国会于 1846 年通过废除谷物法的议案，并于 1849 年生效。马克思指出："英国谷物法的废除是 19 世纪自由贸易所取得的最伟大的胜利。"

（2）逐步降低关税税率，减少纳税商品数目。19 世纪初，经过几百年的重商主义实践，英国有关税的法令达 1 000 件以上。1825 年英国开始简化税法，废止旧税率，建立新税率，使税率大大降低。进口纳税的商品项目从 1841 年的 1 163 种减少到 1853 年的 466种，1882 年减至 20 种，禁止出口的法令也完全被废除。

（3）废除航海法。航海法是英国限制外国航运业竞争和垄断殖民地航运业的政策，从 1824 年开始逐步废除，至 1854 年全部废除，英国的沿海贸易和殖民地航运全部对外开放。

（4）取消特权公司的特权。1813 年、1814 年分别废止了东印度公司对中国和印度的贸易垄断权，从此对中国和印度的贸易开放给所有的英国人。

（5）改变殖民地贸易政策。在 18 世纪，英国对殖民地的航运享有特权，殖民地的货物输入英国享受特惠关税。在英国大机器工业建立以后，英国产品不惧怕任何国家的竞争，所以对殖民地的贸易逐步采取自由放任的态度。1849 年航海法废止后，殖民地已经能自由输出输入商品。通过关税改革，废止了对殖民地商品的特惠税率，同时准许殖民地与外国签订贸易协定，殖民地可以与全世界任何国家建立直接的贸易关系，英国不再加以干涉。

（6）与外国签订带有自由贸易色彩的贸易条约。1860 年签订了英法条约，即《科伯登条约》。根据这一条约，英国降低对法国的葡萄酒和烧酒的进口关税，并承诺不再禁止煤炭的出口；法国则保证对从英国进口的一些制成品征收不超过价格 30% 的从价税。仅 19 世纪 60 年代，英国就缔结了 8 个类似的条约。

2. 自由贸易政策的理论

（1）亚当·斯密的"绝对成本"理论。亚当·斯密（Adam Smith）（1723—1790）是资产阶级政治经济学古典学派的主要奠基人之一，也是国际分工理论的创始人。从 1766 年起他埋头写作《国富论》，经九年时间终于完成。在《国富论》中，他提出了国际分工与自由贸易的理论，并以此作为他反对重商主义的"贸易差额论"和保护贸易政策的重要武器，他的理论对国际分工和国际贸易理论作出了重要贡献。亚当·斯密认为提高劳动生产率是增加国民财富的重要条件之一，他认为分工能大大提高劳动生产率，是增加国家财富的重要条件之一。

亚当·斯密因此推论出，分工既然可以极大地提高劳动生产率，那么每个人专门从事于一种物品的生产，然后彼此进行交换，则对每个人都是有利的。他指出，如果人们用比较小的花费就能买空卖空某些物品的话，谁也不会亲自制造它们。裁缝不会为自己做靴子，鞋匠也不会为自己缝衣服，农民既不打算为自己做靴子，又不打算缝衣服。他们都会认识到，如果把自己的全部劳动时间用于生产一种产品，并且用这种产品来交换自己所需要的其他产品，那是对自己有利的。从每一个个体看来是合算的事情，对于整个国家来说也不可能是不合理的。

在亚当·斯密看来，适用于一国内部的不同职业之间、不同工种之间的分工原则，也适用于各国之间。他主张如果外国的产品比自己国内生产的要便宜，那么最好是输出本国在有利的生产条件下生产的产品去交换外国的产品，而不要自己去生产。他举例：在苏格兰，人们可以利用温室生产出很好的葡萄，并酿造出同国外进口的一样好的葡萄酒，但要付出 30 倍高的代价。如果真这样做，那就是明显的愚蠢行为。国家都有其适宜于生产某些特定产品的绝对有利的生产条件。如果每一个国家都按照其绝对有利的生产条件（即生产成本绝对低）去进行专业化生产，然后彼此进行交换，则对所有交换国家都是有利的。各国按照各自的有利条件进行分工和交换，将会使各国的资源、劳动力和资本得到最有效的利用，并会大大提高劳动生产率和增加物质财富。

为了说明这个理论，亚当·斯密还进行了进一步的举例说明。

假定英国、葡萄牙两国都生产葡萄酒和毛呢这两种产品。亚当·斯密认为在这种情况下可以进行国际分工、交换，其结果对两国都有利。如下表所示，依照亚当·斯密的分工原则，英国、葡萄牙两国进行分工，结果各国所拥有的产品产量都比分工前提高了。通过国际贸易，两国人民的消费和福利水平也都获得了相应的提高。

国际分工与自由贸易的利益

	国家	酒产量（单位）	所需劳动投入（人/年）	毛呢产量（单位）	所需劳动投入（人/年）
分工前	英国	1	120	1	70
	葡萄牙	1	80	1	110
分工后	英国			2.7	190
	葡萄牙	2.375	190		
交换后	英国	1		1.7	
	葡萄牙	1.375		1	

亚当·斯密认为只有在自由贸易的条件下，一种适宜的国际分工体系才能建立起来。他认为：自由贸易会引起国际分工，国际分工的基础是有利的自然禀赋，或后天的有利生产条件。它们都可以使一国在生产上和对外贸易方面处于比其他国家更有利的地位。如果各国都按照各自有利的生产条件进行分工和交换，将会使各国的资源、劳动力和资本得到最有效的利用，这将大大提高劳动生产率和增加物质财富。

亚当·斯密按各国绝对有利的生产条件进行国际分工，实际是按照绝对成本的高低进行分工。斯密用国际分工并进行交换对双方都有益的观点，给自由贸易政策以理论上的支持，这一理论对当时英国经济的发展起到了积极的作用。学说的局限性在于，它只阐明在生产上具有绝对优势地位的国家参加国际分工和国际贸易能获利，而没有说明在任何方面都没有绝对优势的国家是否也应参与国际分工和国际贸易，是否也能从中获得利益。

（2）大卫·李嘉图的"比较成本"理论。大卫·李嘉图是英国产业革命深入发展时期的经济学家，1817 年出版了他的主要著作《政治经济学及赋税原理》。

亚当·斯密认为国际分工应按由于地域自然条件不同而形成的商品成本绝对差异而分工。即一个国家输出的商品，一定是生产上具有绝对优势，生产成本绝对低于他国的商品。李嘉图继承并发展了亚当·斯密的绝对成本理论，他认为在国际分工和国际贸易中起决定作用的不是绝对成本而是比较成本，并把他们作为国际分工的理论基础。

李嘉图认为每个国家不一定要生产各种商品，而应集中力量生产那些"两利取重，两劣取轻"的产品进行交换，这样就可以增加产品总量，节约社会劳动和资本，形成互利的国际分工和国际贸易。要实现比较利益，只有在自由贸易的条件下按照比较利益原则进行分工，才能把资本和劳动力等用于最有利于本国利益的部门中。

李嘉图在阐述"比较成本说"时，采用了由个人推及国家的方法。他举例说："如果两个人都能制造鞋和帽，其中一个在两种职业上都比另一个人强一些，不过制帽时只强制鞋时的 1/5 或 20%，而制鞋时则强 1/3 或 33%，那么这个较强的人专门制鞋，而那个较差的人专门制帽，这不是对于双方都有利吗？"李嘉图认为国家间也应按此原则进行分工。

为了说明这个理论，李嘉图沿用了英国和葡萄牙的例子，但对条件作了一些改变，如下表所示。

国际分工与自由贸易的利益

	国家	酒产量（单位）	所需劳动投入（人/年）	毛呢产量（单位）	所需劳动投入（人/年）
分工前	英国	1	120	1	100
	葡萄牙	1	80	1	90
分工后	英国			2.2	220
	葡萄牙	2.125	170		
交换后	英国			1.2	
	葡萄牙	1.125		1	

从表中看出，葡萄牙生产酒和毛呢，所需劳动人数均少于英国，从而使英国在这两种产品生产上都处于不利地位。根据亚当·斯密的绝对成本理论，两国之间不会进行国际分工。而李嘉图认为，葡萄牙生产酒所需的劳动人数比英国少 40 人，生产毛呢只少 10 人，即分别少 1/3 和 1/10。显然，葡萄牙在酒的生产上优势更大一些，虽然它在毛呢生产上也具有优势。英国在两种产品生产上都处于劣势，但在毛呢生产上劣势较小一些。根据李嘉图的比较成本理论，应该"两利取重，两劣取轻"，即英国虽都处于绝对不利地位，但应该取其不利较小的毛呢进行生产，葡萄牙虽都处于绝对有利地位，但应取利益较大的酒进行生产。按这种原则进行国际分工，在两国投入的劳动人数没有发生变化的条件下，两国的产量都会增加，通过进行国际贸易，两国都会获得利益。

李嘉图的"比较成本说"是自由贸易理论的重要基础之一。自由贸易政策在英国的实行促进了英国生产力的迅速发展，这一理论至今一直受到西方经济学家的推崇。

（二）"二战"后至 20 世纪 70 年代中期的贸易自由化

"二战"后，随着资本主义世界经济的恢复和迅速发展，从 20 世纪 50 年代到 70 年代初，发达资本主义国家的对外贸易政策中出现了贸易自由化。贸易自由化是指各国通过政府间的谈判，互相降低关税和取消进口数量限制，使世界贸易较自由地进行。

1. 贸易自由化的主要表现

（1）大幅度削减关税。

①在关贸总协定成员国范围内大幅度地降低关税。1947 年以来，关贸总协定主持、举行了八轮多边贸易谈判，各缔约方的平均进口最惠国税率从 50% 下降到 5% 以下，涉及的税目在 60 000 个以上，涉及商品总价值占世界贸易额的一半。

②欧洲经济共同体实行关税同盟。欧共体对内取消关税，对外通过谈判达成关税减让的协议，导致关税大幅度下降。

③通过普遍优惠制的实施，发达国家对来自发展中国家和地区的制成品和半制成品的进口给予普遍的、非歧视和非互惠的关税优惠。这是在 1968 年联合国贸发会议第二届会议通过了普遍优惠制决议后实施的。

（2）降低或撤销非关税壁垒。战后初期，发达资本主义国家对许多商品进口实行严格的进口限额、进口许可证和外汇管制等措施，以限制商品进口。随着经济的恢复和发展，这些国家在不同程度上放宽了进口数量限制，扩大了进口的自由化，增加了自由进口的商品；放宽或取消了外汇管制，实行货币自由兑换，促进了贸易自由化的发展。到 20 世纪

60 年代初，参加关贸总协定的经济合作与发展组织、成员国之间的进口数量限制已取消了 90%。

2. 贸易自由化的主要特点

（1）美国成为战后贸易自由化的积极推行者。"二战"后，美国成为世界上最强大的经济和贸易国家。但资本主义各国不仅保留了战时的进口数量限制，而且限制有所增加，这就妨碍了美国资本的对外扩张。为此，美国提出贸易自由化的主张，要求各国向美国敞开国门，听任美国商品自由倾销，自由占领市场；并推动关贸总协定，把取消数量限制订入该协定。

（2）战后贸易自由化的经济基础十分雄厚。战后生产的国际化、资本的国际化、跨国公司的大量出现、国际分工的进一步发展，为西欧、日本等各国经济的迅速恢复、发展和为战后贸易自由化提供了雄厚的物质基础。

（3）战后贸易自由化主要反映了垄断资本的利益。战后贸易自由化是在国家垄断资本主义日益加强的条件下发展起来的，主要反映了垄断资本的利益。

（4）各种经济组织起了重要的作用。各种区域性关税同盟、自由贸易区、共同市场等地区性经济合作组织以及关贸总协定的建立都以贸易自由化为宗旨。

（5）战后贸易自由化发展不平衡。

①发达国家间的贸易自由化程度超过它们对发展中国家和社会主义国家的贸易自由化。

②区域性经济集团内部的贸易自由化程度超过集团对外的贸易自由化。

③不同商品的贸易自由化程度也不同。工业制成品的贸易自由化程度超过农产品的贸易自由化，机械设备的贸易自由化程度超过纺织品、鞋类、皮革制品等工业消费品的贸易自由化。

（6）战后贸易自由化促进了世界经济的迅速发展。

二、保护贸易政策

（一）资本主义生产方式准备时期的重商主义

重商主义是 15 世纪到 17 世纪欧洲资本原始积累时期，代表商业资本利益的经济思想和政策体系，是资产阶级早期阶段的国际贸易理论。

重商主义分为早期和晚期，早期被称为重金主义，即绝对禁止贵重金属外流。为此，当时执行重商主义政策的国家禁止货币出口，认为金银货币是国家财富的唯一源泉，由国家垄断全部货物贸易；外国人来本国进行贸易时，必须将其销售货物所得到的全部款项用于购买本国的货物，因其在对外收支上要求对每个国家都保持顺差，故又被称为"货币差额论"，早期重商主义的代表人物是英国人威廉·斯塔福。

晚期重商主义也称贸易差额论。随着商品经济的发展，早期重商主义的一些主张日益不符合商业资产阶级的利益，当时的商业资产阶级更加需要货币，他们开始明白，一动不动地放在钱柜里的资本是死的，而流通中的资本却会不断增值。人们开始把自己的金钱当作诱饵放出去，以便把别人的金币引回来，从而早期的重商主义逐步被晚期的重商主义所替代。晚期重商主义主张鼓励发展对外贸易，鼓励出口，扩大贸易顺差，但不必对每个国家的对外贸易都保持顺差，只要该国在一定时期内总的对外贸易保持顺差，就可使金银货币流入。贸易顺差越大，流入的金银就会越多，国家就越富有。为达此目的，在对外贸易上要"多卖少买"，实行奖出限入政策。晚期重商主义所执行的奖出限入政策的主要内容有：

（1）限制输入政策。

①禁止若干国外商品，尤其是奢侈品的进口。

②课征保护关税，限制国外商品的进口。

（2）促进出口的措施。

①对本国商品的出口给予补贴。

②出口退税。

③禁止重要原料的出口。

④减免出口关税。

⑤实行独占性的殖民地贸易政策。

（3）其他措施。

①保护农业，实行谷物法，限制谷物的进口。

②通过职工法，鼓励引进人才，限制人才外流。

③实行航海法，一切输往英国的货物必须用英国船只或原出口国船只装运。

④鼓励人口繁殖，以增加劳动力。

⑤宣传排外思想，以买英国货为爱国的表现。

晚期重商主义的最重要的代表人物是托马司·孟，其主要著作《英国得自对外贸易的财富》，被认为是重商主义的"圣经"。

重商主义的政策和理论在历史上曾起过促进作用，促进了资本的原始积累，推动了资本主义生产方式的建立与发展，但对社会经济现象的探索，只局限于流通领域，"重流通、轻生产"，忽视了对生产领域的研究，因而这种经济理论是幼稚的，不科学的。正如马克思所言，现代经济的真正科学是在理论考察由流通过程过渡到生产过程时开始的。

（二）资本主义自由竞争时期的保护贸易政策

在19世纪资本主义自由竞争时期，美国和德国是当时执行保护贸易政策的典型国家。正当以英国为首的欧洲先进工业国完成工业革命，开始逐步推行自由贸易政策，向世界进行扩张时，美国刚刚取得独立和统一，德国刚结束其封建割据的局面，开始其工业化进程。美、德两国的资产阶级与英国资产阶级有矛盾，其代表人物在美国是汉密尔顿——美国独立后的首任财政部长。当时美国刚刚获得独立，独立战争的破坏，使经济萧条、工业落后。因此，他代表工业资本家的利益向国会提出《关于制造业的报告》，阐述了保护制造业的必要性。美国工厂主为了防止外来竞争，加速资本主义发展，要求资产阶级国家在市场劳动力方面给予保障，实行保护贸易政策。德国的代表人物是李斯特。19世纪初，当时德国资本主义发展远比英、法两国落后，德国受到了英、法两国自由贸易政策的冲击，大量廉价商品涌入德国市场。为了摆脱外国自由竞争的威胁，促进和保护德国工业的发展，适应德国资产阶级的要求，李斯特的保护贸易政策应运而生。

保护贸易的理论，就其影响而言，李斯特的保护幼稚工业的理论最具有代表性。

李斯特是德国历史学派的先驱者，早年在德国提倡自由主义，自1825年作为外交官出使美国以后，受到汉密尔顿的影响，并亲眼见到美国实施保护贸易政策的成效，便转而提倡贸易保护主义。他在 1841 年出版的《政治经济学的国民体系》一书中，系统地提出了保护幼稚工业的学说。

李斯特保护幼稚工业理论的主要内容：

（1）对古典派自由贸易理论提出批评。

①指出"比较成本说"不利于德国生产力的发展。李斯特反对为自由贸易政策提供服务的"一国不必生产他国用较低成本生产的商品，而通过对外贸易来获取这种商品"的提法。他认为，从别国买进，表面看起来是合算一些，但结果会使德国本身的工业不发展，使其长期处于落后和从属于外国的地位。如果采用保护关税政策，开始时，自己的工业品价格成本可能较高，但工业发展后，随着生产力的提高，成本自然会降下来，商品价格肯定会低于外国进口商品的价格。他主张，尽管开始有所失，但最终可建立独立的工业体系。一旦发生战争，既可以保护工业的独立地位，又可推动其他行业的发展，扩大对外贸易。

②批评古典派自由贸易理论忽视了各国历史和经济上的特点。李斯特认为，按地域分工进行自由贸易，国家不干预对外贸易，这是一种世界主义经济学，或是一种理想主义的学说，它抹杀了各个国家的具体不同的经济发展和历史特点，而错误地把"将来才能实现"的世界联盟作为研究的出发点，这是行不通的，是违背各国民族利益的。李斯特根据国民经济发展的程度，把国民经济的发展分为五个阶段，即"原始未开化时期，畜牧时期，农业时期，农工业时期，农工商业时期"。各国经济发展阶段不同，采取的贸易政策也应不同。处于农业阶段的国家应实行自由贸易政策，以利于农产品的自由输出，并自由输入外国的工业产品，以促进本国农业的发展，并培育工业化的基础。处于农工业阶段的国家，由于本国工业已有所发展，但并未发展到能与外国产品相竞争的地步，故必须实施保护关税制度，使它不受外国产品的打击。18 世纪初的英国实行这种政策，为其成为一个工商业国奠定了基础。而处于农工商业阶段的国家，由于国内工业产品已具备国际竞争能力，国外产品的竞争威胁已不存在，故应实行自由贸易政策，以享受自由贸易的最大利益，刺激国内产业进一步发展。

李斯特认为英国已达到最后阶段，法国在第四阶段与第五阶段之间，德国和美国均在第四阶段，葡萄牙与西班牙则在第三阶段。因此，李斯特根据其经济发展阶段说，主张当时德国应实行保护工业政策，促进德国工业化，以对抗英国工业产品的竞争。

③主张国家干预对外贸易。认为通过政府对国民经济活动的一部分加以限制，来保证国家经济利益的实现，而国家利益的保证是持久的个人利益实现的前提。

（2）保护的对象和时间。

李斯特保护幼稚工业理论的目的是促进本国生产力的发展。经过比较，李斯特认为着重农业的国家，人民精神萎靡，一切习惯与方法偏于守旧，缺乏文化福利与自由；而着重工商业的国家则不然，其人民充满增进身心与才能发展的精神。工业发展后，农业自然跟着发展。他提出保护对象的条件是：①农业不需要保护。只有那些刚从农业阶段跃进的国家，距离工业成熟期尚远，才适宜于保护。②一国工业虽然幼稚，但在没有强有力的竞争者时，也不需要保护。③只有刚刚开始发展且遭遇国外强有力的竞争对手的工业才需要保护。李斯特十分强调受保护工业要有发展前途，即受保护工业应具有潜在的发展优势，经过一段时间的保护和发展之后能够成长起来，并能带动整个经济的发展。李斯特还提出保护时间以 30 年为最高期限。在此期限后，如被保护的工业还扶植不起来，便不再予以保护，任其自行垮台。

（3）保护手段。

通过禁止输入与征收高关税的办法来保护幼稚工业，以免税或征收微小进口税的方法鼓励复杂机器的进口。

（三）两次世界大战期间的超保护贸易政策

1．产生背景

超保护贸易政策在第一次世界大战和第二次世界大战之间盛行，在这个阶段，资本主义经济出现了以下特点：

（1）资本主义发展到垄断时期，垄断组织争夺世界市场的霸权斗争取代了自由竞争，这意味着自由贸易的终结。

（2）1929—1933 年资本主义世界发生空前严重的经济危机，使资本主义国家陷入长期萧条之中。

（3）国际经济制度发生了巨大变化。在大危机以后，许多资本主义国家都提高了关税，实行外汇限制、进口数量限制；同时，国家积极干预外贸，鼓励出口，使超保护贸易政策发展到空前的规模。

2．超保护贸易政策的特点

与第一次世界大战前的保护贸易政策相比，超保护贸易政策有以下特点：

（1）保护的对象扩大了。不但保护幼稚工业，而且更多地保护国内高度发展或衰落的垄断工业。

（2）保护的目的变了。不再是培养自由竞争的能力，而是巩固和加强对国内外市场的垄断。

（3）保护转入进攻阶段。不是防御性地限制进口，而是要在垄断国内市场的基础上加强对国内外市场进行进攻性的扩张。

（4）保护的阶级利益变了。不是保护代表先进势力的一般工业资产阶级，而是保护大垄断资产阶级的利益。

（5）保护的措施多样化。不仅有关税，还有其他各种各样的奖出限入措施。

3．超保护贸易政策的理论

在两次世界大战期间超保护贸易政策的发展中，其中有重大影响的是凯恩斯主义有关推崇重商主义的学说。

凯恩斯是英国资产阶级的经济学家，是凯恩斯主义的创始人。他的代表作是《就业、利息和货币通论》，于 1936 年出版。凯恩斯没有一本全面系统地论述国际贸易的专门著作。但是，他和他的弟子们有关国际贸易方面的观点与论述却为对外贸易政策，尤其是超保护贸易政策提供了重要的理论依据。

（1）凯恩斯立场的转变。在 1929—1933 年资本主义大危机以前，凯恩斯是一个自由贸易论者。当时，他否认保护贸易政策会有利于国内的经济繁荣与就业。在大危机以后，凯恩斯改变立场，转而推崇重商主义，他认为重商主义保护贸易的政策确实能够保护经济繁荣，扩大就业。

（2）凯恩斯的投资乘数理论。凯恩斯认为，西方资本主义经济所面临的困难是因为"有效需求"不足造成的。"有效需求"由两个因素构成——消费与投资。增加"有效需求"的办法是刺激有效需求，使人们多花钱、少存钱，鼓励高消费，以此刺激生产的发展。他认为，人们手中的钱多了对国家不利。因此，要解决投资不足问题需要国家出面干预，由国家投资，即通过征税，发行债券、公债等途径进行筹资，这样可以解决危机和失业问题。

为证明所增加投资对就业和国民收入的好处，凯恩斯提出了投资乘数理论。

凯恩斯把反映投资增长和国民收入扩大之间的依存关系称为乘数或倍数理论。它的意思是说，新增加的投资引起对生产资料的需求增加，从而引起从事生产资料的人们（企业主和工人）的收入增加；他们收入的增加又引起消费品需求的增加，从而又导致从事消费品生产的人们收入的增加。如此推演下去，由此增加的国民收入总量会等于原增加投资量的若干倍。凯恩斯认为，增加的倍数取决于"边际消费倾向"。如果"边际消费倾向"为0，就是说，人们把增加的收入全部用于储蓄，而一点也不消费，那时，国民总收入就不会增加，如果"边际消费倾向"为1，即人们把增加的收入全部用于消费，一点也不储蓄，那时，国民收入增加的倍数将为 1 + 1 + 1 + 1……到无限大。如果"边际消费倾向"介于0与1之间，即人们将增加的收入的 1/2 或 1/3 或 1/4 用于消费，则国民收入增加的倍数将在1和无限大之间（0 < 倍数 < ∞）。乘数 K 的计算公式是：

$$K = \frac{1}{1 - 边际消费倾向}$$

国民收入的增加量（ΔY）= 乘数（K）× 投资的增加量（ΔI）

（3）对外贸易乘数理论。对外贸易乘数理论是凯恩斯投资乘数在对外贸易方面的运用。在国内投资乘数理论的基础上，凯恩斯的追随者们引申出对外贸易乘数理论。他们认为，一国的出口和国内投资、消费一样，有增加国民收入的作用；一国的进口，则与国内储蓄一样，有减少国民收入的作用。当商品的劳务出口时，从国外得到的货币收入会使出口产品部门的收入增加，消费也增加。它必然引起其他产业部门的生产增加，就业增加，收入增加……如此反复下去，收入增加量将为出口增加量的若干倍，这与商品的劳务进口时必然向国外支付货币，于是收入减少，消费随之下降一样，成为国民收入中的漏洞。他们得出结论：只有当贸易为出超或国际收支为顺差时，对外贸易才能增加一国的就业量，提高国民的收入。此时，国民收入的增加量将为贸易顺差的若干倍。这就是对外贸易乘数理论的含义。

（四）20 世纪 70 年代中期以后的新贸易保护主义

1. 产生背景

新贸易保护主义的出现与加强有着深厚的经济和政治根源。

（1）20 世纪 80 年代以来，主要工业国家的经济处于低速发展状态，失业率一直较高。

整个工业发达国家国民生产总值的年平均增长率，除个别年份外，一直低速增长，低于 1968—1977 年的 3.5%，而失业率却大大高于 1968—1977 年的 3.7%。

（2）主要工业发达国家的对外贸易发展不平衡，美国贸易逆差急剧上升，成为新贸易保护主义的重要发源地。

20 世纪 70 年代中期以后，美国对日本、联邦德国等发达国家的对外贸易逆差加重；

80年代中期以后，美国对华货物贸易逆差逐年递增，出现巨额赤字。为了减少贸易逆差，美国一方面迫使对它有巨额贸易顺差的日本、中国等国开放市场，另一方面加强限制和报复的进口措施。

（3）国际货币关系的失调。

汇率长期失调影响了国际贸易的正常发展，带来了巨大的贸易保护压力。首先，浮动汇率迫使贸易商购买期货和"海琴"来保值，增加交易成本，引起价格、投资效益和竞争地位的变化；其次，汇率的过高与过低均易产生贸易保护主义。

（4）政治上的需要。

高失业率，工会力量的强大，党派的斗争和维护政府形象，大大加强了贸易保护主义的压力。如美国贸易保护主义的最大压力来自纺织工业部门。

（5）贸易政策的相互影响。

随着世界经济相互依靠的加强，贸易政策的连锁反应也更敏感。美国采取了许多贸易保护措施，它反过来又遭到其他国家明的与暗的报复措施，使得新贸易保护主义蔓延和扩张。

2. 新贸易保护主义的主要特点

（1）保护的商品不断增加。原来传统性商品，如钢铁、纺织等属于被保护之列，此时发展到对比较高级的工业制成品和劳务部门产品，如汽车、飞机和数控机床等也进行保护。1977年欧洲经济共同体对钢铁进口实行限制。1978年，美国对进口钢铁采取启动价格。1977—1979年，美国、法国、意大利和英国限制彩电进口。进入20世纪80年代以来，美国对日本汽车实行进口限制，迫使日本实行汽车的自愿出口限额。加拿大、联邦德国也相继采取限制汽车进口的措施。1982年，美国与欧美经济共同体签订钢铁的自愿出口限额协议。1968年8月国际多种纤维协定，对纺织品进口的限制进一步升级，把限制的种类从棉类、合成纤维扩大到棉麻、棉丝混纺织品。高新技术产品如数控工作母机和半导机等也被纳入保护范围。

（2）保护的方式多样化。表现在关税壁垒方面，加征反倾销税和反补贴税，并加强了有效税率的研究。在非关税壁垒方面，保护的名目种类繁多，增加很快。由原来的60多种，到80年代初已达800多种，1984年已达1 000多种，现在已经达到了2 000多种。

世界贸易组织（WTO）建立后，关税、非关税措施受到严格限制，各国越来越多地使用反倾销、反补贴等WTO所允许的保护手段。中国的出口产品从1979年底遭受到的反倾销起诉多达466起。20世纪90年代中后期，全球范围内反倾销案件数量大幅度增加，反补贴税案和保障措施也明显增加。仅1999年，全球就发生反倾销案328起，其中涉及化工品和钢材的案件数量超过了案件总数的一半。非关税壁垒措施中的技术和环境壁垒不断增高，苛刻的技术和环境标准限制了后工业化国家的出口贸易。

（3）奖出限入措施的重点从限制进口转向鼓励出口。20世纪70年代中期以来，随着发达资本主义国家之间贸易战的日益加剧，各国政府仅依靠贸易壁垒来限制进口不但难以满足本国垄断资本对外扩张的需要，而且往往遭到其他国家的谴责和报复。因此，许多发达资本主义国家把奖出限入措施的重点从限制进口转向鼓励出口，从财政、组织、精神等方面鼓励出口，促进商品输出。

（4）贸易保护日益制度化、法律化。

（五）发展中国家的保护贸易政策

1. 产生背景

"二战"后，广大的发展中国家为取得经济上的独立和巩固政治独立，纷纷走上了发展民族经济的道路，但发展民族经济却受到了旧的国际分工和贸易体系的严重阻碍。"单一经济结构"在自由贸易的旗帜下不断强化，广大的发展中国家仍然处于发达国家原料产地和产品销售市场的地位。为改变这种局面，一些国家开始摒弃传统的自由贸易原则，实施贸易保护政策。

2. 政策特点

贸易政策的选择与一国的经济发展战略密切相关。一般认为，"二战"后，发展中国家的发展战略或发展方式总体上看可归纳为两种模式，一种是内向型发展战略，一种是外向型发展战略。由此围绕发展战略采取的贸易也可分为两大类：进口替代贸易政策和出口导向贸易政策。

所谓进口替代，就是通过建立和发展本国的制造和其他工业，替代过去的制成品进口，以带动经济增长，实现工业化，纠正贸易逆差，平衡国际收支。20世纪50年代到60年代上半期，发展中国家实现工业化，一般都是从实施进口替代贸易开始的。如当时一些拉丁美洲大国巴西、墨西哥、阿根廷，亚洲的印度、巴基斯坦和菲律宾等，为实现进口替代的目标，他们都采取了保护和鼓励政策。比如，实行严格的外汇管理政策，以将有限的外汇用于经济发展最急需的一些领域，主要措施有：私人和企业不能持有外汇；企业和居民必须通过不同途径清偿手中的外国货币；实行外汇配给，对进口替代工业给予适当照顾；对资金流出国外实行管制等。

在货币汇率方面，通常实行币值高估的汇率制度。所谓币值高估，即对本国货币规定较高的兑换他国货币的比率，以利于进口替代工业所需的原材料和机器设备的进口，但它不利于这些国家的产品出口，也使关税保护部分地失去作用。因此，较多的发展中国家实行了复汇率制度，即对非必需品的进口，实行币值低估以限制它们的进口，对国内同类产品起到价格保护的作用。

再如，实行优惠的投资政策。为加速国内资金积累，国家在财政税收、价格和信用等方面给予进口替代工业以特殊优惠，以促进它们的发展。其主要措施有：对国民经济的重点发展部门减免税收优惠，其中包括对非重点发展部门征收较高的税率；积极发展国营和私营的金融结构，并对进口替代工业发放低息优惠贷款；通过国家投资，积极参与替代工业（特别是基础工业）的发展，大力扩大基础设施和公用事业。

所谓出口导向就是使本国的工业生产面向世界市场，并以工业制成品和半制成品出口逐步替代过去的初级产品出口。在20世纪60年代中期前后，首先是东亚和东南亚一些国家如新加坡、韩国等，利用自身廉价的劳动力优势，通过积极引进外国产品和技术，进口国外廉价的原材料和能源，发展劳动密集型的加工装配工业，并通过出口来带动经济的增长、缓和国际收支的严重压力。在此以后，其他国家如巴西、墨西哥、菲律宾、马来西亚、泰国、印度、巴基斯坦、土耳其等，都先后不同程度地转向面向出口的贸易发展形式，或采取进口替代和面向出口相结合的道路。

实行面向出口的贸易发展形式，关键是提高出口商品的竞争能力，开拓和扩大国际市场。为此，实行这一贸易形式的发展中国家相应地采取了一系列不同于进口替代期间的政策与措施。在外贸政策上，主要是放松贸易保护，大力鼓励出口，为此采取的措施有：对出口制成品减免关税，出口退税（退还原材料进口关税），对出口给予补贴；对产品出口提供信贷和保险；对出口部门所需的原材料、零配件和机器设备进口减免关税或减少进口替代相结合的国家，如印度，对消费品进口仍保持严格的限制。在外汇和汇率政策上，除给出口企业和出口商优先提供外汇或实行外汇留成、出口奖金等措施外，还拟定合理的汇率，以改变币值高估、不利于本国产品出口的情况。为此，在此期间许多国家都实行了本币对外贬值的办法。

第三节 当代国际贸易政策

一、管理贸易政策

（一）含义与产生

管理贸易政策是指国家对内制定各种对外经济贸易法规和条例，加强对本国进出口贸易有秩序的管理；对外通过协商，签订各种对外经济贸易协定，以协调和发展缔约国之间的经济贸易关系。也就是说它是一种介于自由贸易和保护贸易之间，以协调国家经济利益为中心，以政府干预贸易环境为主导，以磋商谈判为轴心，对本国进出口贸易和全球贸易关系进行全面干预、协调和管理的一种贸易制度。

管理贸易是一种有组织的自由贸易，它在一定程度上限制了自由竞争，国家之间的贸易活动夹杂了许多的人为干预因素。

管理贸易是一种协调性的保护贸易，它是在寻求整体利益平衡的前提下，在兼顾贸易伙伴经济利益的同时，追求本国利益的最大化。

管理贸易的产生与发展有其深刻的经济政治原因：

（1）国际政治经济关系的深刻变化。冷战结束后，经济问题成为各国关系中的重点，贸易、投资领域的激烈竞争要求各国政府从本国利益出发，参与、干预经济生活，协调与其他国之间的关系，避免两败俱伤。

（2）世界各国经济相互依赖的加强。随着生产与资本国际化的深入发展，各国之间经济的相互依赖性增强，每个国家在制定经贸政策时都必须要考虑其他国家的反应，因而增强了政策在国际范围进行协调的必要性。

（3）发达国家竞争优势发展不平衡。在拥有竞争优势的领域，政府通过国际谈判与磋商打开其他国家的保护大门；在缺乏竞争优势的领域，政府则希望通过谈判能够提供适当的保护。

（4）地区经济贸易集团的发展。各种类型经贸集团的出现，其结果使经贸集团的谈判能力、竞争能力都在增强。与此同时，经贸集团之间的保护却在相对升级，不利于成员国向非成员国市场进行扩张。

（5）跨国公司迅速发展的要求。跨国公司集生产、技术、贸易、海外投资为一体，贸易、投资自由化是其迅速发展的重要前提，跨国公司强大的经济实力使他们有能力游说本国的政府为其发展扫除障碍。

（6）世界环保意识的加强要求对贸易进行协调管理。贸易自由化对世界环境有双重作用。一方面，贸易自由化有利于国际分工的发展，全球劳动生产率的提高，世界资源的合理配置；另一方面，追求贸易利益与对环境保护结合起来的压力要求政府直接对贸易活动进行管理。

（7）关税与贸易总协定的实践。关税与贸易总协定不是致力于建立一个纯粹的自由贸易体制，而是追求一个缔约方在自由贸易原则基础上通过磋商、谈判，在合理适当地保护本国利益的条件下，促进各国经济贸易的发展。

（二）管理贸易政策的执行方式

（1）管理贸易对内主要通过以下方式进行：设立外贸管理机构；制定外贸管理法规、进出口许可证和配额；强化外汇、税收、信贷和海关管理；加强进出口商品质量管理等。

（2）管理贸易对外主要通过以下方式进行：

①通过国际会议对贸易进行意向性的管理。如联合国贸发会议、西方七国首脑会议、亚太地区首脑会议等。通过这些国际会议来调整发达国家与发展中国家以及它们内部之间的经贸关系。但国际会议对贸易的管理主要起导向和意向作用，不带有强制性。

②世界贸易组织和多边贸易协定使缔约各方的贸易行为受到约束，使之规范化。关贸总协定和第八轮多边贸易谈判所达成的协议已成为缔约方贸易行为的准则。

③区域性经贸集团通过协议取消内部的关税壁垒，对外关税政策趋于统一。各种经贸集团对成员国的贸易行为与贸易方式的管理正在深化。

④跨国公司的经营战略的重点就是协调管理生产与贸易，在世界范围内实现生产要素的合理配置，取得高额利润。

⑤通过具体的商品协定对具体商品的产供销、价格进行管理。

⑥通过国际会议对经济贸易、金融等问题进行研究，采取对策进行管理。

⑦通过双边政府贸易协定协调和管理双边的贸易关系。

二、战略性贸易政策

（一）概念

战略性贸易政策是指国家从战略高度，用关税、出口补贴等措施，对现有或潜在的战略性部门（产业）进行支持和资助，以使其获得竞争优势，提高经济效益和国民福利。

战略性贸易政策的主要措施包括：

（1）以补贴促进出口。政府通过对本国厂商实施生产补贴和出口补贴，包括直接的资金转移和减免税等形式，可以人为地降低产品成本，从而使其产品在国外市场上占有更大的市场份额，实现规模经济，获取规模经济效益。

（2）以关税保护国内市场，促进出口。在不完全竞争和规模报酬递增的条件下，一个受到保护的企业可以充分利用国内封闭市场扩大生产，不断降低产品成本，获取静态规模经济效益，并通过销售经验的积累使销售成本不断下降，从而降低产品的成本，促进产品的出口。

（二）战略性目标产业的确定

（1）高附加值产业。高附加值产业是指投入少而产出价值高的产业。通过扶植理想的具有战略性的目标产业，提高该产业的竞争力，扩大市场，从而提高整个国民的福利水平。故政府要把高附加值的产业作为优先考虑的战略性产业。

（2）高科技产业。高科技产业是指依靠产品及生产过程的快速革新而获取成功的产业。目前普遍认可的高科技产业有生物工程、新型材料、远程通信、计算机软件等。

若干国家政府重点扶持技术研究与开发的若干产业领域

国别	具体产业领域
日本	电子计算机、半导体元件、汽车、船舶、数控机床、化纤、钢铁
韩国	汽车、钢铁、半导体元件、电子计算机、通信设备、船舶
巴西	机械设备、军事工业技术、电力、汽车、有色金属冶炼
墨西哥	汽车及其部件、轻工机械、电气设备
新加坡	石油冶炼技术、电子元器件、轻纺深加工技术

资料来源：史东辉. 后起国工业化引论——关于工业化史与工业化理论的一种考察. 上海：财经大学出版社，1999

战略性贸易政策和理论虽然出现在 20 世纪 80 年代，但一些发达国家根据竞争的需要，有的在 80 年代以前就实行了类似的政策与措施。

美国在农业和国防工业中采取了类似的战略性贸易政策与措施。美国一直把农业作为战略产业予以支持，其主要措施包括：政府大力支持农业技术的研究和先进农业技术的推广；政府在大型农业项目上如灌溉设施等发挥主导作用；对农业实行各种补贴。在国防工业方面，美国政府在军事研究和开发方面给予大力支持，并将研究成果转化为民用产品。如美国波音 707 飞机是波音公司最成功的民用产品之一，而波音 707 飞机的制造在很大程度上依靠以前开发的 B－52 军用轰炸机。美国政府就是利用巨额的防务订货合同来支持波音公司的发展的。

在 20 世纪 50 年代和 60 年代，日本政府将资金投入从纺织等劳动密集型的产业转向具有高附加值的钢铁、汽车等重要的目标产业。钢铁工业和汽车工业得到出口补贴、税收和贷款优惠。20 世纪 70 年代以后，日本政府把目标产业转向技术密集型产业，如集成电路和计算机工业，采取研究与发展补贴、政府研究计划等政策。在这种政策支持下，日本的钢铁、汽车和电子产品成为日本的重要产业和出口支柱产业。

法国政府广泛运用补贴来扶植被认为是至关重要的产业，如航空工业；要求国营电话公司从本国企业购买电信和计算机设备。为了与美国飞机制造业进行竞争，20 世纪 60 年代以后，法国和英国共同开发协和式超音速飞机，并由政府提供财政支持。在此基础上，欧盟各国成立空中客车公司，生产"空中客车"。

本章知识应用

相关知识一：美国的战略性贸易政策

克林顿上台以来，一直鼓励美国政府采取一系列政策，改变企业的战略行为，以使本国企业在国际竞争中占据优势地位。其贸易政策既不是"筑起高墙来保护美国公司免受外国竞争的保护主义"，也不是"在外国竞争者面前无动于衷的自由主义"，而是推行战略性贸易政策。政策主要包括以下几方面的措施：

一、调整产业结构

在战略性贸易政策的理论指导下，美国政府鼓励企业兼并，全面放松管理和限制规则，从而引发兼并浪潮。1997 年美国企业兼并交易额达 8 230 亿美元，比 1996 年增长 26.3% 。1998 年以来美国接连出现一系列超乎寻常的巨额企业兼并或合并事件：美国克莱斯勒公司与德国戴姆勒 – 奔驰公司宣布合并，合并金额达 920 亿美元；美国最大的石油公司埃克森和位居其次的美孚石油公司正式达成 772 亿美元的合作协议。兼并热门行业涉及通信、交通、传媒、银行、零售、娱乐、医疗保健和国防工业等。本次兼并主要是在同类或相似技术、产品、市场基础上施行，以扩大竞争实力，以市场份额和全球生产经营网络为目标的同类企业之间的并购，辅之以少部分旨在完善生产经营体系、降低成本、增强产品市场竞争力的纵向并购。通过兼并和资产重组，一些企业甩掉了赢利欠佳的部门，转而集中发展本公司的主导业务或是富有发展前途的业务，以加强其优势产业实力，提高公司的经营效益。

二、扶植高科技产业

高科技产业已成为美国经济盛衰所系的核心部门。克林顿执政后，在支持科学技术方面采取积极行动，实行倾斜政策，以保持美国在高科技领域的优势地位，增强国际竞争能力。

（1）增加政府对科技开发的投资。在科研领域的研究与开发方面，虽然美国政府的投资支出在绝对额上增幅不大，但考虑到克林顿政府为削减财政赤字，不断压缩其财政支出，在此背景下，联邦政府的研究与开发支出仍有所增长实属不易。再者，联邦政府研究与开发投资支出在整个研究与开发总额中所占的比重，仍保持着相当重要的地位，大约在 1/3 左右，且联邦政府研究与开发经费更多的是资助基础研究，在全美基础研究经费来源方面，来自联邦政府的部分高达 57% 。与此同时，科研投资重心从军事技术转为民用技术，民用技术研究与开发费用所占的比重由 1993 年前的 10% 增至 50% ，增加额达 70 亿美元。

在政府政策的大力扶持下，美国确保了其在全球高科技产品领域的绝对领先地位。美国在航空航天、生物技术、信息通信、生命科学、原子能技术和光电子技术等高新技术领域持续保持巨额的贸易顺差，显示了美国高技术产品在全球市场的巨大优势。例如，1996 年美国高技术产品出口额达 1 549 亿美元，顺差额为 246 亿美元。从技术转让方面来看，美国凭借其雄厚的科研实力，获得了巨额技术转让收入。根据美国商务部经济分析局的报告显示，1997 年美国从国外获得的特许权使用费和许可证使用费约为 303 亿美元，而对外仅支付了约 75 亿美元，由此获得的国际收支顺差高达 228 亿美元。

（2）实行产业倾斜。克林顿政府选择和确定了一些对未来美国国际竞争力地位有重大影响的高技术产业给予扶持与鼓励，以加强美国在高科技领域的竞争优势。如政府鼓励大公司在技术复杂和耗资巨大的研究与开发项目上进行合作，以刺激新技术的采用和新产品的开发；又如对高科技发展提供税收和金融方面的优惠政策。1993 年，克林顿政府率先提出"信息高速公路"计划，其目标是用 20 年时间，投资 4 000 亿美元，完成全国信息基础设施建设，将全美各地的企业、学校、图书馆、医院、政府机关和大部分家庭借助电脑连成一体，实现信息资源共享。在美国政府和企业的共同努力下，现在美国恢复了许多高科技领域的优势，尤其是确立了在信息产业方面的绝对优势。与此同时，美国在高科技领域优势的恢复与加强，还为一些传统产业带来了生机与活力，使其产出效率大为提高。

克林顿政府并不把建设美国信息高速公路单纯看成是计算机行业或电信行业等一两个行业的事，而是把"国家信息基础设施（NII）"视为未来美国新型社会资本的核心，把研究和建设信息高速公路作为美国科技战略的关键部分和国家最优先的任务。如同当年的政府把 19 世纪跨越北美的铁路建设和 20 世纪 50 年代美国高速公路网的建设作为抑制萧条、刺激经济增长的战略举措一样，克林顿政府也在冷战结束以后，在诸如"星球大战"以及大功率正负电子对撞机等带冷战背景的大型科研项目停顿或收缩的形势下，选择建设信息高速公路作为刺激国内经济发展、增加就业机会、夺回和保持美国在重大关键技术领域一度被削弱的国际领先地位、从而增强美国经济竞争实力的重大战略部署。

相关知识二：韩国的出口导向战略（1961—1979）

韩国曾经是一个很落后的国家。1910 年《日韩合并条约》签订后，朝鲜沦为日本的殖民地。1945 年光复后，由于美、苏两大国的介入，朝鲜处于南北分裂状态。1950—1953 年朝鲜战争后，韩国成为世界上最贫困的国家之一。为了振兴国家经济，韩国采取了"先工后农"和"贸易立国"的发展道路，对外贸易成为韩国外向型经济的支柱，在经济增长中发挥了"火车头"的作用。1963 年，韩国基本实现从进口替代到出口导向战略的转变；到 20 世纪 80 年代后期，韩国成为世界上经济增长最快的国家之一，已从一个贫穷的国家转变为富裕的国家。

韩国经济的快速发展同该国的出口导向战略分不开。1961 年政府提出"经济问题高于政治问题"、"通过出口建设国家"的经济发展战略。1967 年在国民经济第二个"五年计划"中，"出口第一主义"、"出口导向战略"成为韩国经济发展的总方针，促进了出口贸易的快速增长。

20 世纪 60 年代韩国制定扩大出口战略，政府成为韩国公司的主要决策者。政府以各种方式奖励出口企业。政府的各种优惠政策增强了韩国出口企业在国际市场上的竞争力。

在贸易管理上，韩国实行"官民结合"的方式。政府在拟定经济政策、方案、措施时，采取"上下结合"的决策程序，邀请经济学专家、商人共同参与，相互交换意见。政府及时了解出口的进展情况及出口企业的表现，对出口卓著的商人授励并予以嘉奖，大大鼓励了这些企业对外贸易的拓展。

以出口贸易为目的的出口导向战略，使得韩国的出口贸易以年均 14% 的速度高速增长，出口产品结构从初级产品转变为工业制成品，贸易依存度也从 20 世纪 60 年代中期的 20% 提高到 1979 年的 69%。

韩国出口贸易的大发展和出口贸易结构的改变，通过关联效应对就业、产出产生了相应的影响。20 世纪 60 年代初期，韩国出口商品以初级产品为主，制成品的出口在全部出口中所占比重极低。然而到 1974 年，初级产品所占比重由过去的 73% 下降到 10%，制成品比重由 27% 上升到 90%。同时制成品主要种类也发生变化，20 世纪 60 年代出口的制成品主要是胶合板、针织品等劳动密集型产品；70 年代主要是纺织品、船舶、钢板等产品；80 年代初期，出口商品转变为更加盈利的资本密集型的产品，并逐渐转变为计算机、半导体、彩电、汽车等技术密集型产品。

第四章
关税措施

第一节 关税概述

一、关税的概念

关税（Customs Duty；Tariff）是指进出口货物经过一国关境时，由政府设置的、由海关向本国进出口商征收的一种税，它包括进口税、出口税和过境税。

> 我国进口关税设最惠国税率、协定税率、特惠税率和普通税率4个栏目。

（一）进口税（Import Duties）

进口税是指进口国海关在外国货物输入时对本国进口商所征收的关税。进口税是关税中最主要的一种。进口税通常是在外国货物进入关境或国境时征收，或者在外国货物由海关保税仓库提出运往国内市场时征收。

进口税一般分为最惠国税和普通税两种。最惠国税适用于与该国签订有最惠国待遇条款的贸易条约与协定的国家或地区所进口的货物。普通税适用于未与该国签订有最惠国待遇条约与协定，又不享受该国提供的优惠关税的国家或地区所进口的货物。普通税与最惠国税率差

> 在GATT和WTO的作用下，各国的关税水平都大幅度下降，因此只有对不同商品实行有层次的关税税率，才能有效地保护国内工农业。

幅很大。例如，美国对玩具的进口关税，最惠国税率为6.8%，普通税率为70%。"二战"后，大多数国家都加入了关贸总协定，或签订了双边贸易条约或协定，互相提供最惠国待遇，因此，正常关税一般是指最惠国税。

进口税是保护关税的主要手段。通常所说的关税壁垒，实际上就是对进口商品征收高额关税。关税壁垒是一国推行保护贸易政策所实施的一项重要措施。

各国进口税税率的制定要考虑多方面的因素。从有效保护和发展经济的角度出发，应对不同商品制定不同税率。一般地说，进口税税率随着进口商品加工程度的提高而提高，即工业制成品最高，半制成品次之，原料等初级产品税率最低甚至免税，这称为关税升级。

（二）出口税（Export Duties）

出口税是指出口国的海关在本国产品输往国外时对出口商所征收的一种关税。征收出口税会提高本国货物在国外市场的销售价格，降低竞争力，不利于扩大出口，因此很少国

家征收出口税。

目前征收出口税的国家主要是发展中国家。征收的目的是为了增加财政收入，保护国内生产，保障国内供应，减少资源性原料或产品的出口。

（三）过境税（Transit Duties）

过境税又称通过税或转口税，是一国海关对通过其关境再转运第三国的外国货物所征收的关税。其目的主要是增加国家财政收入。过境货物对被通过国家的市场和生产并没有影响，只是在地理上通过，而并不进入该国市场。由于征收过境税不利于国际货物的流通，所以目前绝大多数国家都不征收过境税，仅在外国货物通过时征收少量的签证费、印花费、登记费、统计费等。

关税的征收是通过海关来执行的。海关是设立在关境上的国家行政管理机构，其职责是依照国家法令，对进出口货物、物品、货币、金银、行李、邮件、运输工具等通关货物进行监督管理、征收关税、查禁走私、临时保管和编制进出口统计等。

> 关境可以等于国境，也可以大于国境或小于国境。

关境是由海关管辖，执行有关海关各项法令和规章的区域，又称关税领域。一般情况下，关境和国境相一致，但有些国家在国境内设置自由港、自由贸易区或出口加工区等免税区，这些免税区虽在国境内，但从征收关税的角度看，却在关境外，货物运输出入这些区域并不视为进出口，这时，关境小于国境。另一种情况，当几个国家结成关税同盟，组成一个共同的关境，实施统一关税，成员国之间的货物进出国境不征收关税，只对非成员国的货物进出共同关境时才征收关税，这时，关境大于国境。

二、关税的特点

关税与国内税一样，具有强制性、无偿性和固定性，但与其他税种相比，关税还具有以下三个特点：

第一，关税是一种间接税，也就是说，关税由进出口商预先支付，最后作为成本加在货价上，由消费者负担。

第二，关税的税收主体和客体是本国进出口商和进出口货物及物品。

> 一般而言，关税税率越高，商品价格就越高。

在税法中，征税涉及税收主体与税收客体。税收主体也称课税主体，是指在法律上负担纳税义务的自然人和法人，也称纳税人。税收客体也称课税客体或课税对象。关税的税收主体，是指关税的纳税人，即本国的进出口商。关税的税收客体是指被征税的进出口货物和物品。

第三，关税具有涉外性，是对外贸易政策的重要手段。因为一个国家的关税制度和关税税率的高低直接影响对方国家的利益和贸易往来。所以，关税政策和措施，常常涉及国家间的政治、经济等方面关系。

三、征收关税的作用

征收关税的目的主要有两个：一是增加财政收入；二是保护国内生产和国内市场。为增加国家财政收入而征收的关税称为财政关税，为保护国内市场而征收的关税称为保护关税。

征收关税具有三个方面的基本作用：

（一）增加一国财政收入

征收关税的最初目的主要是为了获得财政收入。财政关税在资本主义初期占重要位置，成为一国财政收入的重要组成部分。以美国为例，其1805年的财政收入中，关税收入约占90%～95%，1902年还占47.4%。随着资本主义的发展，关税作为财政收入的作用逐渐减弱。目前，发达国家的关税仅占其财政收入的2%～3%。但对发展中国家来讲，由于国内经济不发达，直接税源有限，关税收入仍然是国家财政收入的一个重要来源。目前，发展中国家关税收入一般约占其财政收入的13.2%，中国则达到7%。

（二）保护国内生产和国内市场

保护关税的一个重要问题是税率的确定，税率越高越能保护国内生产和国内市场。保护关税可以通过提高税率来加重进口商品的成本负担，削弱其竞争力，从而限制外国商品进口和保护国内同类商品的生产。另外，保护关税还可以通

> 目前各国征收关税的目的主要是为了保护国内生产和国内市场。

过调整关税税率的高低来控制进出口商品的数量，以此调节国内价格，保证国内市场供求平衡，从而达到保护国内市场的目的。

（三）调整进出口货物结构

一个国家可以通过调整关税结构来调整进出口货物结构。它可以通过调高某项产品进出口税率达到减少进出口数量的目的，或是通过调低某项产品的进出口税率达到增加进出口数量的目的。

四、关税的种类

（一）按货物征收关税的目的分类

1. 财政关税（Revenue Tariff）

财政关税是指以增加国家的财政收入为主要目的而征收的关税。为了达到增加财政收入的目的，对进口货物征收财政关税时必须具备以下三个条件：①征收的进口货物必须是国内不能生产或无代用品而必须从国外进口的货物；②征收的进口货物，在国内被大量消费；③关税税率要适中或较低，如税率过高，将阻碍进口，达不到增加财政收入的目的。

2. 保护关税（Protective Tariff）

保护关税是指以保护本国工业或农业发展为主要目的而征收的关税。保护关税税率越高，越能达到保护之目的。有时税率高达100%以上，等于禁止进口，成为禁止关税。

案例：中国对小轿车的进口关税税率在1994年1月1日前仍为180%（排气量3升及其以下）和220%（排气量3升以上），这是典型的保护关税，其目的是保护本国的汽车业发展。后国家逐步调低税率，到2006年降低到25%。

（二）按差别待遇分类

按照差别待遇和特定的实施情况，关税可分为普通关税、最惠国关税、特惠税、协定关税和普遍优惠关税。

1. 普通关税

普通关税又称一般关税，是指对与本国没有签署经济贸易互惠等友好协定国家原产的货物征收的非优惠性关税。这种关税税率一般由进口国自主制定，税率较高。

2. 最惠国关税

最惠国关税适用于从与该国签订有最惠国待遇条款的贸易协定的国家或地区所进口的商品。第二次世界大战后，大多数国家都加入了关税与贸易总协定和世界贸易组织，或者签订了双边贸易条约或协定，相互促进最惠国待遇，享受最惠国税率，因此这种关税通常又被称为正常关税。最惠国税率比普通税率低，但高于特惠税率。

> 加入世贸后，我国与所有世贸组织成员国之间相互适用最惠国关税（经济一体化组织例外）。

3. 特惠税

特惠税又称优惠税。它是指对某个国家或地区进口的全部货物或部分货物，给予特别优惠的低关税或免税待遇。但它不适用于从非优惠国家或地区进口的货物。特惠税可以是互惠的也可以是非互惠的。

特惠税最早开始于宗主国与其殖民地附属国之间的贸易。目前仍在起作用而且有较大影响的是洛美协定（Lome Convention）国家之间的特惠税，它是以欧盟为一方，以位于非洲、加勒比与太平洋地区的发展中国家（ACP Africa, the Caribbean and Pacific）为另一方签订的关于贸易与发展的国际协定。这一协定最早订立于 1975 年，其后又经过三次修订，目前适用的是自 1990 年生效的第四个《洛美协定》。

> 我国对原产于老挝等东南亚 4 国、苏丹等非洲 31 国、也门等 6 国，共 41 个最不发达国家的部分商品实施特惠税率。

4. 协定关税

协定关税又称协定税率，是关税税则制度的一种。它是一国根据与他国缔结的条约或贸易协定，对进出口商品所规定的税率。其有双边、多边和片面协定关税等几种。前两种一般是平等互利的，是为了相互发展经济。片面协定关税，则是帝国主义强加给殖民地、半殖民地国家的，在这种税则制度下，强国依靠强权或武力，强迫弱国或落后国家在条约和关税税则中订立适合强国要求的片面的低税率，以便达到它们侵略的目的。其中，缔约国双方的权利是不平等的：一方有权利而无义务，另一方却有义务而无权利。19 世纪中叶开始，中国被迫与列强订立了片面的协定关税，使中国的关税自主权落入所有与中国通商的资本

> 我国将依据中国—东盟、中国—智利、中国—巴基斯坦、中国—新西兰、中国—新加坡等自由贸易协定以及《亚太贸易协定》，对原产于东盟十国、智利、巴基斯坦、新西兰、新加坡、韩国、印度、斯里兰卡、孟加拉等国家的部分进口商品实施比最惠国税率更优惠的协定税率。

主义国家手中。

5. 普遍优惠制（Generalized System of Preferences——GSP）

普遍优惠制简称普惠制，是发达国家给予发展中国家出口制成品和半制成品（包括某些初级产品）普遍的、非歧视的、非互惠的一种关税优惠制度。

（三）按特定的实施情况分类

1. 进口附加税

进口附加税是指进口国家海关对进口的外国货物在征收一般关税以外，再加征的额外关税。进口附加税通常是一种临时性的特定措施，又称特别关税。其目的主要有：应付国际收支危机，维持进出口平衡；防止外国产品低价倾销；对某个国家实行歧视或报复等。

> 反倾销和反补贴是目前最常见的进口附加税。

进口附加税是限制进口的重要手段，在特定时期有较大作用。以美国为例，1971 年，美国出现贸易逆差，国际收支恶化。为了应付国际收支危机，维持进出口平衡，美国总统尼克松宣布自 1971 年 8 月 15 日起实行新经济政策，对外国商品的进口在一般进口税的基础上再加征 10% 的进口附加税，以限制进口。

目前，许多国家除了采用对所有进口货物征收进口附加税外，有时还针对个别国家和个别货物征收进口附加税。这种进口附加税主要有反补贴税和反倾销税。

2. 差价税

差价税又称差额税。它是当某种产品国内外都有生产，但该产品的国内价格高于进口价格时，为了削弱进口商品的竞争力，保护本国生产和市场，按国内价格与进口价格之间的差额所征收的关税。征收差价税的目的是使该种进口商品的税后价格保持在一个预定的价格标准上，以稳定进口国内该种商品的市场价格。

对于征收差价税的商品，有的规定按价格差额征收，有的规定在征收一般关税以外另行征收，这种差价税实际上属于进口附加税。差价税没有固定的税率和税额，而是随着国内外价格差额的变动而变动，因此是一种滑动关税（Sliding Duty）。

差价税的典型表现是欧盟对进口农畜产品的做法。欧盟征收差价税的步骤如下：

首先，在共同市场内部以生产效率最低而价格最高的内地中心市场的价格为准，制定统一的指标价格（Target Price）。

其次，从指标价格中扣除从进境地运到内地中心市场的运费、保险费、杂费和销售费用后，得到门槛价格（Threshold Price）。

最后，若外国农产品抵达欧盟进境地的 CIF（到岸价格）低于门槛价格，则按其间差额确定差价税率。差价税的计算方法是：差价税 = 入门价格 − 进口价格。

（四）按征收方法或征税标准分类

各国海关通常使用的最基本的征税标准有两种，即从价计征标准和从量计征标准，简称从价税和从量税。此外，还有复合税、选择税、差价税、滑价税等计征方法。

1. 从量税

从量税是按照货物的重量、数量、容量、长度和面积等计量单位为标准计征的关税。

案例：美国对薄荷脑的进口征收从量税，普通税率为每磅 50 美分，最惠国税率为每磅 17 美分。目前美国大约 9.6% 的税目实行从量税，执行从量税的大部分是农业部门。

从量税额的计算公式：从量税额＝货物数量×每单位从量税

各国征收从量税，大部分以货物的重量为单位来征收，但各国对应纳税的货物重量计算方法各有不同。一般有以下三种：

（1）毛重（Gross Weight）。即按货物内外包装在内的总重量计征税额。

（2）半毛重（Demigross Weight）。指对货物总重量扣除外包装重量后，再计征税额。

（3）净重（Net Weight）。即按货物的实际重量计算其税额。

在从量税确定的情况下，从量税额与货物数量的增减成正比关系，但与货物价格无直接关系。按从量税方法收进口税时，在货物价格下降的情况下，加强了关税的保护作用。反之，则不能完全达到保护关税的目的。这是因为货物价格上涨，而进口税额不变，保护作用也随之减弱。

2. 从价税

从价税是按照进口货物的价格为标准计征的关税，其税率表现为货物价格的百分率。例如美国对玩具进口征收从价税，普通税率为70%，最惠国税率为6.8%。征收从价税关键是要明确商品的征税价格，即完税价格。因为它涉及具体征收税额的多少。目前，国家确定完税价格的方法一般有三种：①以成本加保险费和运费价格（CIF）作为征税价格标准；②以装运港船上的交货价格（FOB）为征税价格标准；③以法定价格作为征税价格标准。法定价格是指商品进口时，进口国海关认为进口价格低于正常价格，进口商申报的价格有虚伪现象时，海关把重新估定的价格作为完税价格。

从价税额的计算公式是：从价税额＝商品总量×从价税率

一般说来，从价税有以下几个优点：①税负合理。同类商品质高价高，税额也高；质次价低，税额也低。②征收比较简单。对于同种货物，可以不必因其品质不同，再详加分类；③税率不变时，税额随货物价格上涨而增加，既可增加财政收入，又可起到保护的作用。

3. 混合税

混合税是在税则的同一税目中定有从量税和从价税两种税率，征税时混合使用两种税率计征。

由于混合税结合使用了从量税和从价税，扬长避短，哪一种方法更有利，就使用哪一种方法或以其为主征收关税，因而无论进口商品价格高低，都可起到一定的保护作用。目前世界上大多数国家都使用混合税，如美国、欧盟、加拿大、澳大利亚、日本、印度、巴拿马等。中国则主要使用从价税标准。

4. 选择税

选择税是指对某种商品同时定有从量税和从价税两种税率，征税时由海关选择其中一种征税，作为该种商品的应征关税额。一般是选择税额较高的一种税率征收，在物价上涨时使用从价税，物价下跌时使用从量税。有时，为了鼓励某种商品的进口，回报给某出口国以优惠待遇，也有选择税额较低的一种税率征收关税的。

第二节　反倾销税与反补贴税

为维护公平贸易和正常的竞争秩序，世界贸易组织允许成员国在进口产品倾销、补贴和过激增长等给其国内产业造成损害的情况下，可以使用反倾销、反补贴手段，保护国内产业不受损害。反倾销、反补贴是世界贸易组织法律体系的重要组成部分，有关规定最早见于 1947 年的《关税与贸易总协定》条款中第 6 条。此后，经过多次修改、完善，形成了 1994 年结束的乌拉圭回合谈判的一揽子协议中两个最重要的协议：《关于实施〈1994年关税与贸易总协定〉第 6 条的协议》（反倾销协议）、《补贴与反补贴措施协议》。

一、反倾销税

（一）概念

反倾销税是对于实行倾销的进口商品所征收的一种进口附加税。即对倾销商品在进口时除征收进口关税外，再征收反倾销税，这是差别关税的一种重要形式。进口商品以低于正常价值的价格进行倾销，并对进口国的同类产品造成重大损害，是构成征收反倾销税的重要条件。反倾销税的税额一般按倾销差额征收，其目的在于抵制商品倾销，保护本国的市场与产业。

（二）世界贸易组织关于反倾销税的规定

世界贸易组织法律框架下的《关于实施〈1994 年关税与贸易总协定〉第 6 条的协议》，又称《反倾销协议》，是关于反倾销的规定。该协议是在 1947 年《关税与贸易总协定》第 6 条基础上逐步演变而来的。《反倾销协议》约束各成员方的反倾销行为，以保证采取反倾销措施的规范性。

1.《反倾销协议》的具体规定

实施反倾销措施必须具备的三个基本要件是：倾销、损害、倾销与损害之间的因果关系的认定。

（1）倾销的确定。《反倾销协议》第 2 条明确界定了倾销的含义。倾销是指，一项产品的出口价格，低于其在正常贸易中出口国供其国内消费的同类产品的可比价格，即以低于正常价值的价格进入另一国市场。

> 实施反倾销的三个条件必须是缺一不可的，因此出口企业只要证明其中有一个条件不成立，便可胜诉。

产品正常价值的确定有三种方法：一是按正常贸易过程中出口国国内销售价格；二是按出口国向第三国正常贸易中的出口价格；三是按结构价格。一般情况下，应优先采用第一种方法。只有在不能采用第一种方法时，才能采用第二或第三种方法。

西方各国反倾销法把一切国家分为市场经济国家和非市场经济国家两种，对这两种不同国家采用不同的确定产品正常价值的方法。对市场经济国家通常采用产品出口国的国内销售价格作为正常价值；对非市场经济国家，它们认为其国内销售价格是被扭曲的，不能反映产品的正常价值，必须采用一个"替代国"或"类比国"的类似产品的价格作为正常价值。

> 在处理反倾销案的过程中，很多国家不承认中国的"市场经济地位"，所以在选择商品"替代国"时比较随意，以致出现用马来西亚的劳动力、印度的煤价、恒河的运费来计算中国产品正常价格的荒谬做法，导致判定倾销行为的不公正。

替代国价格是指在确定来自非市场经济国家产品的正常价值时，进口国不采用出口国生产者的实际成本，而是选择一个属于市场经济体制的第三国的生产类似产品的成本或出售价格来计算其正常价值。

案例：在欧盟对华彩电的"反倾销"调查中，常用新加坡作为替代国，而新加坡人力成本是中国的20倍，所以很容易得出反倾销结论。这种歧视性的做法，不公正的待遇，使中国出口产品本来不是倾销而被裁定为"倾销"，本来倾销幅度轻微而被裁定为高度倾销，给中国出口造成人为的壁垒，给国际贸易的公平秩序造成过度的摩擦和动荡。

根据WTO的《反倾销协议》，中国承诺在加入WTO之前将修改中国现行的法规和程序，以便全面履行中国在《反倾销协议》中的义务。与此同时，WTO成员承诺，在中国加入后15年内完全取消目前在对中国出口产品进行反倾销调查时使用第三国替代价格的做法。此外，只要中国能够证明其出口产品是在市场经济条件下生产的，则WTO成员应遵守WTO的《反倾销协议》，采用中国的国内生产成本计算倾销幅度。

（2）损害的确定。《反倾销协议》中的损害分三种情况：一是进口方生产同类产品的产业受到实质损害；二是进口方生产同类产品的产业受到实质损害威胁；三是进口方建立生产同类产品的产业受到实质阻碍。

①实质损害。实质损害指对进口方国内生产同类产品的产业造成实质性的重大损害。对实质损害的确定应依据肯定性证据，并应审查以下内容：

第一，进口产品倾销的数量情况。包括调查期内被控产品的绝对进口数量，或相对于进口方国内生产或消费的相对数量，是否较此前有大量增长。

第二，进口产品的倾销对国内市场同类产品价格的影响。包括调查期内是否使进口方同类产品的价格大幅下降，或在很大程度上抑制其价格的上涨，或抑制本应该发生的价格增长。

第三，进口产品的倾销对国内同类产品、产业产生的影响。应考虑和评估所有影响产业状况的有关经济因素和指标，包括销售、利润、产量、市场份额、生产率、投资收益或设备利用率的实际和潜在的下降；影响国内价格的因素；倾销幅度的大小；对流动资金、库存、就业、工资、增长率、筹措资本或投资能力的实际和潜在的消极影响等。

②实质损害威胁。实质损害威胁指进口方的有关产业虽尚未受到实质损害，但可以明显预见倾销将对相关产业造成实质性损害，且这种情形非常迫切。对实质损害威胁的确定应依据事实，而不是依据指控、推测或极小的可能性。

③产业建立受阻。产业建立受阻指进口产品的倾销阻碍了新产业的实际建立过程，而不是阻碍建立一个新产业的设想或计划。产业建立受阻的确定必须有充分的证据。

案例：中国加入WTO后首起中美反倾销诉讼案——中美球轴承反倾销案

背景：2002年2月13日，美国托林顿轴承公司、铁肯姆轴承公司等美国轴承行业企业，通过美国轴承制造商协会（ABMA）同时向美国国际贸易委员会（USITC）和美国商务部（DOC）提出申请，认为中国球轴承在美国市场以低于正常的出口价格销售，对美国相同产品的产业造成实质性的损害。根据世界贸易组织相关法律规则和美国1930年关税法修正案之有关规定，要求对中国销往美国的球轴承产品及其零件进行反倾销调查。

2003年3月6日，美国国际贸易委员会举行球轴承反倾销调查产业损害听证会。听证会上，我方律师在深入阐述初裁阶段观点的基础上，亮出了崭新的论点和证据。

2003年4月3日，美国国际贸易委员会举行了最终裁决听证会，美国国际贸易委员会代表以4：0的绝对票，认定中国球轴承对美国轴承工业没有造成任何损害，判定中国输入美国球轴承倾销案不成立，所有中国生产的球轴承类产品将继续以正常关税对美出口，美国不能向中国企业加收任何反倾销税。

（3）倾销与损害之间因果关系的认定。《反倾销协议》规定，进口方主管机构应审查除进口倾销产品以外的、其他可能使国内产业受到损害的已知因素。这些因素包括：未以倾销价格出售的进口产品的价格及数量；需求萎缩或消费模式的改变；外国与国内生产商之间的竞争与限制性贸易做法；技术发展、国内产业的出口实绩及生产率等。不应把以上这些因素造成的产业损害归咎于进口产品倾销。

案例：1997 年 5 月 31 日，土耳其对原产于中国和日本的聚乙烯醇产品启动反倾销调查。1998 年 5 月 29 日，终裁认定倾销幅度为 59.971%，但倾销与损害之间不存在因果关系，终止对案件的调查。

2. 反倾销措施

反倾销措施包括临时反倾销措施和最终反倾销措施。

（1）临时反倾销措施。临时反倾销措施是指进口方主管机构经过调查，初步认定被指控产品存在倾销，并对国内同类产业造成了损害，据此可以在全部调查结束之前，采取临时性的反倾销措施，以防止在调查期间国内产业继续受到损害。

进口方主管机构应自反倾销案件正式立案调查之日起 60 天后，才能采取临时反倾销措施。这种措施的实施时间应尽可能短，一般情况下不得超过 4 个月，特定情况下可以延长到 6 个月至 9 个月。

案例 1：2009 年 3 月，秘鲁国家保护竞争和知识产权保护协会倾销和补贴调查委员会（INDECOPI）公布决议，决定对来自中国的以纺织材料为鞋面的便鞋和运动鞋，若 CIF 价格低于或等于 5.97 美元/双，则征收 0.31 美元/双的临时反倾销税。

案例 2：2010 年 5 月，欧盟已决定向来自中国的进口铝轮毂征收最高 20.6% 的临时反倾销税。欧盟执委会表示，调查发现，进口自中国的铝轮毂损害了欧洲生产商的利益，在廉价的中国产品的冲击下，欧盟制造商的生产和销售大幅下滑，市占率萎缩，价格也出现下跌。

（2）最终反倾销措施。在全部调查结束后，如果有充分的证据证明被调查的产品存在倾销，国内生产同类产品的产业受到损害，且倾销与损害之间有因果关系，则进口方主管机构可以采取最终反倾销措施。最终反倾销措施采取征收反倾销税的形式。

3. 反倾销税的征收

反倾销税是指在正常海关税费之外，进口方主管机构对倾销产品征收的一种附加税。反倾销税的税额不得超过所裁定的倾销幅度。

除非进口方主管机构以复审方式决定继续维持反倾销税，反倾销税的征收应自决定征收之日起不超过 5 年。

4. 价格承诺

价格承诺是指被控倾销产品的生产商和出口商与进口方主管机构达成协议，出口商提高价格以消除产业损害，进口方相应地中止或终止案件调查。从实际效果讲，价格承诺也属于反倾销措施的一种形式。

案例：2002 年 8 月 29 日，欧盟对原产于马来西亚、中国、韩国、泰国和新加坡的彩色电视机作出反倾销日落复审终裁。在作出终裁前，欧盟委员会向涉案方披露了相关调查事实。9 月，"对欧盟出口彩电价格承诺会议"在京召开，厦华、海尔、康佳、长虹、创维、TCL、海信等 7 家国内彩电厂商首次坐到一起与来自欧洲的律师共同商讨出口协议。中国机电产品进出口商会及 7 家中国公司提出了联合价格承诺，该价格承诺同时设定了进口数量限制，即当进口量达到这一数量限制的界限时，将加征反倾销税。欧盟委员会认为，中国机电产品进出口商会和中国公司所作的价格承诺是可以接受的。根据协议，中方将定期提供详尽的价格承诺执行情况资料。欧盟各成员国海关将对到货与其货物文件进行详细核查，如发现没有货物发票和证明或货物单据与实物不符的情况应加征反倾销税。

5. 实施反倾销措施的基本程序和有关规定

（1）申请人申请。一般情况下，反倾销调查应基于申请人的申请而开始。申请必须以书面形式提出，内容应包括倾销、损害及因果关系的有关材料。缺乏证据的简单判断不能满足立案的要求。

（2）进口方主管机构审查立案。进口方主管机构应审查申请人提供的申请材料的准确性和充分性以及申请企业的代表性，以便判定是否有足够的证据证明立案调查是适当的，并就立案问题作出决定。

（3）反倾销调查。进口方在正式决定立案调查后，应立即发布立案公告。公告应载明出口国的名称、涉及的产品、开始调查的日期、申请书声称倾销的依据和损害的概要说明。一般情况下，反倾销调查应在 1 年内结束，最长不得超过从调查开始之后的 18 个月。

案例：2010 年 7 月，有关欧盟对中国数据卡发起的反倾销及保障措施调查一，此次调查由比利时无线网络设备生产商 Option 公司提出，它是欧盟境内唯一生产同类产品的企业。Option 在提交给欧盟委员会的申诉书中指出，在 2006 年，Option 曾一度占据 72% 的市场份额，2007 年猛烈下滑至 27%，直至 2009 年的 5%。2009 年 Option 年收入也从 2008 年的 2.68 亿欧元下滑到 1.47 亿欧元，降幅为 45%。Option 公司更是将中国产品的价格与自身产品的价格进行比较，称中国产无线网卡的倾销幅度为 150%。但据中国华为内部人士透露，国产数据卡售价在欧洲市场比 Option 仅低 20% 左右。行业人士指出，由于技术优势以及制造成本优势，价格成为中国企业的杀手锏，欧债危机下，外国厂商贸易保护意识比以往更加强烈，也更多地倾向于使用各种贸易保护措施。

初裁之后，进口方主管机构将会利用各种机会，进一步核实涉诉双方提供的证据材料，包括举行听证会、听取评论意见及实地核查。

（4）行政复审和司法审议。《反倾销协议》赋予了利害关系方向进口方主管机构申请复审的权利。当然，进口方主管机构也有主动提起复审的权利。这种复审统称为行政复审。

行政复审主要是就继续征收反倾销税的必要性进行审查以及论证损害是否会因取消或变更反倾销税而重新发生。如经论证继续征收反倾销税或按照原税率征收反倾销税是不合理的，则应终止或减少征收反倾销税。

案例：在 2003 年印度瓷砖反倾销调查终裁以后，一些看好印度市场的佛山陶企开始通过申请新出口商复审的方式，争取进入印度市场的权利。随后 5 年内，分别有 5 家企业成功获得零税率的新出口商复审裁定，重新进入印度瓷砖市场。

6. 磋商和争端解决

任何成员方因采取反倾销措施影响了其他成员方的利益，都可以通过反倾销的磋商和争端解决途径寻求解决。《反倾销协议》规定，除该协议另有规定外，世界贸易组织的争端解决机制同样适用于反倾销。

7.《反倾销协议》中给予发展中国家的例外

《反倾销协议》规定，发达国家在实施反倾销时，对发展中国家出口的产品在特殊情况下要给予特别考虑，尤其是该发展中国家成员如果主要依靠某一种或几种出口产品时，针对这些产品的反倾销措施应当尽可能考虑采用协议规定的建设性救济措施。

针对发展中国家的产品，如果倾销幅度低于 2% 或损害是微不足道的，或者原产于一个发展中国家成员的倾销产品的数量不足进口国同类产品进口总量的 3%，发达国家则终止倾销调查，对这些产品不征收反倾销税；但是，如果由数个这种不足 3% 的单个发展中国家的产品，累计占进口国同类产品的 7% 时，则倾销调查要继续进行。

二、反补贴税

案例：加拿大对中国发起的首起反补贴调查——烧烤架反补贴案

背景：2004 年 4 月 13 日，加拿大对中国发起首起反补贴调查，即烧烤架反补贴案。该日，应加拿大安大略省 Fiesta 烧烤架有限公司的申请，加拿大边境服务署（CBSA）对原产于中国的户外用烧烤架立案，进行反倾销和反补贴合并调查，涉案产品金额约 2 000 万美元，在世界范围内首开对中国出口产品提起反补贴调查的先河。

"烧烤架反补贴案"的发生昭示着中国出口环境维护面临新贸易壁垒的挑战，标志着国外对华贸易摩擦新热点的产生，其象征意义远大于案件内容本身。2004 年 10 月 11 日至 15 日，加拿大边境服务署等有关部门组成小分队来到中国，分别对广东有关政府部门是否给予企业为世贸规则所不允许的补贴进行了核查。

经过上下一致的努力，2004 年 11 月 22 日，中国驻加拿大使馆经商参处收到加拿大边境服务署的书面通知，CBSA 已于 11 月 19 日（渥太华时间）决定终止对原产或出口自中国的户外用烧烤架进行的反倾销和反补贴调查。经过最终计算，涉案产品的加权平均倾销幅度为 1.6%；同时，CBSA 认定，在被调查的八项政府补贴中，中国企业仅从中国政府的外商投资企业税收优惠政策中获得了利益，经过计算，补贴额为 1.4%。根据加拿大国内法规定，上述倾销和补贴幅度均可忽略不计。因此，CBSA 终止本次反倾销和反补贴调查，并退还已征收的临时关税。

（一）概念

反补贴税又称抵消税或补偿税，是进口国为了抵消某种进口商品在生产、制造、加工、买卖、输出过程中直接或间接接受的奖金或补贴而征收的一种进口附加税。征收反补贴税的目的在于增加进口商品的价格，抵消其所享受的补贴金额，削弱其竞争力，使其不能在进口国的国内市场上进行低价竞争或倾销。

> 补贴是政府的行为，而倾销是企业的行为。

（二）世界贸易组织关于反补贴税的规定

乌拉圭回合谈判把补贴和反补贴规则纳入重要议题，通过谈判对原有的守则作了修改和补充，达成了新的《补贴与反补贴措施协议》，其主要内容包括：

1. 补贴的定义

补贴是指政府或任何公共机构对企业提供的财政援助和政府对其收入或价格的支持。其范围主要包括：

（1）政府直接转让资金，即赠予、贷款、资产注入和潜在的直接转让资金或债务，即贷款担保；

（2）政府财政收入的放弃或不收缴；

（3）政府提供货物或服务，或购买货物；

（4）政府向基金机构拨款，或委托、指令私人机构履行前述（1）、（2）项的职能。

2. 补贴的主要分类

补贴可分为以下三种：

（1）禁止使用的补贴。简称禁止性补贴，又称"红灯补贴"。《补贴与反补贴措施协议》明确地将出口补贴和进口替代补贴规定为禁止性补贴，任何成员不得实施或维持此类补贴。

出口补贴指法律上或事实上以出口实绩为条件而给予的补贴。如果法律上明确规定以出口实绩作为给予补贴的唯一条件或条件之一，则该种补贴属于出口补贴；如果法律上虽没有明确规定以出口实绩作为补贴条件，但补贴的给予事实与实际出口或预期出口联系在一起，则该补贴也属于出口补贴。

案例：美国指控欧盟对空客公司提供不公平政府补贴，被称为世贸组织成立以来最复杂的贸易纠纷。美国在 2004 年提起这一诉讼，称欧洲国家政府为空客研发 A380 等新机型提供了十几次共计 200 多亿美元的贷款，美方认为这些贷款构成世贸所禁止的"出口补贴"。世贸组织专家组最后裁定，欧盟向空客提供政府补贴的行为属于非法。

进口替代补贴是指以使用国产货物为条件而给予的补贴。与出口补贴给予出口产品的生产者或出口商不同，进口替代补贴给予的对象是国产货物的生产者、使用者或消费者。这种补贴会使进口产品在与受补贴的国产货物的竞争中处于劣势，从而抑制相关产品的进口。

（2）可申诉的补贴。又称"黄灯补贴"，指那些不是一律被禁止，但又不能自动免于质疑的补贴。对这类补贴，往往要根据其客观效果才能判定是否符合世界贸易组织规则。《补贴与反补贴措施协议》对可申诉的补贴规定了总体原则，即成员方不得通过使用该协议所规定的专向性补贴，而对其他成员的利益造成不利影响。这种不利影响包括以下三种情况：一是对另一成员的国内产业造成损害；二是使其他成员丧失或减损根据《1994 年关税与贸易总协定》所获得的利益；三是严重侵害另一成员的利益。

（3）不可申诉的补贴。又称"绿灯补贴"。《补贴与反补贴措施协议》规定了两大类不可申诉补贴，一类是不具有专向性的补贴，另一类是符合特定要求的专向性补贴。不具有专向性的补贴可普遍获得，它是不针对特定企业、特定产业和特定地区的补贴；符合特定要求的专向性补贴包括研究和开发补贴、贫困地区补贴、环保补贴。研究和开发补贴是指对公司进行研究和开发活动的援助，或对高等教育机构、研究机构与公司签约进行研究和开发活动的援助；贫困地区补贴是指按照一项总体地区发展规划给予贫困地区的援助；环保补贴是指为促进现有设施适应法律法规规定的新的环保要求而提供的援助。

3. 征收反补贴税程序

该协议对征收反补贴税程序作了具体规定，其步骤为：

（1）申诉和调查；

（2）举证，即所有利害关系方提供书面证据；

（3）当事双方磋商解决问题；

（4）如果磋商后补贴方愿修改价格或作出其他价格承诺，补贴诉讼可暂停或终止；

（5）如只承诺而无实际行动，可继续调查，算出补贴数额，征收反补贴税；

（6）日落条款，即规定征收反补贴税的期限不得超过 5 年，除非国家负责部门在审定的基础上认定取消反补贴税将导致补贴和损害的继续或再现。

4. 对发展中国家的特殊优惠规定

在《补贴与反补贴措施协议》中给予发展中国家的例外条款较为详尽。主要有：

（1）如果反补贴调查发现，原产于发展中国家的受调查产品所得到的补贴不及该产品单位价值的 2%（发达国家的相应数字为 1%，最不发达国家为 3%），或者受补贴产品的进口值不到进口国同类产品进口总值的 4%，且所有不到 4% 的发展中国家的合计进口量不及进口国同类产品进口总值的 9%，则应立即取消反补贴调查。

（2）最不发达国家和人均国民收入不到 1 000 美元的发展中国家不必取消禁止使用的出口补贴，其他发展中国家则可在 8 年内（可申请延长）逐步取消此类补贴。

（3）对于那些在 8 年期满之前已取消出口补贴的发展中国家以及最不发达国家和人均国民生产总值不到 1 000 美元的发展中国家，若它们对产品的补贴不及该产品单位价值的 3%，则也应立即取消反补贴调查，这项规定截至 2003 年年底。

（4）发展中国家达到出口竞争性标准的产品（即有较强竞争力的产品），在 2 年内逐步取消补贴；对最不发达国家和年人均国民生产总值不足 1 000 美元的发展中国家，可在 8 年内逐步取消。出口竞争性标准是指该产品连续 2 年在世界贸易中占 3.25% 及以上的份额。

（5）对于依国内产品使用情况而定的补贴（即当地成分要求），其禁令在 5 年内不适用于发展中国家，最不发达国家为 8 年。

（6）在发展中国家和最不发达国家的过渡期内，争端解决的相关规定采用有关可早诉补贴的规定，而不采用有关禁止使用的补贴的规定。

（7）一般被认为对其他成员的利益造成严重侵害的补贴，对于发展中国家则不被认为如此。这些补贴包括：对一产品从价补贴的总额超过 5%；用以弥补一产业或一企业所承受的经营损失的补贴；直接的债务免除用以弥补偿还债务的赠款。如果针对发展中国家成员提出了此类补贴导致严重侵害的起诉，那么提供证据的责任应由起诉方承担。

（8）发展中国家保留的可诉补贴（上述补贴除外），只有在对起诉方的产业造成损害或造成另一成员根据 GATT1994 获得的利益丧失或减损，从而排斥或阻碍另一成员的同类产品进入发展中国家成员市场的情况下，才能在多边范围内成为可诉补贴。

（9）应发展中国家成员的请求，补贴与反补贴措施委员会应审议另一成员的反补贴措施是否符合适用第 27 条第 10 款和第 11 款所规定的特殊和差别待遇。

（10）如果债务的直接免除和某些其他补贴在发展中国家成员内部授予并与该成员的私有化计划有直接联系，那么这些补贴不属于多边规则所规定的可诉补贴。任何此类计划和所涉及的补贴应通知委员会，并应仅在有限期限内授予。

（三）反倾销规避

案例：美国诉意大利面制食品案——反规避调查

背景：1997 年 10 月 23 日，美国商务部收到针对意大利某面食规避反倾销税令的起诉。美国 Borden 有限公司、好时（Hershey）食品公司和 Gooch 食品有限公司提出要求就此事进行调查。被调查的对象为 17 家从事面食生产和经销的意大利公司。

美国商务部于 1997 年 12 月 8 日开始对该案进行反规避调查。反规避调查的范围是 Barilla S. r. L.（以下简称 Barilla）在意大利生产的面食。该面食以大于 5 磅的包装出口到美国，除包装尺寸外，一切均符合对受反倾销税令所限的商品的规定要求，进入美国之后，该面食又被重新包装成 5 磅或低于 5 磅。也就是说，Barilla 向美国出口大量散装面食，该大量散装面食在美国被重新包装成如果直接进口则必须缴纳反倾销税的商品。

美国商务部在本程序中对规避问题作出的肯定性初步裁定，保证了反倾销法律的效力。

反倾销规避的概念

规避行为是国际经济贸易竞争日益加剧和生产商追逐最大商业利益前提下的产物，它是指生产商通过一定的方式，试图绕过进口国对其不利的法律、法规、贸易措施或获得其原本不应享有的优惠待遇的行为。规避行为在反倾销领域内，特指一国商品被进口国征收反倾销税的情况下，生产商或出口商通过各种方式、手段来减少或避免被课征反倾销税的行为。由于反倾销税课征的对象为来自特定的原产地的商品，生产商或出口商欲通过改变商品的生产地、组装地或产品形态、产品价值，以达到出口商品被排除在反倾销税课征的范围之外的目的。相应地，进口国为限制国外出口商采用各种方法排除反倾销法的适用而采取反规避的法律救济措施。现行国际上的反规避立法中，欧盟和美国反规避立法内容较为完备且影响较大。

长期以来，国际反倾销领域中的反规避问题一直是国际上颇具争议的问题。这是因为反规避措施是一把双刃剑，具有双重效应。一方面，反规避措施能够有效遏制国际贸易中的规避反倾销税的行为，从而保障反倾销税对进口国国内产业的救济效果，保护进口国国内产业的合理利益；另一方面，反规避措施的运用不当或滥用，又会对国际贸易乃至国际投资的发展产生不利的影响，成为贸易保护措施和国际贸易正常发展的不合理障碍。目前，尽管国际上对规避行为和反规避措施没有统一的看法，但从乌拉圭回合谈判的邓克尔草案以及目前各国反倾销立法的发展情况看，各国制定反规避立法已是一个不可逆转的趋势。

目前，美国、欧盟等经济发达国家和地区的反倾销和反补贴立法都对反规避问题进行了调整。世界贸易组织也给反规避问题以足够的重视。1991 年 12 月乌拉圭回合谈判总协调人邓克尔提出一项关于 GATT 反倾销守则的最后协议草案，即邓克尔草案（Dunkel Clauses）。但是，是否在 WTO 反倾销守则中写入反规避条款，成员国之间的争议非常激烈，最终因没有设计出一套使各方利益得到平衡的方案，而未能写入，但在部长《宣言与决定》中写了一个"反规避决定"的说明："考虑到在该领域尽快适用统一规则的愿望，决定将此问题由该反倾销协议规定要成立的反倾销委员会解决。"

第三节　普惠制关税

普遍优惠制简称普惠制。普惠制是发达国家承诺对从发展中国家或地区输入的商品，特别是制成品和半制成品，给予普遍的、非歧视的和非互惠的优惠关税待遇的一种制度。它是发展中国家在联合国贸易与发展会议上经过长期斗争，在 1968 年通过建立普惠制决议之后取得的。

普惠制的主要原则是普遍的、非歧视的、非互惠的。所谓普遍的，是指发达国家应对发展中国家或地区出口的制成品和半制成品给予普遍的优惠待遇；所谓非歧视的，是指应使所有发展中国家或地区不受歧视、无例外地享受普惠制的待遇；所谓非互惠的，是指发达国家应单方面给予发展中国家或地区关税优惠，而不要求发展中国家或地区提供反向优惠。

普惠制的目的是增加发展中国家或地区的外汇收入、促进发展中国家或地区的工业化、加速发展中国家或地区的经济增长。

现已有 37 个国家实行了普惠制。它们是欧盟 25 国、日本、新西兰、挪威、瑞士、加拿大、澳大利亚、美国、保加利亚、俄罗斯、白俄罗斯、乌克兰、哈萨克斯坦。享受普惠制关税优惠的发展中国家或地区达到了 190 多个。

目前世界上 37 个给惠国中，除美国、保加利亚外，其他 35 国均对中国给予普惠制待遇。中国享受普惠制待遇的产品大约有 3 000 多种，主要为化工产品、纺织品、皮革制品、服装鞋帽等。截至 2000 年，中国已累计签发普惠制原产地证书 1 341 万份，签证金额达 3 134.45 亿美元。

> 欧盟对绿茶的最惠国税率为 4.7%，普惠制税率为免税，中国出口企业利用欧盟普惠制就能更多地开发和出口茶叶加工制品，如罐装茶、营养茶、浓缩茶等，经济效益更加可观。

案例：深圳某外贸公司出口几种合成香料，最惠国税率平均为 12% ~ 16%，普惠制税率为免税。当公司认为这些商品已打开销路，即使适当提价，也不致影响销售，就断然决定平均提价 10%。买方也接受了。公司仅利用关税优惠提价，就多收入 10 余万美元。

普惠制的给惠国，在提供普惠税待遇时，是通过普惠制方案来执行的。这些方案是由各给惠国或国家集团单独制定和公布的，各有特点，不尽相同。但在方案组成中，主要的规定如下：

一、对受惠国家或地区的规定

这是一个受惠国或地区的名单。普惠制在原则上应对所有发展中国家或地区都无歧视、无例外地提供优惠待遇，但有的给惠国从自身的经济和政治利益出发，把某些受惠国或地区排除在受惠国名单之外，如美国公布的受惠国名单中，不包括某些发展中的社会主义国家、石油输出国组织成员国等。

二、对受惠产品范围的规定

各给惠方案都列有自己的给惠产品清单与排除产品清单。普惠制原本应对受惠国或地区的制成品和半制成品普遍实行关税减免，而实际上许多给惠国都不是这样，往往根据其经济贸易政策的需要而有所增减。一般来讲，在公布的受惠产品清单中，农产品的受惠产品较少，工业品的受惠产品较多，少数敏感性产品如石油产品等被排除在外，被列入排除产品清单中。

三、对受惠产品减税幅度的规定

减税幅度又称普惠制优惠制度。受惠产品的减税幅度的大小取决于最惠国税率和普惠制税率间的差额。最惠国税率越高，普惠制税率越低，差幅就越大；反之，差幅就越小。一般来说，农产品的减税幅度较小，工业品的减税幅度较大。

四、对给惠国的保护措施的规定

各给惠国一般都在其方案中规定保护措施，以保护本国某些产品的生产和销售。保护措施有：

（1）免责条款。又称例外条款，是指受惠国产品的进口量增加到对其本国同类产品或有直接竞争关系的产品的生产者造成或即将造成严重损害时，给惠国保留对该产品完全取消或部分取消关税优惠待遇的权利。

（2）预定限额。指预先规定在一定的时期内某项受惠产品的关税优惠进口限额，对超过限额的进口产品按规定恢复征收最惠国税。预定限额包括：

①最高限额。是指给惠国对某项受惠产品的进口，在规定期限内给予关税优惠的进口最高金额或数量，超过这个限额就恢复征收最惠国税。

②分配配额。是指在经济集团如欧盟内的成员国之间进行分配的最高限额，这种配额也分为全球性限额和单一受惠国限额。

③国家最大额度。是指给惠国对某项产品规定的每个受惠国享受关税优惠进口的限额。通常用每个受惠国占全球性最高限额的百分比来表示，一般为50%，也有40%或30%，等等。

案例：欧盟、日本和澳大利亚实行预定限额，它们分别事先规定限额，采取日管理、旬管理、月管理、季管理以及灵活管理的方式，通过统计监督加以控制。

（3）竞争需要标准。又称竞争需要排除。美国采用这种标准，规定在一个日历年内，对来自受惠国的某项进口产品，如超过竞争需要限额或超过美国进口该项产品总额的一半，则取消下一年度受惠国或地区该项产品的关税优惠待遇；如该项产品在以后年进口额降至上述限额内，则下一年度仍可恢复关税优惠待遇。

五、毕业条款

美国从1981年4月1日起采用这项规定，欧盟从1995年1月1日、日本从1998—1999年度起也实施这项办法。即当一些受惠国或地区的某项产品或其经济发展到较高的程度，使它在世界市场上显示出较强的竞争力时，则取消该项产品或全部产品享受关税优惠待遇的资格，称之为"毕业"。这项条款按适用范围的不同，可分为"国家毕业"和"产品毕业"。

（1）国家毕业，也称全部毕业，是指取消从受惠国或地区进口的全部产品的关税优惠待遇，即取消其受惠国或地区的资格。取消国家优惠的标准主要是根据国民收入的指标来决定，例如保加利亚和波兰把人均国民生产总值超过本国的受惠国列入国家毕业名单，新西兰规定取消其人均国民生产总值达到新西兰70%以上的受惠国的优惠待遇，美国取消国家优惠的标准目前是人均国民生产总值11 400美元。

> 据欧盟新普惠制方案，中国纺织品将从普惠制中"毕业"，不再享受优惠关税税率。一旦实施，中国部分纺织品之前所享受的产税优惠将相对减少95%。此外，中国16大类50种产品则将从名单中消失，关税受惠度大幅降低。

（2）产品毕业，也称部分毕业，是指取消从受惠国或地区进口的部分产品的关税优惠待遇。它规定，如果一个受惠国家的某项产品或某一部门的产品的出口达到一定水平，这些产品将被从给惠方案中排除，但受惠国家的其他产品仍然能够享受普惠制待遇。如美国规定，如果受惠国某一产品的普惠制出口总额超过或等于美国进口该项产品总额的一定百分比（50%），那么下一年度这种产品就不再享受普惠制待遇。

毕业条款是一项最严厉的保护措施。其实施对相关国家的出口贸易产生极大影响。以"亚洲四小龙"为例，1987年它们享受美国普惠制的受惠额占美国所给全部受惠额的60%，可美国1988年1月29日宣布"亚洲四小龙"已毕业，从1989年起取消其向美国出口商品所享受的普惠制待遇。这样一来，"亚洲四小龙"被迫在不享受普惠制待遇的情况下同在美国市场上的德国、日本等发达国家的同类产品竞争。同时，泰国、马来西亚、印度尼西亚、菲律宾等乘机向美国市场扩大出口，从中得益更多。

毕业条款也困扰着中国产品的出口。2005年欧盟又推出新的普惠制方案。在新的普惠制方案中产品毕业标准为：当某国一种类别商品对欧盟出口超过欧盟同类商品进口总量的15%，纺织品门槛是12.5%，则该国该类商品毕业。

六、对原产地的规定

原产地规则，是各国（或地区）为了确定商品原产国和地区而采取的法律、法规和行政管理制度，也是衡量受惠国出口产品是否取得原产地资格、能否享受优惠的标准。其目的是确保发展中国家或地区的产品利用普惠制扩大出口，防止非受惠国的产品利用普惠制的优惠扰乱普惠制下的贸易秩序。

各给惠国的普惠制方案中的原产地规则，一般包括原产地标准、直接运输规则和原产地证明文件三部分。

（1）原产地标准。普惠制的原产地标准分为两大类。

第一类，完全原产地产品。它是指完全用受惠国的原料、零部件并完全由其生产或制造的产品。完全原产地产品是一个非常严格的概念，稍微含有一点进口或来源不明的原料、零部件的产品，都不能被视为完全原产地产品。

案例：广州某纺织品进出口公司出口全棉的西装到日本，该西装面料从棉花的种植，到棉线、棉布的加工，西装的设计、裁剪等都在国内，因此，这款西装属于完全原产地产品，毫无疑问可以享受普惠制待遇。

第二类，非完全原产地产品。又称含有进口成分的产品，是指全部或部分地使用进口（包括来源不明的）原料或零部件制成的产品。这些原料或零部件经过受惠国或地区充分加工或制造后，其性质和特征达到了"实质性变化"的程度，变成了另外一种完全不同的产品，才可享受关税优惠待遇。所谓实质性变化有两个标准：

案例：江苏某纺织品进出口公司出口男式全棉T恤到加拿大，该T恤的面料是由进口棉线加工出来的，而棉布的加工，T恤的设计裁剪都在国内，T恤的出厂价格为人民币200元，每件T恤的进口棉线价格为40元。这款T恤虽然部分地使用了进口原料，但经过加工制造后，符合加拿大规定的进口成分不得超过产品出厂价的40%，因此，其性质和特征达到了"实质性变化"的程度，因此仍然被认为是中国的原产地产品，可以享受加拿大给予的普惠制待遇。

第一，加工标准。欧盟、日本等采用这项标准。一般规定进口原料或零部件的税则税号和利用这些原料或零部件加工后的制成品的税则税号不同，其税号发生了变化，就可以认为其经过了充分加工，发生了实质性的变化，该种产品就符合原产地标准，具有了原产地资格。这里所说的税则税号是指海关合作理事会税则目录（CCCN）或协调制度（H.S.）的四位数字级税号，其中任何一位数字的变化都算是税号的变化，但这种税号的变化并不是在所有情况下都能准确地反映进口成分有了实质性变化。因此，使用加工标准的给惠国又规定了附加的具体条件作为这一规则的例外，分别列出附加清单，以区别对待。一般都列有两张清单：清单 A，又称为否定清单，即所列产品中进口成分的税则税号虽然改变了，但进口成分未达到实质性变化的程度，不符合加工标准的产品，除非它符合一些附加的加工条件，发生了实质性变化，才能取得原产地资格；清单 B，又称肯定清单，即所列产品中进口成分经加工后已发生实质性变化，但其税则税号仍未改变，该种进口成分只要符合加工标准，即可取得原产地资格。

第二，增值标准。又称百分率标准，即依据进口成分（或本国成分）占制成品价值的百分比来确定其是否达到实质性变化的标准。澳大利亚、新西兰、加拿大、美国等采用这项标准，但各自规定的百分比是不相同的。

澳大利亚规定：产品的最后加工工序在该受惠国内进行，本国成分价值的百分比不得小于产品出厂成本的 50%。加拿大规定：进口成分价值不得超过包装完毕待运加拿大的产品出厂价的 40%。美国规定：本国成分的价值不得低于产品出厂价格的 35%。

原产地标准除了上述规定外，给惠国还不同程度地采用了原产地累积制。所谓原产地累积制是指在确定产品原产地资格时，把若干个或所有受惠国或地区视为一个统一的经济区域，在这个区域内进行生产、加工产品时所得的增值，可以作为受惠国的本国成分而加以累积。目前主要有以下几种：一是区域性原产地累积。即把同属于一个区域性经济集团的国家视为一个整体，给予普惠制原产地累积待遇；二是全球性原产地累积。即把世界上所有的受惠国或地区视为一个整体，给予普惠制原产地累积待遇；三是给惠国原产地累积，又称给惠国成分累积。即允许受惠国使用某个给惠国生产的原料、零部件，并全部计入该受惠国原产产品的价值中，也可视为该受惠国原产产品成分的一部分，如再出口到该给惠国时，可给予普惠制原产地累积待遇。

案例：深圳某自行车有限公司在深圳检验检疫局的帮助下，从原来进口零部件，改从江苏、广东、浙江的几家工厂采购十多种零部件，并在深圳建成了三脚架、前叉的生产线，使产品的国产成分超过了 50%，将不符合给惠国原产地标准的自行车，变为符合原产地标准的自行车，获得了普惠制优惠待遇。

（2）直接运输规则。指受惠产品必须从该受惠国直接运到进口给惠国。由于地理原因或运输需要，受惠国产品也可通过第三国或地区的领土运往进口给惠国，但必须置于海关监管之下，并向进口给惠国海关提供提单、过境海关签发的过境证明书等，才能享受普惠制待遇。

（3）原产地证明文件。出口商品要获得给惠国的普惠制的关税优惠待遇，必须向进口给惠国提交出口受惠国政府授权的、签证机构签发的普惠制原产地证书格式 A 和符合直运规则的证明文件，作为享受普惠税待遇的有效凭证。格式 A 的全称是"普遍优惠制原产地证明书（申报与证明联合）格式 A"，它是受惠产品享受普惠制待遇的官方凭证，是受惠产品获得受惠资格必不可少的重要证明文件。格式 A 的有效期一般为 10 个月。给惠国海关一旦对证书内容产生怀疑，可向受惠国签证机关或出口商退证查询，并要求在半年内答复核实结果。如核实结果表明不符合普惠制原产地的规定，证书完全失效，则取消该产品的受惠资格，征收正常关税。

普惠制自 1970 年实行以来，对促进和扩大发展中国家或地区的出口起到了一定的积极作用。但由于普惠制方案的规定十分繁琐，而且采取了一系列限制性保护措施，使普惠制未能达到预期的目的。1976 年 5 月，第四届联合国贸易与发展会议要求改善和延长普惠制，经过协商，把原定于 1980 年到期的普惠制继续延长 10 年，到 1990 年又延长 10 年。

第四节　海关税则

一、海关税则及其结构

各国征收关税的依据是海关税则。海关税则（Customs Tariff）又称关税税则，是一国对进出口商品计征关税的规章和对进出口应税与免税商品加以系统分类的一览表。海关税则是关税制度的重要内容，是国家关税政策的具体体现。

海关税则一般包括两个部分，一部分是海关课征关税的规章条例及说明，另一部分是关税税率表。其中，关税税率表主要包括税则号列（Tariff No. 或 Tariff Item，简称税号）、商品分类目录（Description of Goods）及税率（Rate of Duty）三部分。

（一）海关税则的货物分类方法

海关税则的货物分类方法，主要是根据进出口货物的构成情况，对不同货物使用不同税率以及便于对进出口货物统计需要而进行系统的分类。各国海关税则的货物分类方法不尽相同，大体上有以下几种：①按照货物的自然属性分类；②按货物的成分或同一工业部门的产品分类；③按货物的加工程度或制造阶段分类；④按货物的用途分类；⑤按货物的自然属性分成大类，再按加工程度分成小类。

货物分类的排列层次，一般可分为三级到五级。先按自然属性、用途或组成成分等分成若干大类，再进一步分成章或组，其下列出商品项目。项目税则中的基本税目，可以"具体列名"一种商品，也可把相类似的商品综合在一起，称为"一般列名"，或把两者未包括的同类产品合为一个"未列名商品"的项目。每个项目按顺序列出税号，在项目之下根据征税或统计的需要可细分为子目、分目，称为细目。大类和章或组两级只作检索查找之用，项目及细目逐目列出相应的税率。

（二）税则分类的国际协调

各国海关都分别编制本国的海关税则。但由于各国海关在商品名称、定义、分类原则及税则号列的编排上存在差异，因而给各国的贸易活动和经济分析带来了困难。于是1952年成立的海关合作理事会在布鲁塞尔制订了《海关合作理事会税则目录》（Customs Cooperation Council Nomenclature—CCCN），原称《布鲁塞尔税则目录》（Brussels Tariff Nomenclature—BTN）。该目录的分类原则是以商品的自然属性为主，结合加工程度等来划分的。目前世界上已有一百多个国家采用《CCCN》标准分类。

为了使国际贸易商品分类体系进一步协调和统一，以兼顾海关税则、贸易统计与运输等方面的共同需要，20世纪70年代初海关合作理事会设立了一个协调制度委员会，研究并制定了《商品名称及编码协调制度》，简称《协调制度》（H. S.）。参加这项工作的国际组织有20个，国家共有60个。在编制《协调制度》的工作中，中国海关多次派出代表参加会议，提出了一些有益的意见。经过13年的努力，《协调制度公约》及其附件《协调制度》终于在1983年6月以国际公约的形式通过，于1988年1月1日在国际上正式开始实施。截至1990年11月1日，该公约的缔约总数已达61个，其中包括所有发达国家。中国于1992年1月1日起正式实施以《协调制度》为基础的新的海关税则。

《协调制度》是一个新型的、系统的、多用途的国际贸易商品分类体系。它除了用于海关税则和贸易统计外，对运输商品的计费与统计、计算机数据传递、国际贸易单证简化以及普遍优惠制的利用等方面，都提供了一套可使用的国际贸易商品分类体系。

《协调制度》将商品分为21类97章，第97章留空备用，章以下设有1 241个4位数的税目，5 019个6位数的子目。4位数的税目中，前两位数表示项目所在的章，后两位数表示项目在有关章的排列次序。例如税目01 * 04是绵羊、山羊，前两位数表示该项目在第一章，后两位表示该商品为第一章的第四项。6位数的子目，表示包括税目下的子目，例如5 202为废棉；5 202 * 10为是废棉纱线。

中国海关在《协调制度》目录的6位数编码基础上，加列了1 828个7位数子目和298个8位数子目。归类时实际使用的商品组共有6 255个，从税则角度讲，就是6 255个带税率的税目。

（三）海关税则的分类

海关税则中的同一商品，可以按一种税率征税，也可以按两种或两种以上税率征税。

按照税率表的栏数，可将海关税则分为单式税则和复式税则两类。

1. 单式税则（Single Tariff）

单式税则又称一栏税则。这种税则，一个税目只有一个税率，适用于来自任何国家的商品，没有差别待遇。目前仅有少数发展中国家，如委内瑞拉、巴拿马、乌干达、肯尼亚等实行单式税则。

2. 复式税则（Complex Tariff）

复式税则又称多税则，是指同一税目下设有两个或两个以上的税率，即来自不同国家的进口商品按不同的税率征税，实行差别待遇。其中，普通税率是最高税率，特惠税是最低税率，在两者之间，还有最惠国税率、协定税率、普惠制税率等。目前大多数国家都采用复式税则。目前中国采用二栏税则，美国、加拿大等国实行三栏税则，欧盟等国实行四栏税则。

海关税则按照制定者的不同，又可分为自主税则和协定税则。

3. 自主税则（Autonomous Tariff）

自主税则又称国定税则，是指一个国家的政府单独制定，不受对外签订的国际贸易条约和协定约束的一种税则。

4. 协定税则（Conventional Tariff）

协定税则是指一国政府与其他国家或地区通过贸易与关税谈判，以贸易条约或协定的方式确定的税则。协定税则的税率是两国关税减让谈判的结果，因此，协定税则的税率要比自主税则的税率低。

二、通关手续

通关手续是指进出口货物进出关境时，进出口货物的收、发货人或其代理人向海关办理进出口手续的过程，也称报关手续。各国海关规定，进出口货物通过关境时必须接受海关的监督管理，进出口货物必须向海关申报，办完手续后，海关予以放行，进口商才能提货投放国内市场，出口商才能装运出口。

通关手续通常包括申报、查验、征税和放行四个基本环节。

本章知识应用

专题讨论：欧盟普惠制新方案对中国的影响

欧委会通过了2006—2008年度新普惠制方案建议稿，该方案提交给部长理事会、欧洲议会，经社委员会和成员国讨论通过，并于2005年开始施行。

新普惠制的主要特点是：

（1）三种普惠制类型：①一般普惠制：敏感商品3.5%关税优惠，非敏感商品零关税；②除武器之外的所有商品：50个最不发达国家对欧盟的出口，除武器之外，其他商品一律零关税、零配额；③特殊普惠制（GSP+）：对弱小国家，如果它们达到可持续发展和良政的一些新的标准，这些国家的7 200类商品对欧出口可以享受零关税。

（2）本普惠制方案一经批准施行，三年内不作任何调整，包括毕业制度。产品毕业标准是：当某国一种类别的商品对欧盟出口超过欧盟同类商品进口总量的15%，纺织品门槛是12.5%，则该类商品毕业。

（3）更加灵活的原产地规则：加强地区累积原产地（Regional Cumulation）。

欧盟普惠制方案调整总的指导思想是把最需要普惠制的国家作为实施普惠制的主要对象，这些国家是最不发达国家和最脆弱的发展中国家，如内陆闭塞的国家、小的岛国和低收入国家。随着欧盟东扩，欧盟已成为中国第一大贸易伙伴，因此欧盟普惠制方案调整对中国产生了极其重要的影响。

据了解，中国的纺织品和服装在欧盟的市场份额已经超过30%，按照欧委会提交的新普惠制方案，中国纺织品将从普惠制中"毕业"，不再享受优惠关税税率。一旦实施，中国部分纺织品之前所享受的关税优惠将相对减少95%，中国纺织品和服装所缴纳的关税税率将由目前的平均9%上升至12%。此外，中国16大类50种产品将从名单中消失，关税受惠度大幅降低，工业制成品中只剩工艺品和收藏品继续享受普惠制待遇。

被称为"有价证券"的普惠制产地证，曾经是众多出口企业突破国外关税壁垒的一张王牌。普惠制在打破国外关税壁垒方面发挥了举足轻重的作用。中国当初坚持以发展中国家的身份加入世贸组织，就是为了能继续享受普惠制待遇和其他优惠待遇。但随着中国经济的发展，普惠制的利用空间越来越小。

为减少新的普惠制产品对外贸出口的影响，专家指出，有关部门须帮助企业尽可能确切了解、掌握欧盟新的普惠制产品毕业安排将会对其产生的影响，使其能采取相应的应对措施。同时，建立预警机制，使企业根据毕业机制的产品分组和每年审定的特点，适时调整产品种类或向欧盟出口的产品种类，以尽可能减少毕业的可能，或增大已毕业产品重新获得普惠制待遇的机会。

此外，业内人士指出，从欧盟普惠制方案的内容看，欧盟会长期运用普惠制平衡发展中国家和地区对其的贸易，因此对最不发达国家和地区会长期给予更为优惠的政策。欧盟方案不仅规定对这些国家和地区不采用毕业机制，而且规定对原产于这些国家和地区的受惠产品，除香蕉、稻米和糖外，一律给予免除关税的待遇。因此，中国有条件的企业可考虑向这些国家和地区投资，以便充分地利用欧盟的普惠制。尤其是中国一些本土市场已饱和的产品的生产企业，还可以就此开拓新的市场。

另外，即便普惠制被迫取消，政府在产业结构上亦可作相应调整，以弥补因此而造成的损失。例如可适当限制被取消普惠制的产业投资，鼓励享受普惠制的产业发展，还可以将被取消普惠制的产业向享受普惠制的国家或地区转移。

相关知识：中国的关税优惠待遇

利用关税优惠待遇可以扩大出口，降低进口成本，提高进出口贸易效益。在出口贸易中，中国出口商在与对方谈判时，我方提供相关的优惠原产地证明书，进口商在其报关时可以少交关税，降低进口商品的成本，我方出口价格就可以相应高一些。在进口贸易中，要求对方提供相关的优惠原产地证明书，我方进口企业也同样可以享受中国的优惠关税待遇，从而降低进口商品成本。目前，世界各国（地区）给予中国的关税优惠待遇主要有普惠制、曼谷协定、中国—东盟贸易协定、《中国与巴基斯坦优惠贸易安排》关税优惠。

一、普惠制税率

目前，给予中国普惠制的国家有 36 个——欧盟 25 国（奥地利、比利时、丹麦、芬兰、法国、德国、希腊、爱尔兰、意大利、卢森堡、荷兰、葡萄牙、西班牙、瑞典、英国、波兰、捷克、匈牙利、斯洛伐克、斯洛文尼亚、拉脱维亚、爱沙尼亚、立陶宛、塞浦路斯和马耳他）、瑞士、挪威、日本、新西兰、澳大利亚、加拿大、俄罗斯、白俄罗斯、乌克兰、哈萨克斯坦和土耳其（保加利亚、美国不给予中国普惠制待遇）。出口商品要取得关税优惠待遇必须符合给惠国普惠制给惠方案及其原产地规则，并需要中国出入境检验检疫机构签发的普惠制原产地证明书，原产地证明书采用统一格式的 Form A。

随着中国经济的发展，这些国家给予中国的普惠制优惠的产品范围与优惠幅度会逐步缩小。

二、区域贸易协定优惠税率

1. 曼谷协定优惠税率

2001 年 5 月 23 日，中国加入《曼谷协定》。《曼谷协定》现有韩国、斯里兰卡、印度、孟加拉、老挝、中国等成员。韩国、斯里兰卡、印度已对中国实施了协定项下的关税优惠待遇。出口商品要取得关税优惠待遇必须符合《曼谷协定》中规定的进口国给予关税优惠的商品范围与原产地规则，并需要中国出入境检验检疫机构签发的《曼谷协定》优惠原产地证明书，目前用 Form A 代替。

2. 中国—东盟贸易协定优惠税率

2003 年 10 月 8 日，中国与东盟国家（印度尼西亚、马来西亚、文莱、柬埔寨、泰国、菲律宾、越南、缅甸、老挝、新加坡）签订了《中华人民共和国与东南亚国家联盟全面经济合作框架协议》。根据协议的安排，协议项下的"早期收获"的第一批零关税优惠已于2004 年 1 月 1 日启动。协议各方相互给予的关税优惠商品包括 H. S. 第 1 章至第 8 章的产品。2005 年将全面启动关税减让计划。出口商品要取得关税优惠待遇必须符合中国—东盟自由贸易区的关税优惠商品范围、原产地规则和签证核查程序，并需要中国出入境检验检疫机构签发的优惠原产地证明书 Form E。

三、双边自由贸易协定优惠税率

2003 年 11 月 3 日，中国与巴基斯坦签订了《中国与巴基斯坦优惠贸易安排》。根据《中国与巴基斯坦优惠贸易安排》，框架项下的特定商品已于 2004 年 1 月 1 日起实施关税优惠。出口商品要取得关税优惠待遇必须符合《中国与巴基斯坦优惠贸易安排》的原产地规则，并需要中国出入境检验检疫机构签发的《中国与巴基斯坦优惠贸易安排》原产地证明书，原产地证明书用 Form A 代替。

此外，中国内地与香港、澳门更紧密经贸关系安排（CEPA）也属于双边自由贸易协定优惠范畴。由于香港、澳门是自由贸易港，早已对内地实行零关税，CEPA 将此以法律责任的形式约束起来，因此减免关税的实质性工作主要在内地方面。

世贸组织《1994 年关税与贸易总协定》第 24 条规定，世贸组织成员间可以建立自由贸易区，给予彼此超过最惠国待遇的更优惠的贸易措施。因此，通常自由贸易区的关税优惠幅度比最惠国待遇更大，这不违反世贸组织的规则。上述曼谷协定、中国—东盟贸易协定属于区域性自由贸易协定，中国与巴基斯坦、中国内地与香港和澳门属于双边自由贸易协定，给予对方的关税优惠待遇是相互的，即互惠的，因此有人称该产地证明书为互惠原产地证明书。

第五章
非关税措施

第一节　非关税措施概述

一、非关税措施的概念

非关税措施（Non-Tariff Barriers，NTBs）是相对于关税而言的，它是指一国或地区在限制进口贸易方面采取的除关税以外的所有措施。

非关税措施早在资本主义发展初期就已出现，只是到了 20 世纪 30 年代，各主要资本主义国家为了摆脱经济危机，缓解国内市场矛盾，一方面高筑关税壁垒，另一方面采用各种非关税措施。"二战"后，特别是 20 世纪 70 年代中期，非关税措施已经成为贸易保护的主要手段。据统计，非关税措施从 20 世纪 60 年代末的 850 多项增加到 70 年代末的 900 多项，目前已达到 1 000 多项。

目前各国限制进口的措施主要以非关税为主，关税为辅。

进入 20 世纪 80 年代，随着关税的逐步降低，很多国家开始强化非关税措施，并将原先的数量性的非关税措施，如进口许可证、自动出口限制、关税配额等向国民健康、安全和环保等方面的非关税措施转变。这也是进入 20 世纪 80 年代以来非关税措施的主要发展趋势。

二、非关税措施的特点

从 20 世纪 60 年代开始，随着关税与贸易总协定缔约方进口关税率的下降，贸易壁垒的重点从关税壁垒转向非关税壁垒。随着国际贸易的发展，非关税措施具有与以往不同的特点，主要表现在：

（一）非关税措施内容上的广泛性

根据中国商务部《2003 国别贸易投资环境报告》，将贸易壁垒分为如下 13 种类别：①关税及关税管理措施；②进口限制；③通关环节壁垒；④对进口产品征收歧视性的国内税费；⑤技术性贸易壁垒；⑥卫生与植物卫生措施；⑦贸易救济措施；⑧政府采购；⑨出口限制措施；⑩补贴；⑪服务贸易壁垒；⑫知识产权保护；⑬其他壁垒。除上述①类关税措施外，其他均系非关税壁垒。

非关税措施的种类五花八门，十分复杂。据关贸总协定统计，20 世纪 70 年代初，世界各国实行的非关税措施约有 530 种，到乌拉圭回合谈判开始时，已发展到 2 500 多种。进口数量限制、反倾销、反补贴措施和保障措施以及技术性贸易壁垒是目前经常遇到的贸易壁垒。知识产权、环境标准和劳工标准等新的贸易保护措施也越来越成为许多国家用来进行市场保护的重要手段。据统计，截至到 2000 年 10 月底，仅美国、欧盟和澳大利亚对动植物卫生检疫措施的调整就分别达到 341 次、170 次和 120 次。

（二）新的非关税措施日益合理化、制度化

虽然 WTO 对各种非关税手段的实施都作了限制，但在执行过程中，许多国家却从 WTO 的措施中寻找保护国内市场的合法手段，如反倾销、反补贴、保障措施就是世界贸易组织赋予其成员在产业发展受到进口产品损害时可以动用的合法保护措施。而且，世界贸易组织对"绿色贸易壁垒"也持肯定态度，使这些新的非关税措施合法化、制度化。

现存的许多非关税壁垒，都是利用 GATT/WTO 基本原则的例外条例，都是在 GATT/WTO 规则允许与不允许、必须和应当之间的"灰色区域"徘徊。反倾销、反补贴和保障措施、技术贸易壁垒，名义上都是根据 WTO 有关协议采取的行动，各成员在利用非关税措施进行市场保护时，往往都打着合法的旗号，声称以 WTO 有关规定为依据，甚至还经常以 WTO 规则捍卫者的身份自居。

（三）非关税措施方式上的隐蔽性

同传统的关税措施相比，非关税措施具有很大的隐蔽性。这一点在技术性贸易壁垒方面显得尤其突出。名义上各种技术性贸易壁垒都是为了保护安全，防止欺诈，保护人类和动植物的生命健康以及保护环境或满足消费者的其他利益，但实际上，发达国家成员的技术法规和标准往往超越适当、合理的范围，从而大大限制了来自发展中国家成员的商品。这类非关税壁垒的检验标准非常复杂，并且具有很大的不确定性，从而使贸易歧视非常隐蔽。

（四）非关税措施具有较大的灵活性和针对性

一般说来，制定和实施非关税措施通常采用行政程序，手续办理比较迅速，制定措施的程序也较简便，可随时针对某国的某种商品采取或更换相应的限制措施，从而较快地达到限制进口的目的。

（五）非关税措施应对上的复杂性

非关税措施在使用上的灵活性往往增加了出口方在应对方面的难度和复杂性。有些非关税措施处于 WTO 有关规定的模糊地带，在争端解决方面缺乏可靠的依据，从而给进口方留下了可以利用的空间。而有些非关税措施本身就比较复杂，比如反倾销、反补贴措施，首先在认定倾销和补贴方面就存在一定的困难，计算倾销幅度和补贴幅度也非常麻烦，这就使问题的提出和解决都变得艰难而漫长。

非关税措施之所以越来越受到一些实行贸易保护的进口方的青睐，正是因为它们具备了以上这些特点。各国的非关税壁垒之所以能够大行其道，也正是因为其实施措施者利用了以上特点，钻了 WTO 的空子。有些成员为限制其他成员出口产品的进入，总是千方百计以维护正常贸易秩序为名，行贸易保护之实。

（六）技术性贸易壁垒成为非关税壁垒的重要组成部分

伴随世界全球化和国际贸易投资自由化进程进一步加快以及世贸组织各项协议的执行，世界各国纷纷大幅度降低关税和逐步取消配额、许可证等数量限制，技术性贸易壁垒已成为贸易保护的重要手段。它具有一定的合法性、隐蔽性、针对性、可操作性、灵活多

变性，使进口国家或地区难以应对。技术性贸易壁垒日益成为国际贸易中人们关注的焦点。

（七）非关税措施更能达到限制进口的目的

一些非关税措施如进口配额等预先规定进口的数量和金额，超过限额就直接禁止进口，这样便可把超配额的商品拒之门外，起到关税不能达到的目的。

第二节　技术性贸易壁垒

近年来，"技术性贸易壁垒"成为国际贸易的一个热门话题。可以说，技术性贸易壁垒已经成为继反倾销之后各国产品进入国际市场所面临的又一重大挑战。

技术性贸易壁垒是指在国际贸易中，一国以维护国家安全或保护人类健康和安全、保护动植物的生命和健康、保护生态环境或防止欺诈行为、保证产品质量为由，采取一些强制性或非强制性的技术性措施，如技术标准与法规、合格评定程序、绿色贸易壁垒、产品检疫检验制度、包装和标签要求和信息技术壁垒等，这些措施成为其他国家商品自由进入该国市场的障碍。简单地说，技术性贸易壁垒是对进口产品使用不合理的技术法规、标准，设置复杂的认证、认可程序等技术性措施。名目繁多且日益增多的技术性贸易壁垒正在对国际贸易产生越来越大的影响。

一个国家出于维护本国经济权益、保护人民和动植物的健康安全及环境的需要，在国际贸易中采取适当、适度的保护措施是无可非议的，但如果保护措施过度、过分以至影响了正常贸易的进行，这种保护措施就成为障碍性壁垒。

技术性贸易壁垒有狭义和广义之分。狭义的技术性贸易壁垒是指世界贸易组织《技术性贸易壁垒协议》中规定的强制性或非强制性确定商品某些特征的技术法规或技术标准以及在检验商品是否符合这些技术法规或技术标准的认证、审批程序中所形成的不合理的贸易障碍。广义的技术性贸易壁垒是指所有影响贸易的技术性措施，不仅包括《技术性贸易壁垒协议》的内容，还包括世界贸易组织《实施卫生与植物卫生措施协议》、《知识产权协议》、《服务贸易总协定》中的有关动植物卫生检疫的规定、绿色壁垒和信息技术壁垒等内容；另外，它还涉及由国际社会签署的与环境和资源等问题有关的及国际条约中与贸易有关的内容。现在我们所讲的技术性贸易壁垒主要是指广义的技术性贸易壁垒。

目前国外技术性贸易壁垒所采取的主要措施有三大类：一是以技术法规、标准、合格评定程序为主要形式的技术壁垒措施，通常称为 TBT 措施；二是以动植物及其产品卫生检疫要求为主要内容的卫生检疫措施，通常称为 SPS；三是以环境技术指标和环境管理为核心的环境壁垒措施，又称为绿色壁垒措施。下面我们详细介绍技术性贸易壁垒的这三种形式。

一、技术壁垒措施（TBT 措施）

（一）技术壁垒的主要内容

1. 技术标准

技术标准是指经公认机构批准的、非强制执行的、供通用或重复使用的产品或其相关工艺和生产方法的规则、指南或特性的文件。它还包括有关的专门术语、符号、包装、标志或标签要求。目前存在大量的技术标准，有行业标准、国家标准，也有许多国际标准，这些标准对国际贸易产生了重大影响。截至 2003 年初，欧盟规定的技术标准就有十多万个，仅德国正在应用的国际标准就约有 1.5 万种，日本则有 8 184 个工业标准和 397 个农产品标准，美国的技术标准更是多得不胜枚举。

案例：欧盟各国都有各自的工业产品技术标准，某些产品如玩具、电冰箱、仪表等必须符合该国生产销售的标准，才允许在市场上出售。一种产品要进入日本市场，不仅要符合国际标准，还必须符合日本标准，如化妆品必须符合化妆品成分标准（JSCL）、添加剂标准（JSFA）、药理标准（JP）等日本标准，只要其中有一项指标不合格，日方就可以质量不达标为由将这一产品拒之门外。

2. 技术法规

技术法规是指必须强制执行的有关产品特性或其相关工艺和生产的方法，包括：法律和法规，政府部门颁布的指令、决定、条例，技术规范、指南、准则、指示，专门术语、符号、包装、标志或标签要求。许多强制性标准也是技术法规的组成部分。技术法规一般涉及国家安全、产品安全、环境保护、劳动保护、节能等方面；也有一些是审查程序上的要求，如联合国贸发会的一个研究报告指出，海关程序和相关的活动所占成本占贸易总额的 7% ~ 10%，对此进行协调并简化可减低这些成本的 25%，相当于贸易总额的 1.75% ~ 2.50%。

案例 1：因 PVC 增塑剂对肾和肝脏有副作用并会损伤心血管，欧盟 1999/815/EC 指令 2000 年 3 月 8 日开始禁止销售供 3 岁以下儿童使用的放入口中的含六种邻苯二甲酸酯类增塑剂中的一种或多种聚氯乙烯软塑料（PVC）玩具及儿童用品。欧盟称，该"禁令"特别强调确保高水平的儿童健康和安全保护，委员会可以作出决议要求。成员国采取临时措施阻止、限制投放到市场上的产品，如果该产品对消费者的健康和安全有严重的和直接的危害，委员会也可以要求"将产品从市场回收"。截至 1999 年底，已有 9 个国家立法禁止销售上述玩具及其他儿童用品。禁令规定邻苯二甲酸酯最高限量为 0.1%。

案例 2：美国为了阻止墨西哥的土豆输入美国，对土豆的标准规定有成熟性和个头大小等指标。这就给墨西哥种植的土豆销往美国造成了困难，因为要销往美国的土豆不能太熟就得收获，否则易烂，这样又难以符合成熟性的要求。

案例 3：英国规定，日本销往英国的小汽车可由英国派人到日本进行检验，如果发现有不符合英国技术安全的，可在日本检修或更换零件。但日本规定，英国销往日本的小汽车运到日本后，必须由日本人进行检验，如不符合规定，英国则须雇日本雇员进行检修。这种做法费时费工，加上日本有关技术标准公布迟缓，客观上较大地妨碍了英国小汽车进入日本市场。

根据美国商务部 1998 年的报告和欧盟的研究，受技术法规影响的出口产品的价值约占出口总额的 25%，出口因此减少 15% ~ 25%，因标准和认证而减少的出口产品的价值相当于出口总额的 3.75% ~ 6.25%。

3. 合格评定程序

合格评定又称质量认证，是指任何直接或间接用于确定产品是否满足技术法规或标准的有关要求的程序。它包括抽样、检验和检查；评估、验证和合格保证；注册、认可和批准以及各项的组合。合格评定程序一般由认证、认可和相互承认组成，影响较大的是第三方认证。认证是指由授权机构出具的证明，一般由第三方对某一事物、行为或活动的本质或特征，就当事人提出的文件或实物审核后给予证明，这通常被称为第三方认证。

4. 产品检疫、检验制度与措施

为了保护环境和生态资源，确保人类和动植物健康，许多国家，特别是发达国家制定了严格的产品检疫、检验制度。这些措施包括：保护人类的生命免受食品和饮料中添加剂、污染物、毒素以及外来动植物病虫害传入危害的措施；保护动物的生命免受饲料中添加剂、污染物、毒素以及外来病虫害传入危害的措施；保护植物的生命免受外来病虫害传入危害的措施；防止外来病虫害传入而造成危害的措施；与上述措施有关的法律、法规、要求、标准和程序。

近年来，欧盟接连出现食品危机，"疯牛病"、"二噁英污染"、"可口可乐污染"、"李斯特杆菌污染"、"口蹄疫"等震惊世界。食品安全问题已经引起了消费者的强烈不满，也引起欧盟对解决食品安全问题的高度重视。随着欧盟进一步加强对食品安全的保护，发展中国家对其出口食品的难度越来越大。

案例：从 2000 年 7 月 1 日开始，欧盟对进口的茶叶实行新的农药最高允许残留量标准。部分产品农残的最高允许残留量仅为原来的 1/100～1/200。欧盟对中国输入的茶叶检测结果显示，农残超标呈逐年上升趋势，如氰戊菊酯的超标率，1997 年红茶为 16.4%，绿茶为 27.5%，1998 年分别为 42.7% 和 37.9%。若不采取积极措施，中国茶叶将被迫退出欧盟市场，只有达到 A 级绿色食品标准才能迈进欧盟的"绿色门槛"。

5. 商品包装和标签的规定

包装对环境方面所造成的负面影响，主要是由于包装材料及其所形成的包装废弃物和包装容器结构所引起的。大量的包装废弃物，特别是一些无法回收利用的废弃物所产生的垃圾已成为社会的一大公害。包装容器结构不合理会对使用者或食用者的安全与健康造成危害，有的会对环境造成破坏。

大多数国家的绿色包装措施是通过国内各种法律政策得到实施的，这些措施的实行在一定程度上减少了包装废弃物的数量并保护了本国的生态环境。但是有些关于绿色包装的贸易措施则会引发贸易摩擦，对国际贸易产生影响。

许多发达国家对于在国内市场上销售的商品规定了各种标签条例。这些规定内容复杂，手续烦琐。进口商品必须符合这些规定，否则不准进口或禁止在进口国市场上销售。许多外国产品为了符合有关国家的这些规定，不得不重新标签，因而费时费工，增加了商品成本，削弱了商品竞争能力，影响了商品销路。

案例：日本政府于 2000 年对《农林物资规格化和质量表示标准法规》进行了修改。根据修改后的法规，自 2000 年 7 月 1 日起，向日本出口的各类新鲜水产品、肉类和新鲜蔬菜类实行明确的标签制度。

6. 信息技术壁垒

这里有计量单位的要求，也有条形码方面的规定，使 TBT 的最新发展与信息技术的飞速发展相关。EDI 和电子商务将是 21 世纪国际贸易的主要表现形态，发展中国家的出口因信息技术水平较低、市场不完善和没有相关法律法规及执法差等原因而受到影响。发展中国家尤其是不发达国家处于明显劣势：信息不透明，如合格认定程序不透明；信息传递不及时，如技术标准更改，信息传递受阻等。

（二）技术壁垒的特点

1. 广泛性

从产品到生产过程，技术壁垒无处不在。从初级产品到制成品，从劳动密集型到资本密集型，进口国有严格的限制，这种限制正在逐步地扩大。从生产过程看，它包含了原料采购、生产加工、包装、运输、销售、消费全过程。随着技术的进步，技术壁垒即将扩展到国际贸易的各个领域。

2. 系统性

技术壁垒是一个系统性贸易壁垒体系，包罗万象。除世贸组织以外的其他国际组织等规定的许多对贸易产生影响的技术性措施均属技术壁垒体系的范畴。

3. 双重性

技术壁垒既有合法性，又有保护性。技术壁垒有其合法性，即真正为了实现规定的合法目标是可以采取合适的壁垒措施的。正常的技术壁垒是指合法合理地采取技术性措施以达到合理保护人类健康和安全及生态环境的目的，如禁止危险废物越境转移可以保护进口国的生态环境；强制规定产品的安全标准可以保护消费者的健康甚至生命等。目前国际上已签订150多个多边环保协定。发达国家积极制定技术标准和技术法规，为技术壁垒提供法律支持。世贸组织也正在制定国际性的技术标准和技术法规，一旦被通过，技术壁垒就有了形式上的合法性，这对发展中国家的影响很大。此外，美国、日本、欧盟等凭借其自身的技术、经济优势，制定了比国际标准更为苛刻的技术标准、技术法规和技术认证制度等，以技术壁垒之名，行贸易保护主义之实。

4. 隐蔽性

技术壁垒与其他非关税壁垒如进口配额、进口许可证制变、自动出口限额等相比，不仅隐蔽地回避了分配不合理、配额限制等问题，而且各种技术标准极为复杂，往往使出口国难以应付。同时，技术壁垒措施是以建立在高科技基础上的技术标准为基础的，科技水平不高的发展中国家对此难以作出判断。一些技术标准还具有不确定性，而且涉及面很广，很难全面顾及和把握。此外一些技术壁垒还把贸易保护的目标转移到人类的健康保护上，因此其隐蔽性更大。

5. 合法性

贸易壁垒大多以国内、国际公开立法的形式存在。由于国际上目前还没有关于技术壁垒的统一立法，对进口商品的技术要求大多由国内立法规定。这些法规要求进口商强制遵守，这样外国厂商就被合法地排除在外。

6. 可操作性

由于技术壁垒措施制定的主动权掌握在各国政府手中，不需要通过国际组织的批准，世界贸易组织对它的限制也很少。因此，与实施程度复杂、实施过程较长的反倾销相比，它的可操作性和见效快的特点为各国所关注。越来越多的发达国家通过此手段，短期内即可达到限制进口、保护本国产业和市场的目的。

7. 针对性

随着国际投资自由化的发展，通过国际直接投资便可绕过国外的关税和配额等非关税壁垒；他国货币贬值也会增加本国的进口；低价倾销在世界市场上更是日益盛行。而通过有针对性地构筑技术壁垒，就可以杜绝上述漏洞，最大限度地限制进口。由于技术性贸易壁垒措施具有不确定性和可塑性，因此在具体实施和操作时很容易被发达国家用来对外国产品制定针对性的技术标准，对进口产品可以随心所欲地进行抵制。2002年，亚洲、欧洲以及美洲的一些国家对中国农产品设置的各种技术壁垒多达约20项，产品涉及冷冻蔬菜、鸡肉、鳗鱼、茶叶、蜂蜜、大蒜、肠衣、羽毛羽绒及其制品等。

（三）世界贸易组织的《技术性贸易壁垒协议》

1947年的《关税与贸易总协定》在第20条一般例外（b）款中规定，成员方为保障人民、动植物的生命或健康可采取必需的措施；第 21 条安全例外亦规定，成员方为保护国家基本安全可采取必需的措施。依据这些规定，关税与贸易总协定在 1970 年成立了一个政策工作组专门研究制定技术标准与质量认证程序方面的问题，并负责起草了一个防止技术性贸易壁垒的协议草案。1979 年 3 月，"东京回合谈判"通过"关于技术性贸易壁垒协议草案"，并于 1980 年 1 月生效。1986 年开始的乌拉圭回合谈判对此进行了进一步的修改、补充和完善，正式定名为《技术性贸易壁垒协议》（Agreement on Technical Barriers to Trade，《TBT 协议》）。《TBT 协议》对消除、限制和规范不合理的技术性措施，促进国际贸易的发展起到了积极作用。

《技术性贸易壁垒协议》（《TBT 协议》）共有 15 个条款，3 个附件。其基本目标是：①消除不合理的技术性措施，减少国际贸易壁垒；②通过制定多边规则指导成员制定、采用和实施被允许采取的技术性措施，努力保证这些措施不成为任意或不合理的歧视，从而造成不必要的国际贸易障碍；③鼓励采用国际标准和合格评定程序，提高生产效率和便利国际贸易。《协议》适用于所有产品，包括工业品和农产品。根据《政府采购协议》，政府机构为其生产或消费要求制定的采购规则不受《TBT 协议》规定的约束。另外，《TBT 协议》未涉及动植物卫生检疫措施，有关问题由《实施卫生与植物卫生措施协议》（《SPS 协议》）进行规范。

二、动植物卫生检疫措施（SPS 措施）

案例：法国牛肉激素案

20 世纪 70 年代，法国农场为促进牛肉增长，将激素注射到牛体内。意大利在制造婴儿食品时，使用了用激素生产的牛肉，结果，一些婴儿在食用了这些食品后，出现了明显的异性特征。一时间引发了欧洲消费者对使用荷尔蒙生产的牛肉的担心。

1981 年 7 月 31 日，欧共体理事会发布指令：禁止对农场牲畜使用具有荷尔蒙作用的药物，同时禁止在欧洲市场上销售注射了这些物质的本地或进口牛肉（该禁令有两项例外）。

欧共体的上述指令一经颁布，立即引起了美国牛肉生产者的强烈不满。美国认为其使用激素添加剂的方式与欧洲有较大不同，因此，不会对食用者产生危害，而欧共体不加区别地一律禁止销售用激素添加剂饲养的牛肉，这明显对美国生产者是不利的。美国认为，欧共体是借技术标准之名，行贸易保护之实。

1996 年 1 月 26 日，美国根据 DSU 第 4 条、《实施卫生与植物卫生措施协议》第 11 条和《技术性贸易壁垒协议》第 14 条、《农产品协议》第 19 条和《1994 年关贸总协定》第 22 条提出与欧共体进行磋商的要求，以解决欧共体禁止使用荷尔蒙添加剂饲养的牛肉进口的问题。

根据《实施卫生与植物卫生措施协议》以及《技术性贸易壁垒协议》，为了保护国人、动物或植物的生命健康，成员方有权采取卫生与检疫措施，但应遵守一定的条件。除上述目的外，还必须以科学的原理为依据，不得对成员方造成歧视和对国际贸易造成变相限制。

1997 年 6 月 30 日，专家小组正式公布报告，报告指出，欧共体关于牛肉的限制违反了它在《技术性贸易壁垒协议》和《卫生与植物卫生措施协议》下的义务，阻碍了国际贸易的正常进行，要求欧共体修改措施，使之符合《卫生与植物卫生措施协议》的规定。

（一）SPS 措施的产生

动植物卫生检疫措施（Sanitary and Phytosanitary，SPS）是为保护人类健康和控制动植物病虫害而制定的技术壁垒。近年来，为了避免在进口、出口过程中造成农业种植业、养殖业的有害病虫害的传播，避免对本国或他国的农业产生毁灭性的影响，国际贸易中的动植物卫生检疫措施被使用得越来越广泛。随着科学的发展，当艾滋病和其他一些对人类产生巨大冲击的危害性病毒、细菌被认定是通过动植物产品（如艾滋病病毒可以通过血液制品）传播时，SPS便在许多国家被定为强制性执行的措施及标准了。按照多数国家的做法，许多进口的农业产品，尤其是植物、鲜果和肉类，必须满足本国指定的动植物卫生规定，如果这些产品不符合本国有关产品质量的规定和要求，就禁止其进口。

案例：许多国家要求对带有某些昆虫的新鲜商品（水果及其他农产品）以及木制（草编）包装用木材进行处理（如熏蒸），以防止它们被携带出口后，在进口国领土上"定居"繁衍，造成危害。

但是，当某些国家为了达到一定贸易壁垒目的来实行卫生检疫、技术标准的时候，原本服务于人类幸福的游戏规则，就会变成巨大的、无法逾越的非关税壁垒。例如，对那些产品技术标准较低、处理手段缺乏、资金有限的发展中农业国家来讲，执行严格的发达国家的农产品卫生建议标准就等于禁止性的贸易壁垒了。

（二）SPS 措施的内容

SPS措施是指世界贸易组织成员为保护人类、动物和植物的生命或健康而采取的卫生与植物检疫措施，这些措施包括下列五方面内容：

（1）保护成员方人民的生命免受食品和饮料中的添加剂、污染物、毒素以及外来动植物病虫害传入危害的措施；

（2）保护成员方动物的生命免受饲料中的添加剂、污染物、毒素及外来病虫害传入危害的措施；

（3）保护成员方植物的生命免受外来病虫害传入危害的措施；

（4）防止外来病虫害传入成员方造成危害的措施；

（5）与上述措施有关的所有法律、法规、要求和程序，包括最终产品标准；工序和生产方法；检测、检验、出证和审批程序；各种检疫处理；有关统计方法、抽样程序和风险评估方法的规定；与食品安全直接有关的包装和标签要求。

关税与贸易总协定允许其缔约方采取SPS措施，前提是这些措施是非歧视的，不得对情形相同的成员构成任意或不合理的歧视，也不得构成对国际贸易的变相限制。但在实践中，存在SPS措施被滥用以致阻碍国际贸易正常进行的现象，从而形成了以SPS措施为由的新的非关税壁垒。

（三）SPS 措施的特点

按照WTO的原则，SPS协议的制定和措施的实施，要求不允许存在歧视。这些卫生检疫标准和措施尽管可以有一定的灵活性，但对包括本国在内的所有国家的企业和厂商原则上应该是一致的，不能具有歧视性和针对性，即不能存在针对不同国家的多重标准和措施。WTO的SPS措施具有如下特点：

1. 涉及产品、服务的广泛性

SPS措施涉及的产品不但包括农产品等初级产品，也包括工业制成品。SPS不但对产品的属性本身提出了标准的要求，对产品的制作和生产程序和过程也提出了相应的要求。

2. 隐蔽性

从制定SPS的目的来讲，实行SPS显然有科学和合理的一面，但另一方面，它的过度执行，很容易使它成为更为隐蔽的、披着科学外衣的贸易保护主义的工具。

3. 易变性

随着科技的进步，人们对于产品标准的认识也在不断提高。因此许多国家的动植物检疫标准常常发生变化，这使得进口国在很多时候感到难以适应。

4. 多样性

各国关于同类、甚至是同种产品的标准通常是不一样的，短时间内很难掌握全部的各个国家的标准，也很难确定哪个国家的标准更具有科学性。

5. 表面的非歧视性与实际的歧视性

由于经济和技术上的原因，发达国家的产品标准往往定得很高，超过了正常消费的需要，这使得发展中国家的产品在短时间内很难达到发达国家的标准，造成了对发展中国家或技术落后国家产品出口的实际歧视。

6. 难以协调性

尽管 WTO 等国际组织一直在号召使用国际标准，但鉴于 SPS 措施涉及产品之广泛，技术措施之复杂，国际上很难制定出统一的标准。即使有了统一的标准，由于各国自然、经济和技术条件的差异，也使得国际标准的使用难以推广，这就为在标准上各行其是埋下了伏笔。

7. 耗时性

一项技术标准的制定或证明需要很长时间，企业按照标准调整自己的生产也需要时间。

三、绿色贸易壁垒

所谓绿色贸易壁垒是指一种以保护有限资源、环境和人民健康为名，通过蓄意制定一系列苛刻的环保标准，对来自国外的产品或服务加以限制的技术性贸易壁垒。它属于一种新的非关税壁垒形式，已越来越成为有些国家国际贸易政策措施的一部分。

案例 1：1988 年，美国根据新修改的《海洋哺乳动物法案》宣布禁止进口墨西哥金枪鱼。其理由是美国认为在东太平洋海域，海豚处于濒危状态，应停止在该地带用大型渔网进行捕鱼活动，因为这些大型渔网在捕捞金枪鱼的同时捕捞了海豚。这项限制对墨西哥影响极大，墨西哥提出上诉，认为美国的这项措施是保护主义行为，因为多年来美国船队捕杀的海豚远多于墨西哥。从此，墨西哥与美国展开了一场贸易之争，这就是著名的以保护环境为名，设置贸易壁垒的"金枪鱼贸易案"。

案例 2：美国禁止进口海虾及其产品案

海龟是一种十分古老而又珍贵的迁徙性海洋生物，其中大部分种类分布在全球热带、亚热带地区。美国 1973 年的濒危物种法将所有在美国水域出现的海龟都列为濒危和受到威胁的物种而加以保护。为防止对海龟作出伤害，1987 年美国要求所有美国拖网虾船在规定地区捕虾时使用标准的海龟驱逐器和对拖网时间进行限制。1989 年，美国《公共法》第 609 节颁布，规定禁止进口采用对海龟有害的技术捕获的海虾。

在美国禁止进口海虾及其产品案的审理中，专家组认为，尽管美国第 609 节的意图是通过相关要求来保护海龟的生命和健康，但这种措施是以出口国实施达到美国要求的保护政策作为进入美国市场的条件的，在情况相同的国家之间构成不合理的歧视，并构成对 WTO 多边贸易体制的威胁。而且美国在采取单边措施之前，没有进行任何严肃的努力来达成谈判解决，因而专家组判定美国的措施不属于 GATT1994 中关于环境保护的例外中所允许采用的措施的范围。

自 20 世纪 80 年代以来，环境问题开始在国际贸易体系中显现出其重要性，1992 年里约热内卢世界环境和发展大会召开以后，世界范围内的环境保护热潮对国际贸易产生了深刻的影响。国际贸易和环境保护之间的互相制约、互相协调的关系也日渐突出起来。一些国家把环境因素作为贸易保护的一种武器，以环境保护法规和标准为原则，设置贸易壁垒，用来影响其他国家的环境政策，保护本国的利益。这种非关税的贸易保护策略被称为"绿色贸易壁垒"。

（一）绿色贸易壁垒的表现形式

绿色贸易壁垒的产生和发展主要是出于保护生态环境的要求。生态破坏和环境污染威胁着人类的生存和发展，国际社会采取了许多措施，特别是制定了许多多边环境协议，各国政府和一些团体也制定了一些法律、法规、政策和措施。在这些协议、法规和政策措施中，限制甚至禁止某些产品的贸易成为实现环境保护目的的重要手段，这对贸易来说就形成了市场准入的壁垒。

绿色贸易壁垒包括绿色技术标准、绿色环境标志、绿色包装制度和绿色卫生检疫制度、ISO14000 认证等。

1. 绿色技术标准

主要发达国家先后在空气、噪声、电磁波、废弃物等污染防治，化学品和农药管理，自然资源和动植物保护等方面制定了多项法律法规和许多产品的环境标准，如汽车尾气排放标准，纺织品有毒有害物质、偶氮染料标准，陶瓷铅镉含量标准，皮革的 PCP 残留量标准，保护动植物标准等。

案例：自 1995 年 1 月 1 日起，日本加强成衣进口审查以便消除童装与内衣中所含的有毒染料。德国颁布禁止在服装及纺织品中使用偶氮染料的规定。从 2000 年 7 月 1 日开始，欧盟对进口的茶叶实行新的农药最高允许残留标准，部分产品农药的最高允许残留量仅为原来的 1/100～1/200。

这些"绿色技术标准"都是根据发达国家的生产和技术水平制定的，对于发达国家来说，是可以达到的，但对于发展中国家来说，却很难达到。这种貌似公正，实则不平等的环保技术标准，势必导致发展中国家的产品被排斥在发达国家市场之外。

2. 绿色环境标志

绿色环境标志也称绿色标志、生态标志，是一种在产品或其包装上的图形。它由政府管理部门或民间团体按照严格的程序和环境标准颁发给厂商，附印于产品及包装上，以向消费者表明：该产品不但质量符合标准，而且在生产、使用、消费、处理过程中符合环保要求，对生态环境和人类健康均无损害。发展中国家产品为了进入发达国家市场，必须提出申请，经批准才能得到"绿色通行证"，即"绿色环境标志"。这便于发达国家对发展中国家产品进行严格控制。

案例：绿色标志制度发展很快，现在已有 30 多个发达国家、20 多个发展中国家和地区推出绿色标志制度，比较典型的是德国的"蓝色天使"、日本的"生态标志"、美国的 UL 和"绿十字"、加拿大的"ECP"标志、法国的"NF 环境"、欧盟的"CE"和"FV"、印度的"生态标志"和新加坡的"绿色标志"等。

3. 绿色包装制度

绿色包装指能节约资源，减少废弃物，用后易于回收再用或再生，易于自然分解，不污染环境的包装。目前世界各国在环保包装方面采取的措施主要有：以立法的形式规定啤酒、软性饮料和矿泉水一律使用可循环使用的容器；制定强制包装再循环或利用的法律；税收优惠或处罚，即对使用不可再循环包装材料的厂商征收较高的税赋，以鼓励使用可回收再生的材料。这些"绿色包装"法规虽然有利于环境保护，但却为发达国家制造"绿色壁垒"提供了可能。它们以其他国家，尤其是发展中国家产品包装不符合其要求为借口而限制进口，由此引起的贸易摩擦不断。

4. 绿色卫生检疫制度

随着国际市场贸易战的加剧，发达国家更加广泛地利用卫生检疫的规定限制商品的进口，要求卫生检疫的商品越来越多，卫生检疫规定越来越严格。日本对进口农产品、畜产品及食品类的检疫防疫制度很严，对于入境的农产品首先由农林水产省属下的动物检疫所和植物防疫所从动植物病虫害角度进行检疫；同时，由于农产品中很大部分用于食品制作，于是，在接受动植物检疫之后，还要由日本厚生省属下的动物检疫所对具有食品性质的农产品从食品的角度进行卫生防疫检查。在绿色卫生检疫制度方面，日本对食品的安全卫生指标十分敏感，尤其是对农药残留、放射性残留、重金属含量的要求日趋严格。

5. 绿色关税和市场准入

绿色关税又称"环境进口附加税"，是指进口国以保护环境为理由，对一些影响生态环境的进口产品除征收一般关税外，再加征额外的关税，或者限制、禁止其进口。

案例：美国食品与药品管理局规定，所有在美国出售的鱼类都须来自经美方证明的未受污染的水域，否则将征收颔，外的关税。

6. ISO14000 认证

1996 年 4 月国际标准化组织（ISO）正式公布了《ISO14000 环境管理体系》国际标准，对企业的清洁生产、产品生命周期评价、环境标志产品、企业环境管理体系加以审核，要求企业建立环境管理体系。这是一种自愿性标准，其目的是：为企业提供有效的环境管理手段，帮助企业自觉地实现环境目标和经济目标，支持环境保护和预防污染，促进环境与经济协调发展，实现可持续发展战略。ISO14000 本身不是新的绿色贸易壁垒，只是由于某些国家在国际贸易中制定了过高的环境标准，甚至高于本国标准的双重标准，才形成了对出口国的绿色壁垒。

7. 国际环境公约

国际环境公约一般是针对某一具体的国际环境问题如热带雨林、生物物种、大气变化等提出的。国际环境公约乃是多国协商的结果，是基于国际原则的环境规定，它确立了公认的绿色条例，有效地阻止了各种危害环境的行为。它作为绿色国际贸易的特别规定，本质上不是绿色贸易壁垒。

但是，由于国际环境公约的制定者主要是发达国家，其条款规定是基于发达国家先进的技术水平，反映的是发达国家的环境利益，因此必然限制发展中国家的产品出口，因而可能成为一种变相的贸易壁垒。

（二）绿色贸易壁垒的特点

绿色贸易壁垒主要具有以下特点：

1. 制度合法化

以保护资源环境和动植物及人类健康为目标，关注生态可持续发展，无论是在国际和国家层面，还是团体、企业和消费者层面，均得到认可和接受，具有明确的法律依据。

2. 内容广泛而系统

不但包括初级产品，而且涉及所有的中间产品和工业制成品；不但涉及资源环境，而且涉及动植物与人类健康；不但包括商品生产、销售，而且涉及生产方法与过程；不但涉及法律法规，而且涉及产品标准；不但涉及产品内在品质，而且涉及产品的外包装等。

3. 形式复杂且技术性强

发达国家利用科学技术的优势，通过制定大量的系统且严密的农牧业标准和法律法规，以满足其农牧业生产、加工、贸易活动有序进行的多种要求，而且对产品的生产、使用、消费和处理过程的鉴定等，都包括较多的科学技术成分。

4. 发展多变且具有隐蔽性

许多发达国家借绿色之名行贸易保护之实，通过灵活多变的管理办法、监测内容和实施标准等，使出口方往往难以预见具体的内容及其变化，因此，绿色壁垒比其他非关税壁垒更容易回避贸易对方的指责。而且各种检验标准极为复杂，往往令出口国尤其是发展中国家难以及时应对而蒙受损失。

5. 具有歧视性和不公正待遇

各国在政策和标准的制定上主要依据国内资源技术条件和国内生产者以及消费者的需求，有些条件是专门针对出口国家或商品制定的，甚至制定一些明显或隐蔽的双重环境标准。本国在执行这些措施和标准时，隐含着歧视性和不公平待遇，往往是有利于本国生产者而不利于外国出口商。

6. 影响范围广且具有争议性

绿色壁垒的做法因受到模仿而迅速扩散，产生连锁反应，涉及的范围也逐渐由传统产业向高新技术产业扩展，影响范畴大，但由于标准不统一且很难协调，往往容易产生分歧以及贸易摩擦。

第三节　限制进口的保障措施

案例：对美国钢铁保障措施的反击战（中国"入世第一战"）

背景：2002 年 3 月 5 日，美国总统布什宣布了进口钢铁 201 保障措施调查案最终救济方案，决定从 3 月 20 日起将对大多数进口钢材征收最高达 30%的进口关税，并对厚钢板实行进口限额，以限制钢材进口，保护国内钢铁工业。

美国的钢铁进口限制决定宣布后，中国政府迅速作出了反应。3 月 6 日，中国外经贸部新闻发言人发表谈话，对美国的做法表示强烈不满，并保留向世贸组织争端解决机制提起申诉的权利。3 月 14 日中国政府正式向世贸组织提出就美钢铁保障措施案与美国进行磋商。此次事件恰好发生在中国"入世"后不久，被称为"入世第一战"。

通过各国的努力，世界贸易组织于 2003 年 3 月 26 日裁定，美国对进口钢铁征收 30%的关税违反了国际贸易规则。WTO 专家组认为，美国没有拿出进口激增的证据，也没有证据表明进口损害了美国钢铁业。

一、保障措施的概念及现状

保障措施，又称紧急措施，是目前 WTO 框架内允许各成员方在一定条件下可以采取的旨在保护和调整本国市场和产业、使本国市场和企业免受大量进口产品冲击的一种临时限制进口的保护性措施。实践中，各进口国所采取的保障措施主要是，对相关进口产品采取数量限制或提高进口关税，其目的是削弱外国进口产品在本国市场上的竞争力，从而使本国相同产业免受外国产品的冲击。

保障措施条款自其设立以来，由于是多方妥协的产物且规则本身尚有漏洞，长期以来备受争议。由于保障措施是一国采取的一种紧急限制进口的措施，明显具有对一国境内市场和产业的保护和防御功能，它的运用不当或者滥用势必会在国际贸易中形成新的非关税贸易壁垒，成为推行贸易保护主义的工具。近年来，各国频频使用保障措施来保护国内产业，WTO 自 1995 年成立起至今，共发起保障措施调查 200 多起，成为 WTO 贸易争端涉及最多的领域之一。

二、WTO 关于保障措施的有关规定

（一）实施保障措施的条件

为加强对成员方保障措施实施的多边控制，以防止保障措施的滥用，WTO 保障措施协议对各成员方实施保障措施规定了较为严格的前提条件，各成员方只有在同时满足这些条件的情况下才得以援引 GATT1994 第 19 条的规定对有关进口产品实施保障措施，否则就违反了 WTO 成员方义务。

（1）必须存在有关进口产品进口数量大量增加的事实。值得注意的是，对这种进口数量的大量增加是有一定要求的，即指某种正在进口的产品，而且这种产品进口的大量增加是近期的、突然的和急剧的；同时，这种大量增加既包括正在进口的产品的绝对数量的增加，也包括进口产品的相对数量的增加。"相对数量的增加"是指尽管进口数量的绝对值未见增长，只要进口国国内相同或直接竞争产业生产的产品减少了，进口产品也就相对增加了。

（2）产品进口的大量增加必须是进口成员方在其承诺有关关税减让义务时无法合理预见的。首先协议要求，产品进口的大量增加必须是由于一成员方承担了 GATT1994 协议项下的包括关税减让在内的义务的结果；其次要求这种结果的发生必须是成员方在其承诺有关关税减让义务时无法合理预见的，是始料未及的。

（3）必须有损害事实的存在。各成员方要想实施保障措施，就必须有事实证明进口成员方国内相关生产商遭受了严重损害或面临严重损害的威胁。GATT1994 第 19 条对"国内产业"、"严重损害"和"严重损害威胁"等概念作出了比较精确的解释。其中"国内产业"指在进口方经营相同或直接竞争产品的所有生产者，或占有重大比例的生产者；"严重损害"应理解为对某一国内产业重大的全面的损害；"严重损害威胁"应解释为严重损害的危急是显而易见的。

（4）产品进口的大量增加与损害事实之间存在因果关系。虽然存在着进口数量大量增加的事实，也存在严重损害的事实，但是如果损害并不是进口大量增加所造成的，成员方仍然不得实施保障措施。只有当调查根据客观证据证明有关产品进口的大量增加与进口成员方境内生产商遭受的严重损害之间存在因果关系的情况下，成员方才得以实施保障措施。

案例：1999 年 1 月 12 日，美国亚特兰大钢铁工业公司等九家美国钢丝绳生产公司向美国国际贸易委员会提出申请，要求该委员会按照美国 1974 年贸易法 202 节发起调查，以认定外国钢丝绳的大量进口是否给美国产业造成了严重损害或损害威胁。

美国国际贸易委员会部分委员发现美国的钢丝绳进口从 1994 年的 177.64 万吨增至 1998 年的 253.74 万吨，增长率为 42.8%；进口量与国内产量相比从 1994 年的 32.2% 增长到了 1998 年的 44.3%。

另外，美国钢丝绳产业的生产量从 1994 年的 5.5 万吨增至 1997 年的 6 万吨，1998 年下降至 5.7 万吨，销售量的增减趋势相同。美国企业开工率从 1994 年的 85%、1995 年的 85.1% 下降至 1997 年的 76%，美国钢丝绳公司取消了修建新工厂的计划，减少了工作班次，并在 1998 年和 1999 年关闭了部分工厂。

美国国际贸易委员会部分委员认为，1998 年美国公司的钢丝绳产品价格大幅下降，进口的持续增加是造成价格下降以及对美国国内产业造成损害的重要原因。

最后结论：对来自加拿大和墨西哥的钢丝绳作出没有造成严重损害的结论。保障措施限制的对象主要是日本等亚洲国家以及一些前共产主义国家。

（二）实施保障措施的特点

保障措施具有三个特点：

（1）它是为保护其他成员正当的贸易行为而实施的。保障条款下的进口增加是其他成员履行关贸总协定所致，是正当的。

（2）保障措施的非歧视性。保障措施对造成国内相关产业损害的所有进口产品实施，而不能针对特定的出口成员实施。

（3）保障措施的实施须经必要的程序，并有产品范围、实施时间和实施程序的限制。

（三）保障措施的实施

协议对保障措施的实施规定了具体的程序，包括调查、通知和磋商三个环节。调查应按规定的程序进行；应将有关事项通知保障措施委员会；应与各利害关系成员进行磋商，交换意见，并达成谅解。

实施保障措施可以使用提高关税、进口数量限制和关税配额等形式，但一成员应仅在防止或补救严重损害并便利调整所必需的限度内实施保障措施。如使用进口数量限制，则该措施不得使进口量减少至低于最近一段时间的水平，该水平应为可获得统计数字的、最近 3 个代表年份的平均进口，除非能提出明确的正当理由表明为防止或补救严重损害而有必要采用不同的水平。各成员应选择对实现这些目标最合适的措施。

保障措施的期限。保障措施的实施期限一般不超过 4 年，如果仍需以保障措施防止损害或救济受损害的产业，或有证据表明该产业正在进行调整，则可适当延长，但全部实施期（包括临时保障措施）不得超过 8 年。

WTO 保障措施委员会监督协议的实施，并负责监督各成员承诺的执行。各国政府必须在保障措施调查的每一阶段进行报告，并报告相关的决策情况，委员会将对这些报告进行审议。

补偿与报复。协议规定，有关成员可就保障措施对其贸易产生的不利影响协商贸易补偿的适当方式。如达不成协议，受影响的出口成员可以对实施保障措施的成员对等地中止义务，即实施报复。

（四）对发展中国家成员的例外

（1）对于来自发展中国家成员的产品，只要其有关产品的进口份额在进口成员中不超过 3%，即不得对该产品实施保障措施，但是进口份额不超过 3% 的发展中国家成员份额总计不得超过有关产品总进口的 9%。

（2）一发展中国家成员有权将一保障措施的实施期在规定的最长期限基础上再延长 2

年；一发展中国家有权对已经受在《WTO 协定》生效之日后采取的保障措施约束的产品的进口，在等于以往实施该措施期限一半的期限后，再次实施保障措施，但是不适用期至少为 2 年。

三、特定产品过渡性保障措施

在中国加入 WTO 的谈判过程中，很多 WTO 成员担忧中国"入世"后出口可能会大量增加，因此提出与中国保留适用《保障措施协定》，这一保留最终体现在了《中国加入 WTO 议定书》中，其第 16 条规定了关于特定产品的过渡性保障机制（Transitional Product-specific Safeguard Mechanism）。《中国加入 WTO 工作组报告书》对于《入世议定书》中的特保措施条款的适用作出了一些更详细的规定。

"特保"是"特定产品过渡性保障机制"和"特殊保障措施"的简称。当中国产品在出口到 WTO 成员国时，如果数量增加幅度过大，以至于对这些成员的相关产业造成"严重损害"或构成"严重损害威胁"时，那么这些 WTO 成员国可单独针对中国产品采取保障措施。"特保"实施的期限为 2001 年 12 月 11 日至 2013 年 12 月 11 日。WTO 成员国还专门针对中国的纺织品设置了特别保障规则。根据该规则，在 2005 年至 2008 年期间，如中国的纺织品出口对 WTO 成员国市场造成扰乱，该成员国可临时实行限制，但 4 年内只能有一次，一次只能持续一年。

尽管根据世贸组织《保障措施协议》第 2 条第 2 款，保障措施应针对某一正在进口的产品实施，而不考虑其来源，然而，在中国的《入世议定书》第 16 条中却规定了一种单独针对原产于中国的产品实施的保障措施。这一条款使中国在国际贸易保障措施争端中处于一种相对孤立的处境。首先，对于实施国来说，在选择性保障措施的条件下，实施保障措施的对象单一化和特定化，实施保障措施的机会成本大大降低，因此其采用的几率也大大增加；其次，对于受保障措施影响的国家而言，众多的受害者比较容易形成一个抵制力量联盟，共同要求补偿，共同要求缩短实施期限，共同到争端解决机构解决争端。而"特保"的实施对处于发展中国家地位并且刚刚"入世"的中国来说，失去了一个很好的"搭便车"的机会；此外，对于实施国来说，针对来源于中国的产品实施选择性保障措施，并不必然意味着进口总量的减少，其他国家的产品会替代中国产品。

此外，根据《入世议定书》第 16 条第 1 款的规定，WTO 成员国可以只针对中国产品采取保障措施，而不管中国出口的产品是否在该成员国进口产品中占 3% 以上，这几乎完全剥夺了中国享受发展中国家特殊待遇的机会。

案例：2002 年 8 月 13 日，印度针对中国出口的工业用缝纫机针启动了全球第一起针对中国的特别保障措施调查；2002 年 8 月 19 日，美国启动了对基座传动装置的特别保障措施调查；2002 年 12 月 2 日，应美国 CHC 工业有限公司等国内生产商的申请，依据美国贸易法案〔1974〕第 421 条款，美国国际贸易委员会发布公告，决定对原产于中国的钢丝衣架展开特别保障措施调查。

自 1995 年至 2005 年，国外对中国共发起了 139 起保障措施调查，共有 68 起实施了保障措施，严重影响了中国某些产品的出口。

第四节　其他非关税措施

一、进口配额制

进口配额制（Import Quotas System），又称进口限额制，是一国政府在一定时期（如一季度、半年或一年）之内，对某商品的进口数量或金额加以直接的限制。在规定的期限内，配额以内的货物可以进口，超过配额的不准进口，或者征收更高的关税或罚款后才能进口。

进口配额制主要有绝对配额和关税配额两种。

（一）绝对配额

绝对配额是在一定时期内，对某些商品的进口数量或金额规定一个最高额数，达到这个额数后，便不准进口。这种进口配额在实施中，又有以下两种方式：

1. 全球配额

全球配额属于世界范围的绝对配额，对于来自任何国家或地区的商品一律适用。主管当局通常按进口商的申请先后或过去某一时期的实际进口额批给一定的额度，直至总配额发放完为止，超过总配额就不准进口。

由于全球配额不限定进口国别或地区并可从任何国家或地区进口，在配额公布后，进口商竞相争夺配额。邻近国家或地区因地理位置接近的关系，到货较快，比较有利，而较远的国家或地区就处于不利的地位。因此，在限额的分配和利用上，难以贯彻国别政策。为了避免或减少这些不足，一些国家采用了国别配额。

2. 国别配额

国别配额是在总配额内按国别或地区分配给固定的配额，超过规定的配额便不准进口。为了区分来自不同国家和地区的商品，在进口商品时进口成本商必须提交原产地证明书。实行国别配额可以使进口国家根据它与有关国家或地区的政治经济关系分配给予不同的额度。

案例：2002 年 3 月 29 日，欧盟委员会为防止钢铁产品大量进入欧洲市场，因而对 5 种钢铁产品实施进口配额限制，其中，非合金热轧板材进口配额为：斯洛伐克 17.9723 万吨，波兰 12.0061 万吨，匈牙利 9.0494 万吨，巴伐利亚 6.1195 万吨，其他国家 10.2903 万吨。2003 年，由于全年度美国出口到欧盟的热轧卷数量相当可观，欧盟开始实施第二轮的年度进口配额，将采用全球进口配额的热轧卷，改按国别分配贸易方式。若热轧卷配额按国家地区进行细分，则将对美国热轧卷出口欧盟产生重大影响。

一般来说，国别配额可以分为自主配额和协议配额。

（1）自主配额。又称单方面配额，是由进口国家完全自主地、单方面强制规定在一定时期内从某个国家或地区进口某种商品的配额。这种配额不需征得输出国家的同意。

自主配额一般参照某国过去某年的输入实绩，按一定比例确定新的进口数量或金额。由于各国或地区所占比重不一，所得到的配额有所差异，所以进口国可利用这种配额贯彻国别政策。此种配额对国内进口商的输入是否应预先限定依实际需要而定。如果实施的主要目的是为了换取或扩大出口市场，或为了限制外国商品对本国产品的竞争，一般可不必在进口商中进行分配；如果为了加强对进口商的严格管制或适应外汇管制的要求，则需限定本国进口商的进口数量或金额。

自主配额由进口国家自行制订，往往由于分配度差异引起某些出口国家或地区的不满或报复。因此，有些国家便采用协议配额，以缓和彼此之间的矛盾。

（2）协议配额。又称双边配额，是由进口国家和出口国家政府或民间团体之间协商确定的配额。如果协议配额是通过双方政府的协议订立的，一般需在进口商或出口商中进行分配；如果配额是双边的民间团体达成的，应事先获得政府许可，方可执行。

一些国家为了加强进口配额的作用，往往把进口配额规定得十分繁杂。例如把配额商品分得很细，有的按原料来源的不同规定不同配额，有的按外汇管制情况规定不同配额，有的按进口商的不同规定不同配额等。

一般说来，绝对配额用完后，就不准进口。但有些国家由于某种特殊的需要和规定，往往另行规定额外的特殊配额或补充配额。如进口某种半制成品加工后再出口的特殊配额或展览会配额、博览会配额等。

（二）关税配额

关税配额是对商品进口的绝对数额不加限制，而对在一定时期内，在规定配额以内的进口商品，给予低税、减税或免税待遇；对超过配额的进口商品则征收较高的关税，或征收附加税或罚款。

案例：2006 年、欧盟对中国鞋实施大规模的反倾销调查，欧盟判定中国鞋价格极度低廉、严重冲击了意大利、西班牙等欧盟成员国的民族工业。中国企业认为，上述国家的鞋业本身就萎缩严重，中国企业不存在倾销问题。由于反倾销僵持不下，中国企业强烈抵制，欧盟执委会剑走偏锋，计划对从中国和越南进口的皮鞋实施配额制，以解决目前的反倾销争端。

欧盟计划每年向进口自中国的1.4亿双皮鞋和进口自越南的9 500万双皮鞋征收普通关税。若进口数量超过配额，则向来自中国的皮鞋征收23%的惩罚性关税，向越南超出配额部分的进口皮鞋征收29.5%的惩罚性关税。

关税配额按商品进口的来源分为全球性关税配额和国别性关税配额。按征收关税的目的，可分为优惠性关税配额和非优惠性关税配额。前者是对关税配额内进口的商品给予较大幅度的关税减让，甚至免税，而对超过配额的进口商品则征收原来的最惠国税率。后者是在关税配额内仍征收原来的进口税，但对超过配额的进口商品，则征收极高的附加税或罚款。

资本主义国家通常利用进口配额作为实行贸易歧视政策的手段，最初进口配额是作为防御手段而被采用的，到后来便发展成为进攻性保护贸易措施。在举行贸易谈判时，配额制曾被广泛地用来作为迫使其他国家让步的武器。资本主义国家用提供配额、扩大配额或缩小配额作为向对方施加压力的手段。

第二次世界大战后，除少数发展中国家外，大多数发展中国家仍然实行进口配额制，其目的是限制非必需品和与本国产品竞争的工业品的输入，节约外汇开支，发展民族经济。目前，它们对某些商品的进口配额已有所放宽或取消。

二、"自动"出口配额制

"自动"出口配额制（"Voluntary" Export Quotas）又称"自动"限制出口，也是一种限制进口的手段。所谓"自动"出口配额制是出口国家或地区在进口国的要求或压力下，"自动"规定某一时期内（一般 3～5 年）某些商品对该国的出口限制，在限定的配额内自行控制出口，超过配额即禁止出口。

"自动"出口配额制与绝对进口配额制在形式上略有不同。绝对进口配额制由进口国家直接控制进口配额来限制商品的进口，而"自动"出口配额则由出口国家直接控制这些商品对指定进口国家的出口。但是，就进口国家来说，"自动"出口配额和绝对进口配额一样，都起到了限制商品进口的作用。

"自动"出口配额制带有明显的强制性。进口国家往往以商品大量进口使其有关工业部门受到严重损害，造成所谓"市场混乱"为由，要求有关国家的出口实行"有秩序地增长"，"自动"限制商品出口，否则就单方面强制限制进口。在这种情况下，一些出口国家不得不实行"自动"出口限制。

"自动"出口配额制主要有非协定的"自动"出口配额和协定的"自动"出口配额两种形式。

（一）非协定的"自动"出口配额

非协定的"自动"出口即不受国际协定的约束，而是由出口国迫于来自进口国方面的压力，自行单方规定出口配额，限制商品出口。这种配额有的是由政府有关机构规定配额，并予以公布，出口商必须向有关机构申请配额，领取出口授权书或许可证才能输出；有的是由本国大的出口厂商或协会"自动"控制出口。

（二）协定的"自动"出口配额

协定的"自动"出口配额即进出口双方通过谈判签订"自限协定"或"有秩序销售协定"。在协定中规定有效期内某些商品的出口配额，出口国应据此配额实行出口许可证制或出口配额签证制，自行限制这些商品的出口；进口国则根据海关统计进行检查。"自动"出口配额大多数属于这一种。

案例：中欧纺织品贸易协定于 2005 年 6 月 10 日签订，中欧双方同意，在 2005 年 6 月 11 日至 2007 年底期间，对 10 类纺织品合理确定基数，并按照每年 8% 至 12.5% 的增长率确定中方对欧出口数量。

据悉，在此次磋商过程中，双方认为，纺织品贸易是中欧双边贸易的重要组成部分，基于中欧全面战略合作伙伴关系和双边经贸合作的大局，一致同意应本着互惠互利的原则，积极推动纺织品贸易平稳、健康发展，妥善解决当前双边纺织品贸易中存在的问题，避免任何单方面行动和贸易摩擦。最终达成的结果有利于为中国和欧盟相关企业创造积极、稳定、可预见的贸易环境，促进中国纺织品对欧出口有序增长。

三、进口许可证制

进口许可证制（Import Licence System）是指进口国规定某些商品的进口必须事先领取许可证，才可进口，否则一律不准进口。乌拉圭回合谈判所达成的《进口许可证程序协议》规定：进口许可证制是进口国采用的行政管理手续，它要求进口商向有关行政管理机构呈交申请书或其他文件作为货物进口至进口国关境的先决条件，即进口商在进口商品时，凭申请取得许可证后，才能从国外进口商品，否则一律不准进口。

进口许可证按不同的标准可作如下分类：

1. 有定额的进口许可证和无定额的进口许可证

从进口许可证与进口配额的关系上看，进口许可证可以分为有定额的进口许可证和无定额的进口许可证两种：

（1）有定额的进口许可证。即国家有关机构预先规定有关商品的进口配额，然后在配额的限度内，根据进口商的申请对于每一笔进口发给进口商一定数量或金额的进口许可证。一般说来，进口许可证是由进口国有关当局向提出申请的进口商颁发的，但也有将这种权限交给出口国自行分配使用的。

（2）无定额的进口许可证。即进口许可证不与进口配额相结合。资本主义国家有关政府机构预先不公布进口配额，颁发有关商品的进口许可证只是在个别考虑的基础上进行。由于它是个别考虑的，没有公开的标准，因而就给正常贸易的进行造成更大的困难，起到更大的限制进口的作用。

2. 公开一般许可证和特种进口许可证

从进口商品有无限制上看，进口许可证一般可分为公开一般许可证和特种进口许可证两种：

（1）公开一般许可证。又称公开进口许可证、一般许可证或自动进口许可证。它对进口国别或地区没有限制，凡列明属于公开一般许可证的商品，进口商只要填写公开一般许可证后，即可获准进口。因此属于这类许可证的商品实际上是"自由进口"的商品。

（2）特种进口许可证。又称非自动进口许可证，即进口商必须向政府有关当局提出申请，经政府有关当局逐笔审查批准后才能进口。这类进口许可证，多数都指定进口国别或地区。为了区分这两种许可证所进口的商品，有关当局通常定期公布有关的商品项目，并根据需要随时进行调整。

四、外汇管制

外汇管制（Foreign Exchange Control）也称外汇管理，是指一国政府通过法令对国际结算和外汇买卖加以限制，以平衡国际收支和维持本国货币汇价的一种制度。负责外汇管理的机构一般都是政府授权的中央银行，但也有些国家另设机构。一般说来，实行外汇管制的国家，大都规定出口商须将其出口所得外汇收入按官方汇率（official Exchange Rate）卖给外汇管理机构，而进口商也必须向外汇管理机构申请进口用汇。此外，外汇在该国禁止自由买卖，携带本国货币出入境也受到严格的限制。这样，政府就可以通过确定官方汇率、集中外汇收入、控制外汇支出、实行外汇分配等办法来控制进口商品的数量和国别。

案例：委内瑞拉的外汇管制。该国的进口企业首先要在 CADIVI 官方网站上注册，CADIVI 审核通过后将会在其网站上公布通过审批的 AAD 号，拿到 AAD 以后，委内瑞拉进口商才能够开立信用证以及接受海外出运。在清关以后，进口企业还需要将拿到的有关单据，交给 CADIVI 进行进一步的核查。审查通过后，CADIVI 将账户上的美元实际划给进口企业。最后进口企业再向委内瑞拉中央银行索购外汇，用于实际支付。委内瑞拉政府相关规定显示，用汇许可在被批准之日起 120 个自然日内有效，而且外汇将优先用于食品、日用品等生活必需品的支付，其他商品的进口用汇将不享有优先权，审批手续也更为严格。

外汇管理和对外贸易密切相关，因为出口必然要收汇，进口要付汇。因此，如果对外汇有目的地进行干预，就可以直接或间接影响进出口。利用外汇管制来限制进出口的方式有三种。

1. 数量性外汇管制

数量性外汇管制是指国家外汇管理机构对外汇买卖的数量直接进行限制和分配。一些国家实行数量性外汇管制时，往往规定进口商必须获得进口许可证后，才能得到所需的外汇，以达到限制进口商品品种、数量和进口国别的目的。

2. 成本性外汇管制

成本性外汇管制即国家外汇管理机构对外汇买卖实行两种以上的复汇率制度（System of Multiple Exchange Rates），利用外汇买卖成本的差异，间接影响不同商品的进口或出口，达到限制或鼓励某些商品进口或出口的目的。所谓复汇率，是指一国货币对外汇率有两个或两个以上，分别适用于不同的进出口商品。

3. 混合性外汇管制

混合性外汇管制即同时采用数量性和成本性外汇管制，直接地和间接地影响商品进口。

五、进口押金制

进口押金制又称进口存款制或进口担保金制，是指进口商在进口商品前，必须预先按进口金额的一定比率和规定的时间，在指定的银行无息存储一笔现金的制度。这种制度无疑加重了进口商的资金负担，起到了限制进口的作用。

案例：意大利政府从 1974 年 5 月 7 日到 1975 年 3 月 24 日，曾对 400 多种进口商品实行进口押金制度。它规定，凡项下商品进口，无论来自哪一个国家，进口商必须先向中央银行交纳相当于进口货值半数的现款押金，无息冻结 6 个月。据估计，这项措施相当于征收 5% 以上的进口附加税。

六、最低限价制

最低限价制是指一国政府规定某种进口商品的最低价格，凡进口商品的价格低于这个标准，就加征进口附加税或禁止进口。

案例 1：1985 年智利对绸坯布进口规定了每千克 52 美元的最低限价，低于这个限价的，将征收进口附加税。

案例 2：美国为抵制欧洲、日本等国的低价钢材和钢制品的进口，在 1977 年制定实施了启动价格制（Trigger Price Mechanism—TPM）。其实这也是一种最低限价制。它规定了进口到美国的所有钢材及部分钢制品的最低限价，即启动价格。当商品进口价格低于启动价格时必须加以调整，否则就要接受调查并有可能被征收反倾销税。以后，欧盟步美国后尘，也对钢材及钢制品实行启动价格制。

欧洲共同体为保护其农产品而制定的"闸门价"（Sluice Gate Price）是另外一种形式的最低限价。中国农产品对欧出口就深受闸门价的影响。

案例 3：去骨分割冻猪肉是中国一项传统出口产品，在欧洲共同体国家十分畅销。1983 年欧洲共同体规定了闸门价每吨 1 800 美元，调节税每吨 780 美元，而当时欧洲共同体内的销售价只有 2 500 美元。由于进口成本远超出市场价格水平，中国冻猪肉于 1983 年全部退出欧洲共同体市场。光这一项就使中国冻猪肉出口每年损失 6 000 万美元。

案例 4：正当中国冻鸡肉对欧洲共同体出口数量稳步增长时，欧洲共同体于 1991 年 4 月大幅度提高冻鸡肉的闸门价、附加税和调节税，导致冻鸡肉的进口成本从原来每吨 1 337 美元上升到 1 826 美元。这样，中国冻鸡肉对欧洲共同体出口被迫中断，造成每年数百万美元的出口损失。

七、国内税

国内税是一国政府对本国境内生产、销售、使用或消费的商品所征收的各种税。资本主义国家广泛采用征收国内税来限制进口，通过征收国内税，对国内外产品实行不同的征税方法和税率，增加进口商品的纳税负担，削弱其与国内产品的竞争力，从而达到限制进口的目的。这是一种比关税更灵活、更隐蔽的贸易政策。因为国内税通常不受贸易条约或多边贸易协定的限制，它的制定和执行纯属本国政府的权限。例如，美国、日本和瑞士对进口酒精饮料的消费税就高于本国制品。

案例：法国曾对引擎为 5 匹马力的汽车每年征收养路税 12.15 美元，对于引擎为 16 匹马力的汽车每年征收养路税 30 美元。当时法国生产的最大型汽车为 12 匹马力，因此，实行这种税率的目的在于抵制进口汽车。

八、进出口国家垄断（State Monopoly）

进出口国家垄断是指在对外贸易中，某些或全部商品的进出口规定由国家机构直接经营，或者是把某种商品进出口的专营权给予某些垄断组织。

主要资本主义国家的进出口国家垄断主要集中在以下三类商品：第一类是烟酒。这是由于政府机构可以从烟酒进出口国家垄断中取得巨大财政收入；第二类是农产品。对农产品实行进出口国家垄断经营，往往是一国农业政策的一部分，这在欧美国家更为突出；第三类是武器。它关系到国家的安全，自然要受到国家专控。

九、歧视性政府采购政策（Discriminatory Government Procurement Policy）

歧视性政府采购政策，是指国家通过法令和政策明文规定，政府机构在采购商品时优先购买本国货物的做法。许多资本主义国家都有这种制度。歧视性政府采购政策实际是对外国产品进口实行歧视与限制。美国就是实行歧视性政府采购政策最典型的国家。

案例：美国从 1933 年开始实行歧视性政府采购政策，并于 1954 年和 1962 年两次修改《购买美国货法案》。该法案规定凡是美国联邦政府采购的货物，都应该是美国制造的或是用美国原料制造的，凡商品的成分有 50% 以上是国外生产的就称外国货。以后又修改，规定只有在美国自己生产数量不够或国内价格过高，或不买外国货就有损美国利益的情况下，才可以购买外国货。其他国家也有类似的规定。如英国政府规定，其政府机构使用的通信设备和电子计算机必须是英国产品。日本有几个省规定政府机构需要的办公用品、汽车电缆、导线机床等不得采购外国产品。

按照国际上的通常算法，各国每年的政府采购总额占国内生产总值的 10% ~ 15%，占财政支出的 30% 左右。政府采购直接关系到货物或服务供应商的经济利益，它对本国产业发展和对外贸易会产生重大影响。各国为此在不同程度上制定了各类法规政策以对本国产品及其供应商提供优惠待遇。为避免歧视性政府采购愈演愈烈，使政府采购在国家规则的指导下运行，乌拉圭回合谈判对东京回合谈判达成的《政府采购协议》作出了若干重要的修正与发展，并将该协议的适用范围从货物采购扩大到服务采购。此协议也是构成 WTO 法律体制的一部分。

十、武断的海关估价

进口商品的税负取决于进口商品的价格大小与税率高低。在税率已定的情况下，税负的大小取决于产品归类与海关估价。为了阻碍进口，海关可以武断地把进口商品分类在税率较高的税则项下，以增加进口商品关税负担，限制进口。如美国对一般的打字机进口不征关税，但若把它归到玩具打字机时，则要开征 35% 的进口关税。

案例：为防止外国商品与美国同类产品竞争，美国海关当局对煤焦油产品、胶底鞋类、蛤肉罐头、毛手套等四种国内售价很高的商品，依"美国售价制"（American Selling Price System）这种特殊估价标准进行征税。按照这种标准征税，使这些商品的进口税率大幅度地提高。例如，某种煤焦油产品的进口税率为 20%，它的进口价格为每磅 0.50 美元，应缴进口税每磅 0.1 美元。而这种商品的"美国售价"为每磅 1 美元，按同样税率，应缴进口税为每磅 0.2 美元，其结果是实际的进口税率不是 20%，而是 40%，即增加了一倍。这就有效地限制了外国货的进口。

"美国售价制"引起了其他国家的强烈反对，直到"东京回合谈判"签订了《海关估价守则》后，美国才不得不废除这种制度。

海关还可以通过武断地提高进口商品的完税价格来增加进口商品的关税负担。

WTO 新达成的《海关估价协议》规定进口商品的完税价格主要有以下几种方法：进口商品的成交价格，即进口商品实付或应付价格；进口商品在其出口国国内销售时的批发价格；估算价，即由成本加利润推算出的价格；扣除法，即进口商品在进口方国内市场的销售价格，扣除销售佣金、利润、进口国内发生的运费及其他国内税。

十一、劳工标准

劳工标准是以劳动者劳动环境和生存权利为借口而采取的贸易保护措施。国际上对于有关社会保障、劳动者待遇、劳工权利、劳动标准等问题的关注由来已久。目前，在社会壁垒方面颇为引人注目的标准是 SA8000，全球较大的采购集团非常青睐有 SA8000 认证企业的产品，这迫使很多企业投入巨大的人力、物力和财力去申请与维护这一认证体系，从而大大削弱了发展中国家在劳动力成本方面的比较优势。

案例 1：2001 年 12 月 31 日，美国和柬埔寨签订了《谅解备忘录》。在《谅解备忘录》中，所有符合国际劳工标准的纺织品和服装的配额都从 1999 年的 14% 增加至 18%。该《谅解备忘录》也同意将棉针织衬衫的配额在原配额的基础上再增加 7%。美国意识到柬埔寨在 1999 年到 2001 年在改善纺织品和服装的劳工条件方面有所进展，因此，2002 年，根据该《谅解备忘录》，美国将柬埔寨大部分配额增至 15%，即在 6% 的基础上又增加了 9%。

案例 2：欧盟于 2002 年为推动发展中国家遵守劳工标准而对它们修改了其普惠制计划，规定：申请者如能符合国际劳工标准，在 WTO 规定的基础上其产品的关税将减少 7%，否则将只减少 3.5%；而如果有关国家严重而系统地损害核心劳工标准，则其将被排除在所有 GSP 关税优惠之外。

十二、原产地标准

1886 年美国在贸易的贝壳案中最早提出了关于产品原产地认定的思路。该案争论的焦点是"进口的经清洗和磨光后的贝壳是否仍为贝壳制品"，如果是贝壳制品，按美国当时的法律应征收 35% 的从价税；如果不是贝壳制品，则免征进口税。

美国最高法院最后认定"经清洗及磨光后的贝壳仍为贝壳。与贝壳相比，清洗及磨光后的贝壳并未加工成具有完全不同的名称、特征或用途的一项不同的新产品"。

这一贝壳案对于后来国际贸易中货物"原产地"的界定产生了重大影响。目前普遍接受的"原产地"定义是：经一个以上国家加工制造的产品的原产地，是对该产品施加最后一个实质性改变（形成了一种完全不同的名称、特征或用途的新产品）的国家，而原产地原则的主要作用体现在关税的征收上。

在实践中，原产地规则经常被用于贸易保护，已成为非关税壁垒的一个重要种类。

案例：美国经常利用纺织品原产地规则的改变来达到保护本国纺织和服装业的目的。20 世纪 80 年代初，美国纺织品原产地规则是以"缝制"作为判定实质性改变的标准。这时，中国内地和中国香港的纺织品生产一体化模式是内地剪裁、香港缝制和绣花。由这种模式生产的纺织品按原产地规则被视为香港产品，由于香港配额使用比较宽裕，对美国的出口增长很快，美国纺织工业认为其对自身的损害很大，于是，该部门游说美国国会于 1984 年修改了纺织品原产地标准，把判定实质性改变的标准由"缝制"改为"剪裁"，原来被视为香港产品的纺织品现在便被判定为配额使用本来就很紧张的中国内地产品，以此来限制中国内地纺织品的对美出口。后来，中国内地和香港纺织品生产一体化的模式发生了变化，即由香港剪裁、内地缝制。美国为了再次限制中国内地和香港联合生产的纺织品对美国的出口，1996 年又改变了纺织品原产地规则，把判定实质性改变的标准由"剪裁"改为"缝制"。把原来被视为香港产品的纺织品改判为中国内地产品。这些中国内地和香港联合生产的纺织品要想出口美国，就必须占用中国内地非常紧张的纺织品出口配额，使得中国内地对美纺织品出口受到极大限制。

本章知识应用

专题讨论：中国与欧盟纺织品谈判

2005 年 5 月 17 日，欧盟纺织品委员会以今年第一季度欧盟从中国进口的 T 恤和麻纱增长过快，且扰乱了欧盟市场为由，提议与中国方面进行正式磋商。如果正式磋商未果，欧盟将会对这两类纺织品实施"紧急特保"措施，将其今年进口数量的增长率控制在 7.5% 以内。

2005 年前 3 个月，部分中国纺织品出口出现快速增长的原因，主要是一些发达国家未能在过去 10 年根据世贸组织相关协定的要求逐步地开放市场，而把 70% 的配额保留到最后一刻。

为了缓解纺织品贸易摩擦，中国于 2005 年 5 月 20 日宣布从 6 月 1 日起大幅度提高 74 种纺织品的出口关税。在这些产品中，多数产品的税率比原来提高了 4 倍。

2005 年 6 月 11 日，经过长达 10 个小时的谈判，中国和欧盟最终就中欧纺织品贸易问题达成协议：欧盟承诺对源自中国的棉布、T 恤衫、套头衫、裤子、女式衬衫、床单、女连衣裙、桌布、亚麻纱等 9 类纺织品终止调查。同时，在 2005 年 6 月 11 日到 2007 年底期间内，对上述 9 类纺织品合理确定基数，并按照每年 8%～12.5% 的增长率确定中方对欧出口数量。到 2008 年，欧盟市场将对中国纺织品全面开放。

欧盟方面表示，这个协议是一个"三赢"的协议。纺织品配额制已经永远取消了，但是欧盟并不能让自己的纺织品产业在几年之内就迅速衰退，中国的纺织品出口需要稳定的增长，而其他发展中国家的纺织产业也需要一定的市场发展空间，协议很好地把这三个问题平衡了起来。

第六章
鼓励出口与出口管制措施

第一节　鼓励出口的措施

在世界市场上，许多国家除了利用关税和非关税措施限制和调节外国商品进口以保护国内市场外，还采取各种鼓励出口的措施，以提高本国出口商品的竞争力，争夺和开拓国际市场，扩大商品的出口。各国鼓励出口的做法很多，包括经济、行政、组织等方面的措施，主要有以下几种：

一、出口信贷

（一）出口信贷的概念

出口信贷（Export Credit）是指一个国家为了鼓励商品出口，增强商品的竞争力，通过官方金融机构或银行对本国出口厂商或国外进口厂商或进口方银行提供比商业利率低的优惠贷款。它是为解决出口厂商资金周转困难和吸引国外资金短缺的进口商购买其产品，以扩大商品出口，特别是成套设备、船舶、飞机等金额较大、期限较长的商品出口的一种重要措施。

据介绍，中国进出口银行是我国企业"走出去"的融资主渠道。截至2004年末，该行已累计提供出口信贷3 283亿元，共支持我国企业1 600多亿美元的机电产品、成套设备和高新技术产品出口以及大型对外承包工程和境外投资业务的发展。

（二）出口信贷的种类

1. 借贷关系划分

（1）卖方信贷（Supplier's Credit）。它是出口银行向本国出口厂商（即卖方）提供的贷款，其贷款协议由出口厂商与银行签订。由于机器设备、船舶等商品出口所需的资金金额较大、时间较长，进口厂商一般都要求采用延期付款的办法。出口厂商为了加速资金周转，往往需要取得银行的贷款。出口厂商付给银行的利息、费用，有的包括在货价内，有的在货价外另加，转嫁给进口厂商负担。因此，卖方信贷是银行直接资助本国出口厂商向外国进口厂商提供延期付款，以促进商品出口的一种方式。

在采用卖方信贷的条件下，通常在签订买卖合同后，进口厂商先支付占贷款5%～15%的定金，作为履约的一种保证金，在分批交货、验收和保证期满时，再分期支付10%～15%的贷款，其余的贷款在全部交货后若干年内分期返还，并支付延期付款期间的利息。出口厂商把所有的款项与利息按贷款协议的规定偿还给本国的供款银行。所以，卖方贷款实际上是出口厂商从供款银行取得贷款后，再向进口厂商提供延期付款的一种商业信用。

案例：2005 年 3 月，中国进出口银行和奇瑞汽车有限公司在北京签署《出口信贷支持国际经营合作协议》，协议金额为 50 亿元人民币，主要用于支持奇瑞公司在未来 3 年内的机电产品、成套设备、高新技术产品出口以及境外投资、对外承包工程等"走出去"项目。目前，奇瑞已与 25 个国家签署了整车或 CKD 出口合同，产品涉及风云、旗云、QQ、东方之子以及即将投产的 SUV（城市休闲车）和 NEWCROSSOVER（多功能商务车）等车型。中国进出口银行高层表示，支持中国企业实施"走出去"战略，是中国进出口银行义不容辞的职责和业务发展的重点。该协议的签署，是中国进出口银行利用政策性金融手段支持中国企业开展跨国经营，实施"走出去"战略方面的又一典范。

（2）买方信贷（Buyer's Credit）。它是出口方银行向外国的进口厂商（即买方）或进口方银行提供的贷款。贷款金额不高于商务合同金额的 85%，船舶项目不高于 80%，买方贷款的附带条件是贷款必须用于购买债权国的商品，因而起到促进商品出口的作用。

买方信贷在做法上有两种方式：一种是由出口银行直接贷款给外国进口商。进口商先用自身的资金，以即期付款的方式向出口厂商支付商务合同总额 15% ~20% 的预付款，出口厂商即根据合同规定发运货物，出口方银行在出口厂商发货后发放贷款，进口商根据贷款协议分期偿还本息及费用。另一种是由出口方银行向进口方银行提供贷款，然后由进口方银行以即期付款的方式代进口厂商支付应付的贷款，并按贷款协议规定的条件向出口方银行归还贷款本金和利息等。至于进口厂商与本国银行的债务关系，则按双方商定的办法，在国内结算清偿。

案例 1：2005 年 5 月 9 日，中国进出口银行总行出口信贷部在新加坡与新加坡太平船务公司正式签署出口买方信贷船舶融资项目贷款协议，协议金额为 8 688 万美元，用于支持太平船务公司向大连新船重工购买两艘 4250TEU 集装箱船。在此期间，该部还参加了由中国进出口银行提供贷款支持的 A. P. 穆勒新加坡有限公司一艘 11 万吨成品油轮的命名仪式，并与当地的主要船东进行交流，积极拓展业务。

案例 2：东北某钢铁公司利用美国买方信贷，贷款期限 4 年，还款期 2 年，利率 LIBOR－0.175%，币种为美元。由于用户成功地获得美国进出口银行支持的买方信贷，获得了优惠的利率，项目成本大幅降低。

案例 3：西安某公司利用西班牙政府混合贷款，政府贷款和买方信贷各占 50%，其中政府贷款利率 0.8%，贷款期 30 年，还款期 10 年；买方信贷部分利率约 6%，还款期 8.5 年，获得了条件较为优惠的贷款。

2. 按时间长短划分

（1）短期信贷（Short-term Credit）。通常指 180 天以内的信贷，有的国家规定信贷期限为一年。原料、消费品及小型机器设备的出口适用短期信贷。

（2）中期信贷（Medium-term Credit）。通常指为期 1—5 年的信贷。大型机器设备多利用中期信贷。

（3）长期信贷（Long-term Credit）。通常是 5—10 年，甚至更长时期的信贷。大型成套设备与船舶等需长期信贷。

二、出口信贷国家担保制

出口信贷国家担保制（Export Credit Guarantee System）就是国家为了扩大出口，对于本国出口厂商或商业银行向外国进口厂商或银行提供的信贷，由国家设立的专门机构出面担保，当外国债务人拒绝付款，即发生呆账或坏账时，这个国家机构即按照承保的数额给予补偿。该制度的实质是国家代替出口商承担风险，以扩大出口和争夺国外市场。

出口信贷国家担保制的主要内容如下：

（一）担保的项目与金额

通常带有商业保险公司不承保的出口风险的项目，都可向担保机构进行投保。该类风险一般可分为两类：

1. 政治风险

对进口国发生政变、革命、暴乱、战争以及政府实行禁运、冻结资金或限制对外支付等政治原因所造成的损失，可给予补偿。这种风险的承保金额一般为合同金额的85%～95%。

2. 经济风险

因进口厂商或借款银行破产倒闭无力补偿或因货币贬值、通货膨胀等经济原因所造成的损失，可给予补偿。担保金额一般为合同金额的70%～80%。有时为了扩大出口，对于某些出口项目的承保金额达到100%。

（二）担保对象

担保对象主要分以下两种：

1. 出口厂商的担保

出口厂商输出商品时提供的短期信贷或中、长期信贷可向国家担保机构申请担保。担保机构本身不向出口厂商提供出口信贷，但它可以为出口厂商取得出口信贷提供有利条件。例如，有的国家采用保险金额的抵押方式，允许出口厂商所获得的承保权利以"授权书"方式转移给供款银行而取得出口信贷。这种方式使银行提供的贷款得到安全保障，一旦债务人不能按期还本付息，银行即可从担保机构得到补偿。

2. 银行的直接担保

通常银行所提供的出口信贷均可申请担保，这种担保是担保机构直接对供款银行承担的一种责任。有些国家为了鼓励出口信贷业务的开展和提供信贷安全保障，往往给银行更为优厚的待遇。

（三）担保期限与费用

根据出口信贷期限，担保期限通常可分为短期与中、长期。

1. 短期信贷担保

短期信贷担保期限为6个月左右，承保范围往往包括出口厂商所有海外的短期信贷交易。为了简化手续，有的国家对短期信贷采用综合担保（Comprehensive Guarantee）的方式。出口厂商只要一年办理一次投保，就可承保这期间在海外的一切短期信贷交易。一旦外国债务人拒付，债权人即可得到补偿。

2. 中、长期信贷担保

由于金额大、时间长，因而采用逐笔审批的特殊担保（Specific Guarantee）方式。中、长期担保时间通常为2—15年。承保时间可从出口合同成立之日起到最后一笔款项付清为止，也可以从货物装运出口起直到最后一次付款为止。

3. 费用

这些担保机构的主要目的在于担保出口厂商与供款在海外的风险，以扩大商品出口，因此所收的费用一般不高，以减轻出口厂商和银行的负担。通常保险费率根据出口担保的项目、金额大小，期限长短和输往的国别或地区不同而有所不同。此外，各国保险费率也不一样，如英国一般为 0.25% ~ 0.75%，原联邦德国为 1% ~ 1.5%。

案例：英国出口信贷担保署（ECGD）作为发达国家官方支持的出口信用保险机构已有 80 余年的历史。其运作方法及其提供的几种主要担保服务通过承担出口货物的保险和担保业务，从而减缓外贸信贷风险，便利出口商从银行和其他金融机构得到资金融通，以扩大对外贸易。其职能为：帮助英国公司克服向海外销售和投资的风险；为英国项目和资本商品的出口提供中长期信贷；为英国公司对外投资提供担保和保险；为英国私营保险公司对出口的保险提供再保险等。目前，英国出口信贷担保署的业务主要分布在亚太地区的 125 个国家和地区。据英国出口信贷担保署的最新统计数据显示，英国出口信贷担保署提供信贷的主要领域为：水资源项目，占 27%；发电和输变电项目，占 25%；能源项目，占 13%；交通项目，占 12%；制造、加工及设备类项目，占 10%；电信类项目，占 5%；采矿类项目，占 2%；教育和医疗类项目，占 1%；其他项目，占 5%。

（四）出口信用保险

出口信用保险常与出口信用担保联系在一起，出口信用保险是国家为了推动本国的出口贸易，保障出口企业的收汇安全而制定的一项由国家财政提供保险准备金的非赢利性的政策性保险业务。

出口信用保险是国际贸易发展的产物。1919 年，英国政府因对外经济扩张的需要，成立了世界上第一家出口信用保险机构——出口信用担保局，也是第一家政府支持下的官方出口信用保险机构。第二次世界大战以后，随着世界经济贸易全球化进程的逐渐加快，出口信用保险也获得了巨大的发展。国际上的发达国家和许多发展中国家先后以不同的模式纷纷建立了自己的出口信用保险体制。迄今为止，全世界已有 60 多个国家和地区拥有专门的出口信用保险机构。

除了基本的失火、偷窃等风险外，出口商还面临商业和政治风险。战争的爆发、对外国公司汇款的限制及临时冻结都会限制或延迟出口货款的收回，此外还有进口商破产的商业风险。为防范这些风险，出口信用保险是绝对必要的。

通常，由专门的出口信用保险代理提供出口合同总价值 90% ~ 95% 的保险。最常采用的出口信用保险类型如下：

短期出口信用保险，在装船前及装船后，这种保险可提供不超过 180 天的信用；中、长期出口信用保险，用于对资本货物及服务的出口提供长期的信用（三年以上）保险。

出口信用可以用来防范进口商不付款的风险，这种风险的防止又可促使和鼓励金融机构延长信用期限，这些对出口商都是有利的。在申请信用的时候，可用保险单作为抵押。由于承担的风险减小，银行愿以较合理的费用提供信用。

案例 1：2003 年中国出口信用保险公司赔付被保险人海尔集团电器产业有限公司人民币 2 679.43 万元。被保险人于 2001 年 2 月 27 日至 2001 年 7 月 31 日间分 58 批向德国买家出口家电产品，买方于 2001 年 12 月 10 日向当地法院申请破产。

案例 2：2003 年中国出口信用保险公司赔付被保险人夏新电子股份有限公司人民币 644.20 万元。夏新电子股份有限公司的共同被保险人于 2003 年 1 月 26 日至 2003 年 2 月 11 日间先后向美国买家出运共计 5 票家用电子产品，2003 年 3 月 21 日，买家向当地法院申请破产保护。

三、出口补贴

出口补贴（Export Subsidies）又称出口津贴，是一国政府为了降低出口商品的价格，加强其在国外市场上的竞争能力，在出口某种商品时给予出口厂商的现金补贴或财政上的优惠待遇。

（一）出口补贴的方式

出口补贴的方式有两种：

1. 直接补贴

直接补贴是指出口某种商品时，直接付给出口厂商的现金补贴。第二次世界大战后，美国和一些西欧国家对某些农产品的出口就采取这种补贴。这些国家农产品的国内价格一般比国际市场价格高。按国际市场价格出口时就出现亏损，这种差价或亏损部分由该国政府直接给出口商以现金补贴。出口补贴的幅度和时间的长短，往往随着国内市场与世界市场之间差价的变化而变化。而补贴金额超过实际差价的情况也屡见不鲜。

2. 间接补贴

间接补贴是指政府对某些出口商品给予财政上的优惠。其具体形式主要有：

（1）边境税收调整。所谓"边境税收调整"是指在商品出口时，本国政府将已征收的营业税、周转税和国内消费税等间接税退还给出口厂商。

（2）退还进口税。对利用进口原料或进口中间产品生产的出口商品，如原料或中间产品在进口时已征进口税的，则退还已缴纳的进口税。

（3）免征进口税。利用进口原料或进口中间产品制造出口商品时，对进口原料或中间产品免征进口税。

（4）免征出口税。对进口商品征收进口税，对出口商品免征税，从而削弱了进口商品的竞争力，提高了出口商品的竞争力。

（5）其他措施。如提供比在国内销售货物更优惠的运费等。

案例：1997年3月9日，澳大利亚政府与豪公司签订了两份合同：一份是补助合同，一份是贷款合同。

补助合同规定最大支付额为3 000万澳元，分三期支付。第一期500万在合同订立时支付，第二期1 250万根据豪公司的业绩和合同中规定的业绩指标以及对公司是否妥善经营的考虑，于1997年7月支付；第三期1 250万基于豪公司的业绩和合同规定的该期业绩指标以及对公司是否妥善经营的考虑，于1998年7月支付。

贷款合同规定澳大利亚政府在15年内向豪公司提供2 500万贷款。前5年里不要求豪公司偿还本金或利息。之后的贷款利率为澳大利亚10年期联邦债券利率加2%。

很明显，澳大利亚政府与豪公司签订补助合同属于直接补贴，而贷款合同是间接补贴。

（美国向WTO提出了诉讼申请，WTO专家组最后建议澳大利亚政府毫不迟延地在90天内取消上述补贴。）

（二）禁止使用出口补贴的情况

长期以来，各国对出口补贴问题争论不休，为此，乌拉圭回合谈判中达成的《补贴与反补贴协议》将补贴分为禁止使用的补贴、可申诉的补贴和不可申诉的补贴。

《补贴与反补贴协议》规定除农产品外，任何出口产品的下列补贴，均属于禁止使用的出口补贴：

（1）政府根据出口实绩对某一公司或生产企业提供直接补贴；

（2）外汇留成制度或任何包含有奖励出口的类似的做法；

（3）政府对出口货物的国内运输和运费提供了比国内货物更为优惠的条件；

（4）政府为出口产品生产所需的产品和劳务提供优惠的条件；

（5）政府为出口企业的产品，全部或部分免除、退还或延迟缴纳直接税或社会福利税；

（6）政府对出口产品或出口经营，在征收直接税的基础下，对出口企业给予的特别减让超过对国内消费的产品所给予的减让；

（7）对出口产品生产和销售的间接税的免除和退还，超过用于国内消费的同类产品的生产和销售的间接税的免除和退还；

（8）对于被结合到出口产品上的货物的先期积累间接税给予免除、退还或延迟支付仍属于出口补贴之列；

（9）超额退还已结合到出口产品上的进口产品的进口税；

（10）政府或由政府控制的机构所提供的出口信贷担保或保险的费率水平极低，导致该机构不能弥补其长期经营费用或造成亏本；

（11）各国政府或政府控制的机构以低于国际资本市场利率提供出口信贷，或政府代为支付信贷费用；

（12）为公共利益的目的而开支的项目，构成了总协定第16条意义上的出口补贴。

案例：巴西诉加拿大飞机补贴案

背景：1997年3月10日，巴西认为加拿大政府向民用飞机工业提供补贴违反了《反补贴协议》，损害了巴西的正当利益，要求与加拿大磋商。在磋商未果的情况下，1998年7月23日，WTO争端解决机构成立专家小组。

加拿大账户是加拿大联邦政府资助国内企业出口的一种方式，巴西指出，加拿大账户提供的捐款、无息贷款、担保和其他赠款与支持构成SCM（《补贴与反补贴协议》）第1条所说的补贴。专家小组认为，这是政府或公共机构提供的"财政资助"，如果该资金使其接受者获得了比市场上可以获得的更优惠的条件，它就是给予了"利益"，构成了SCM第1条第1款所说的"资金直接转移"。

同时，由于加拿大承认自1995年以来CA项目（加拿大账户项目）向国产飞机工业提供的债务融资都是采取出口信贷的形式，另外，加拿大也承认"出口信贷就是向出口产品提供直接的资助"，因此，专家小组认为，加拿大账户的债务融资属于SCM第3条第1款（a）所说的"取决于出口实绩"，是一种被禁止的补贴。

最终DSB（争端解决机构）通过决议要求加拿大撤销所有与WTO规则不符的民用飞机补贴。

四、商品倾销

商品倾销（Dumping）是指出口商在国际市场上以低于国内市场的价格，甚至低于商品生产成本的价格抛售商品，打击竞争者以占领市场。

商品倾销通常由私人大企业进行，但是随着国家垄断资本主义的发展，一些国家设立专门机构直接对外进行商品倾销。例如，美国政府设立商品信贷公司，以高价在国内收购农产品，而按照比国内价格低一半的价格在国外倾销农产品。

（一）实施商品倾销的原因

（1）清仓：国内商品积压多了，需要清理，故低价抛售库存积压商品。

（2）为了打击竞争对手，以低价把对方从某一国外市场挤走。

（3）开拓市场：在开辟和进入一个新市场时，以低价易于进入并站稳脚跟。

（4）独占（垄断）的优势，以最低价格全面占领和垄断市场后再提价。

（二）商品倾销的种类

按照倾销的具体目的和时间的不同，商品倾销可分为以下几种：

1. 偶然性倾销（Sporadic Dumping）

这种倾销通常是因为销售旺季已过，或因公司改善其他业务，企业为了处理过多的库存将国内市场上不能售出的"剩余货物"以比国内低的价格在国内市场上抛售。一旦库存处理完毕，倾销即告结束。因而，这种倾销具有偶发性和临时性。这种倾销对进口国的同类生产当然会造成不利的影响，但由于时间短暂，进口国家通常较少采用反倾销措施。

2. 间歇性或掠夺性倾销（Intermittent or Predatory Dumping）

这种倾销的方法，是以低于国内价格甚至低于成本的价格，在某一国外市场上倾销商品，在打垮了或摧毁了所有或大部分竞争对手，垄断了这个市场之后，再提高价格。这种倾销的目的是占领、垄断和掠夺国外市场，获取高额利润。具体说来，其目的为：

（1）维护或建立海外市场的商业据点；

（2）垄断特定国家的某种商品市场，打击排挤其他供应商；

（3）对外国的倾销等行为进行报复。间歇性倾销的目的决定了其总是以很低的价格同其他供应商相竞争，一旦击败对手，再提高商品售价。这种倾销严重地损害了进口国家的利益，因而许多国家都采取反倾销税等措施进行抑制。

3. 长期性的倾销（Long-run Dumping）

这种倾销是长期以低于国内的价格，在国外市场出售商品。以达到长期占领国外市场的目的。

商品倾销能否取得成功，必须具备一定条件：①出口产品在运往国外之后，不再返销国内市场。从客观上说，如果商品的往返运费等于或大于商品的国内外差价，就不会发生返销问题。如果运费低于差价，则只能依赖进口关税提高返销商品的成本，阻止出口商品的返销。②出口厂商对国内市场的垄断。当国内市场处于完全竞争状态时，任何厂商面对着一条水平的需求曲线，是既定价格的接受者，由于竞争，国内存在着降价的压力，出口厂商也就无法在国外降价销售。垄断厂商则不然，它可以操纵国内市场，以高价在国内销售，以低价向国外推销。

长期以来，发达资本主义国家的大企业利用商品倾销，争夺国外市场，这就加剧了它们在世界市场上的矛盾。

五、外汇倾销

（一）外汇倾销的含义

外汇倾销（Exchange Dumping）是出口企业利用本国货币对外贬值的机会，争夺国外市场的特殊手段。实行外汇倾销的国家往往也是外汇管制的国家。政府的金融管理当局，把本国货币币值调到相当低的水平，这样在调整的过渡期内，以外币衡量的本国出口商品显得很便宜，这就提高了出口产品的竞争力，而以本币衡量的进口商品则十分昂贵，从而削弱了进口商品的竞争能力，由此达到鼓励出口，改善国际收支的目的。

案例：货币贬值对商品出口的影响

从 2002 年到 2004 年 11 月，美元对欧元已贬值30% 以上。2002 年 12 月 27 日，美元与欧元的比价为 1美元等于 1.1 欧元，而到 2004 年 11 月 18 日，1 美元等于 0.87 欧元。

假设 2002 年 12 月，一件价格为 100 美元的美国商品输往欧盟时，在欧盟市场售价为 119 欧元，但到 2004 年 11 月 18 日，这件商品价格仅折合为 87 欧元。这时美国出口商品所得的 87 欧元，按照当前贬值汇率计算，仍能换回 100 美元，并未因美元贬值而受到损失。这对美国出口商十分有利。在这种情况下，美国出口商可以采用三种处理办法：

（1）继续按 119 欧元在欧盟市场上出售，按新汇率计算，每件商品可多得美元，增加了利润收入；

（2）在 87 到 119 欧元之间，适当地降低价格，促进商品出口的同时，仍能相应地多得美元；

（3）把价格降低到 87 欧元，加强价格竞争，增加更多出口。

至于美国出口商采用哪一种办法，取决于出口商的销售意图和市场竞争情况，但大都会降低价格，以增加出口。

反过来，随着美元的贬值，美国进口商品的价格却上涨了，从而削弱了进口商品的竞争力，抑制了进口。因此，货币贬值起到了促进出口和限制进口的双重作用。

（二）外汇倾销的条件

外汇倾销不能无限制和无条件地进行，只有具备以下两个条件才能起到扩大出口的作用：

（1）货币贬值的程度大于国内物价上涨的程度。

货币贬值必然引起一国国内物价上涨。当国内物价上涨程度赶上或超过贬值的程度，对外贬值与对内贬值的差距也随之消失，外汇倾销的条件也不存在了。但是，国内价格与出口价格的上涨总要有一个过程，并不是本国货币一贬值，国内物价立即相应上涨，在一定时期内它总是落后于货币对外贬值的程度，因此垄断组织就可以获得外汇倾销的利益。

（2）其他国家不同时实行同等程度的货币贬值和不采取其他报复性措施。

如果其他国家也实行同幅度的贬值，那么两国货币贬值幅度就相互抵消，汇价仍处于贬值前的水平，而得不到货币对外贬值的利益。如果外国采取提高关税等其他限制进口的报复性措施，也会起到抵消的作用。

六、建立对外贸易主管部门为促进出口服务

（一）美国对外贸易主管部门

美国国会负责制定与对外贸易相关的重要法律和政策，它是以总统为首的行政部门，包括贸易代表办公室、商务部、财政部和农业部等负责法律和政策实施的部门。在对外贸易管理方面，美国政府行政部门的主要职责包括三个方面：一是征收关税，具体由财政部和海关执行；二是进出口管理和服务，具体由商务部、农业部和海关等机构执行；三是对外贸易谈判，主要由总统下辖的国家经济委员会和美国贸易代表负责。

1. 国会

美国宪法明确规定，国会管理对外贸易。它根据国家经济与安全利益确定对外贸易宏观政策目标，制定相关法律，并授权总统进行谈判。国会的外贸管理职能主要通过四种形式实现：一是制定对外贸易相关法律；二是事先授权或事后审批政府行政部门制定的重要贸易政策或签署的重要国际贸易协定；三是制定有关行政部门的年度财政预算；四是任命有关行政部门的重要官员。

2. 商务部

商务部是负责对外贸易管理及出口促进的主要政府部门，其主要职能是：实施美国对

外贸易法律和法规，包括反倾销和反补贴措施；执行促进美国对外贸易和投资的政策，促进美国的货物和服务的出口；监督双、多边贸易协定的实施；为美国企业提供咨询和培训。

3. 美国贸易代表

美国贸易代表的前身是根据其《1962 年贸易拓展法》而设立的特别贸易代表，1980年改为现名。作为美国总统的主要贸易顾问和对外谈判代表，美国贸易代表是内阁成员，具体负责促进与协调美国的国际贸易和直接投资政策，与其他国家在上述领域开展谈判。具体职能包括：就对外贸易管理事务向美国总统提供咨询意见；在总统、国会、行政部门和私营部门之间协调对外贸易政策和双、多边谈判策略；代表美国政府在双、多边场合进行对外谈判。此外，美国贸易代表还负责普惠制事务、301 条款调查及与贸易救济相关的其他事务。

4. 美国国际贸易委员会

国际贸易委员会是根据美国宪法设立的政府顾问机构，本身并不属于行政职能部门。国际贸易委员会的主要职能包括：在反倾销和反补贴调查中负责产业损害调查；对贸易和关税问题进行研究，并就此向国会、总统和其他政府机构提供信息和建议。

（二）英国促进出口机构

为了促进出口贸易，英国于 1972 年建立了海外贸易委员会，其任务主要是在海外贸易方面为政府提供咨询和出口帮助，它与英国驻外机构，特别是商务处关系密切。其主要任务包括提供信息和提供资金帮助。

为鼓励英国厂商与国外企业广泛交流，扩大出口，海外贸易委员会还向厂商提供资金帮助。这些资金主要用于接待来访、出访、来展、出展以及在国外投标获取订单等活动。

（三）日本开拓世界市场促进出口的机构

日本政府为了开拓世界市场设置的促进出口机构主要有：日本贸易会议、通产省、大藏省、日本银行、日本输出入银行、日本经济企划厅、海关和进出口贸易审议会、日本贸易振兴会、日本成套设备协会、进出口组合等。这些机构的作用是：为日本开拓世界市场提供宏观决策；为日本企业的对外经营提供咨询；依法实施强制性管理。

1. 日本贸易会议

为了有效地促进出口，日本政府于 1954 年专门设立了高级的综合协调机构——日本贸易会议。其主要任务是制定出口政策，为实现出口目标而在各省厅之间进行综合协调。当时命名为出口会议，1970 年改组为包括进口和出口的贸易会议。

2. 通产省

通产省是日本政府管理对外贸易、对日本开拓世界市场实施宏观调控的权威机构。其主要职能是：①商品进出口的认可及委托加工贸易契约、中介贸易契约的许可；②商品进出口贸易外汇的管理；③商品贸易附带贸易外交易的许可；④具体指导进出口贸易；⑤负责进出口贸易法、出口检查法、出口产品设计法的实施；⑥出口保险制度的推行。

3. 大藏省

大藏省是日本政府管理外汇和外汇资金的部门，它虽未直接参与外贸政策和开拓世界市场政策的制定，但它通过金融行政管理，协助通产省管理对外贸易和对日本企业开拓世界市场实施宏观调控和指导。

4. 日本银行和日本输出入银行

日本银行作为中央银行，主要是通过对外汇汇率进行市场干预，推行特定的金融政策等，间接调控企业开拓国际市场和对外贸易活动。而日本输出入银行则是日本政府外贸管理的执行机构和业务管理机构。

5. 经济企划厅、海关和进出口贸易审议会

经济企划厅主要负责外贸和外汇方面基本政策的协调以及有关计划的制订和实施等。海关负责实施关税法规，在组织上属于大藏省下的机构，但据管理法，它服从通产大臣的领导和监督，并承担关税的征收业务。进出口贸易审议会作为通产大臣的咨询机构，负责对外贸易政策的审议，搜集反映民间外贸企业的意见和要求，是属于管理国际市场开拓的半官方机构。

6. 日本贸易振兴会（JETRO）

日本贸易振兴会是 1954 年 8 月，依据日本贸易振兴会法，由政府全额出资设立的"特殊法人"，是目前日本最重要的贸易促进机构。它隶属通产省，在世界各地设立办事处和日本贸易中心，从事海外市场调查，提供海外市场信息，举办出口商品展览和贸易咨询活动，目的在于有效地促进日本企业开拓世界市场。

7. 日本成套设备协会

该会是 1956 年由日本"重机械技术咨询室"易名而成，1952 年靠日本政府的财政支持设立。主要是通过开展有关重型机械、成套设备的技术咨询，协助进行重型机械、成套设备的设计、估价、询价和售后服务等，促进日本重型机械、成套设备的出口。

（四）中国国际贸易促进委员会

中国国际贸易促进委员会是由中国经济贸易界有代表性的人士、企业和团体组成的全国民间对外经贸组织，成立于 1952 年 5 月，简称为中国贸促会。中国贸促会的宗旨是：遵循中华人民共和国的法律和政府的政策，开展促进对外贸易、利用外资、引进外国先进技术及各种形式的中外经济技术合作等活动，促进中国同世界各国、各地区之间的贸易和经济关系的发展，增进中国同世界各国人民以及经贸界之间的了解与友谊。

经中国政府批准，中国贸促会于 1988 年 6 月组建了中国国际商会（China Chamber of International Commerce，英文缩写为 CCOIC）。目前，中国贸促会、中国国际商会已同世界上 200 多个国家和地区的工商企业界建立了广泛的经贸联系，与 160 多个对口组织签订了合作协议，并同一些国家的商会建立了联合商会；同时，中国贸促会还在 15 个国家和地区设有驻外代表处。在国内，中国贸促会、中国国际商会在各省、自治区、直辖市建立了49 个地方分会、600 多个支会和县级国际商会，还在机械、电子、轻工、纺织、农业、汽车、石化、商业、冶金、航空、航天、化工、建材、通用产业、供销合作、建设、粮食、外企等部门建立了 18 个行业分会，全国会员企业近 7 万家。

七、促进出口的行政组织措施

为了扩大出口，许多国家在行政组织方面采取了各种措施。

（一）社会倾销

所谓社会倾销是指出口国受困于国际收支逆差而采取"饥饿出口"政策。该政策的核

心内容是降低出口商品成本，但手段不太恰当。例如，对污染环境的出口工业不予投资治理，以此降低出口成本；再有，使国内劳动工资过分低于国外等等。

（二）设立专门组织，发挥商会等中介组织促进出口的作用

商会是重要的中介组织形式之一，可以促进企业活动和贸易活动的扩大，促进信息的交流，降低解决贸易争端的成本等。

商会可以发挥多种功能，其中重要的一项功能是促进出口。在这方面，中国外经贸商会虽然成立时间不算长，但在拓宽服务的深度和广度上表现比较突出。

2003 年 10 月 16 日，在改革开放中诞生的中国机电产品进出口商会、中国纺织品进出口商会、中国轻工工艺品进出口商会、中国五矿化工进出口商会、中国食品土畜进出口商会、中国医药保健品进出口商会和中国对外承包工程商会刚好走过了十五年的工作历程。十五年来，七家商会在加强各自行业的自律管理、维护行业正常的进出口秩序、帮助企业开拓国际市场促进出口、维护国家和企业合法权益等方面开展了大量卓有成效的工作，取得了显著成绩。

七家商会成立十五年来，围绕"协调、指导、咨询、服务"八字方针，坚持"服务立会、服务兴会、服务办会"的指导思想，在进出口商品协调、贸易促进、政府委托工作等方面做了大量的工作，取得了一定的成效。

1. 进行商品协调，促进行业出口

经过十五年的建设和完善，各商会的商品分会目前已达到 140 多家，基本涵盖了大宗的、敏感的、易引起反倾销的商品。针对重点协调的商品，商会通过分会的自律机制有效进行了商品价格协调、市场客户协调、经营秩序协调、产量协调、参与配额协调、组织出口商品配额招标的实施等工作，经营秩序都不同程度地有所好转，恶性低价竞争也得到一定遏制，协调工作取得了明显成效。

2. 建立信息等贸易促进服务体系

在信息服务、国内外展览促销、法律服务等方面，各商会初步建立了贸易促进服务体系，为会员企业扩大出口发挥了非常重要的作用。信息服务是商会服务的基本内容。十五年来，各商会在信息方面充实、配备了各类专业人员，配置了较为先进的硬件设施，都先后建立了自己的网站，建成以各行业商品市场信息为核心和基础的大型数据库，目前各网站每年发布信息约 21.8 万条，访问次数 277.8 万人次，已成为各进出口行业的权威网站。十五年来，中国机电产品进出口贸易增长令世人瞩目，贸易规模从 1988 年的 268.8 亿美元增长至 2002 年的 126.8 亿美元，扩大了 10 倍多，占据中国对外贸易总额的半壁江山。机电产品出口更是取得了辉煌的成就，出口额从 1988 年的 61.6 亿美元增至 2002 年的 1 570.8 亿美元，扩大了约 25 倍。2003 年中国机电产品出口 2 274.6 亿美元，增长 44.8%，高出外贸出口总体增速 10.2 个百分点，占出口总额的 51.9%，比上年提高了 3.7 个百分点，对当年出口增量的贡献率为 62.4%，为中国外贸出口的整体增长和结构优化发挥了重要作用。

3. 维护公平贸易，组织行业企业参加反倾销指控和保障措施案应诉

在商会成立之初，各商会即承担起组织行业企业应诉反倾销指控的职责。中国加入世界贸易组织以后，各商会又承担了组织企业参加保障措施案应诉的职能。截至 2003 年 9 月底，各商会共组织反倾销等国外贸易保护案件应诉 314 起，其中胜诉和通过积极应诉保

住市场的 134 起，占已结案数量的 42.7%，取得了较好的效果，得到了政府和企业的认可。

4. 组织会员企业参加国内外各种交易会、展览会

除自 1994 年秋天开始负责广交会组馆工作外，各商会还积极组织企业参加各种国际性专业展览会。十五年来，各商会以不同方式共组织企业参加国外展览约 6 850 次，成交额累计 43.27 亿美元，参加的展会地点涉及数十个国家和地区，已形成一批拳头展览项目。

5. 发挥桥梁纽带作用，反映企业要求和呼声

十五年来，商会从小到大，由弱到强，不断拓展工作范围和强化各项功能，积极发挥桥梁纽带作用，在协助政府做好宏观管理、协调企业贸易活动、扩大对外贸易交流、反映会员的要求和呼声、为会员企业排忧解难等方面做了大量工作。一方面，通过组织报告会、出版刊物等方式及时向企业宣传国家对外经济贸易的法律、法规、方针和政策，同时努力做好政府委托交办的服务于会员的工作；另一方面，代表会员利益，以简报或专题调研报告、口头汇报等形式向政府有关部门反映企业情况、意见和建议，为政府决策提供依据和相关建议。

（三）建立商业情报网

为加强商业情报的服务工作，许多国家都设立了官方的商业情报机构，在海外设立商情网，负责向出口厂商提供所需的情报。如英国设立专门的出口情报服务处，装备有计算机情报收集与传递系统。情报由英国 220 个驻外商务机构提供，由计算机进行分析，包括近 5 000 种商品和 200 个地区或国别市场情况的资料，供有关出口厂商无偿使用，以促进商品出口。

（四）组织贸易中心和贸易展览会

贸易中心是永久性的设施。在贸易中心内提供陈列展览场所、办公地点和咨询服务等。贸易展览会是流动性的展出，许多国家都十分重视这项工作。有些国家一年组织 15 到 20 次国外展出，费用由政府补贴。如意大利对外贸易协会对它发起的展出支付 80% 的费用，对参加其他国家贸易展览会的公司也给予其费用 30% ~35% 的补贴。中国影响最大的贸易展览会是广州出口商品交易会。

（五）组织贸易代表团出访和接待来访

许多国家为了发展对外贸易，经常组织贸易代表团出访，其出国的费用大部分由政府支出，并为本国的企业带回各种信息。如加拿大政府经常组织贸易代表团出访，并由政府支付大部分费用。英国海外贸易委员会设有接待处，专门接待官方代表团和协助公司、社会团体接待来访者并协助其从事贸易活动。

（六）组织出口商的评奖活动

第二次世界大战后，对出口商给予精神奖励的做法日益盛行。对扩大出口成绩卓著的厂商，国家授予奖章、奖状，并通过授奖活动推广他们扩大出口的经验。这种精神鼓励的方法对激发出口厂商的积极性很有帮助。如美国设立了总统"优良"勋章和"优良"星字勋章，得奖厂商可以把奖章样式印在它们公司的文件、包装和广告上。日本政府把每年 6 月 28 日定为贸易纪念日，每年的贸易纪念日，由通商产业大臣向出口贸易成绩卓著的厂商和出口商社颁发奖状。

（七）院外活动

一些国家以各种名义给贸易对象国的决定贸易政策者以经济上的好处，从而使贸易对象国的外贸政策的变动向有利于本国的方向变化。

八、利用金融机构促进出口

垄断资本集团为了争夺销售市场，进行对外扩张，成立了对外贸易银行及其他专门机构，提供信贷、中长期出口信贷、进口用汇优惠、对出口票据低利贴现、利息补贴等金融方面的优惠措施，促进出口。资本主义国家的这些金融机构主要有：

（一）英国的出口信贷担保局

1919 年，英国为扩大对外贸易，减少外贸信贷风险，在资本主义国家中第一个成立了"出口信贷担保局"，为出口信贷提供担保，以争夺销售市场。

（二）法国的对外贸易银行

1946 年，法国把国民银行改组成法国对外贸易银行。它的任务是：通过票据贴现用资金支持法国对外贸易；办理承兑业务；提供短期和中期信用；收集国外商情。此外，法国还成立了对外贸易保险公司，开展对外贸易信用保险业务。

（三）美国的进出口银行

1936 年由办理美苏贸易信贷业务和办理美国与其他国家的贸易信贷业务的两个进出口银行合开而成立。其主要业务有：①对进口商提供信贷支持；②对国外金融机构提供中期美元信贷额度；③对出口商提供信贷支持；④贴现放款；⑤进出口银行还对大型工程建设、计划等提供资金，对美国的工程承包商在美国国外所使用的美国大型设备，提供政治风险的担保等。

（四）日本的进出口银行

1952 年，由出口银行改组为进出口银行账号（或输出入银行）。该行在出口方面的任务是：参加其他银行对机器出口商所提供的信贷，再贴现由其他银行背书的出口汇票。放款给外国政府及公司并规定只能购买日本商品等等。该行进口方面的任务是：对购买国外原料或其他商品的日本公司提供贷款，并贴现与进口业务有关的票据。

（五）中国进出口银行

中国进出口银行成立于 1994 年，是直属国务院领导、政府全资拥有的国家出口信用机构，是中国外经贸支持体系的主要力量和金融体系的重要组成部分。经过十几年的发展，已成为中国机电产品、高新技术产品出口和对外承包工程及各类境外投资的政策性融资主渠道，外国政府贷款的主要转贷行和中国政府对外优惠贷款的承贷行。中国进出口银行的国际信用评级与国家主权评级一致。

此外，还有荷兰于 1951 年成立的出口金融公司、联邦德国于 1952 年成立的出口信贷银行等。

各国成立的这些金融机构都是利用信贷这一工具，鼓励本国的商品出口，争夺国外市场。

九、其他措施

（一）外汇分红

外汇分红是指政府允许出口厂商从其所得的出口外汇收入中提取一定百分比的外汇用于进口，鼓励其出口积极性。

（二）出口奖励政策

政府对出口商出口某种商品以后发给一种奖励证，持有该证可以进口一定数量的外国商品，或将该证在市场上自由转让或出售，从中获利。

（三）外汇分成与复汇率制

外汇分成是指国家为鼓励出口厂商的积极性，允许出口厂商从其所得的出口外汇收入中提取一定比例的外汇，留归自己使用。复汇率制是指政府规定不同的出口商品适用不同汇率。对于政府希望促进某种商品的出口，对该出口厂商的外汇收入按高于牌价的汇率收兑；而对于政府不希望出口的商品，其外汇收入按较不利的汇率汇兑。实施这一措施鼓励出口的，都是外汇管制的国家。

（四）重点扶植有竞争力的出口企业和贸易公司

扶植的办法是由政府在财政、税收、金融等方面给予出口企业多种优惠，使其产品成为出口的骨干产品，增加其出口数量。

（五）进出口连锁制

政府规定进出口商必须履行一定的出口义务方可获得一定的进口权利，或获得一定进口权利的进出口商必须承担一定的出口义务。通过进出口相联系的办法，达到有进有出，以进带出，或以出许进的方式扩大出口。

必须指出，第二次世界大战后，发达资本主义国家的国家资本输出有了很大的增长。国家资本输出同样是鼓励商品出口的重要手段。

第二节　促进对外贸易发展的经济特区措施

许多国家或地区，为了促进经济和对外贸易的发展，采取了建立经济特区的措施。经济特区是一个国家或地区在其关境以外所划出的一定范围内，建筑或扩建码头、仓库、厂房等基础设施和实行免除关税等优惠待遇，吸引外国企业从事贸易与出口加工等业务活动的区域。经济特区的目的是促进对外贸易发展，鼓励转口贸易和出口加工贸易，繁荣本地区和邻近地区的经济，增加财政收入和外汇收入。

经济特区的发展已有很长的历史，它与资本主义国家对外贸易的发展有着密切的关系。早在16世纪，在欧洲已出现了自由港。当时欧洲一些国家为了活跃对外贸易，先后把一些沿海港口开辟为自由港，作为经济特区。其中最早的一个是1547年在意大利设置的里窝那自由港，它是现行自由港的雏形。后来随着对外贸易的不断扩大，经济特区也不断发展，到了第二次世界大战前，全世界已有26个国家设立了75个经济特区。第二次世界大战后，许多国家为了加强本国的经济实力和扩大对外贸易，不仅在本国经济特区内放宽了对外国投资的限制，而且增设了更多的经济特区，以促进贸易的发展。经济特区的普遍存在和发展，说明了许多国家或地区广泛地利用这项措施促进经济和对外贸易的发展。

各国或地区设置的经济特区名目繁多，规模不一，主要有以下几种：

一、自由港或自由贸易区

（一）概念

自由港（Free Port）有的称为自由口岸。自由贸易区（Free Trade Zone）有的称为对外贸易区、自由区、工商业自由贸易区等。自由港或自由贸易区都是划在关境以外，对进出口商品全部或大部分免征关税，并且准许在港内或区内开展商品自由储存、展览、拆散、改装、重新包装、整理、加工和制造等业务活动，以便于本地区经济和对外贸易的发展，增加财政收入和外汇收入。

（二）类型

（1）把港口或设区的所在城市都划分为自由港口或自由贸易区，如香港整个是自由港。整个香港，除了个别商品外，绝大多数商品可以自由进出，免征关税，甚至允许任何外国商人在那里兴办工厂或企业。

（2）港口或设区的所在城市的一部分划为自由港或自由贸易区。例如，汉堡自由贸易区是由汉堡市的两部分组成的，即划在卡尔勃兰特（Kohlprand）航道以东的归自由港，而划在卡尔勃兰特航道以西的几个码头和邻近地区才是汉堡自由贸易区。这个自由贸易区位于港区的中心，占地 5.6 平方英里。因此，外国商品只有运入该区内才能享有免税等优惠待遇。

案例：巴拿马的科隆自由贸易区是继香港之后的全球第二大自由贸易区，自从香港在 20 世纪 80 年代停止进行转口贸易的有关审批以来，它便成了目前唯一一个在全球范围内有着巨大影响力和运输能力且保留转口贸易审批政策的自由贸易区。

科隆自由贸易区在巴拿马是依法受到国家法律保护的"国中之国"，其地理位置得天独厚，海陆空运输能力都十分强大；在自由贸易区内，货物进出十分自由且手续十分简便（简化到甚至只需要填写一张表格），同时也不需要额外提供其他文件；自由贸易区在 20 世纪 60 年中期已经成为拉美地区的贸易中心和贸易集散地，每年有几十万来自美洲各国的客商到这里进行采购和交易，不易受到拉美其他国家或地区经济形势变化的影响。

二、保税区和保税物流园区

（一）保税区概念

有些国家如日本、荷兰等，没有设立自由港或自由贸易区，但实行保税区制度。保税区又称保税仓库区，是海关设置的或经海关批准注册的，受海关监督的特定地区或仓库，外国商品存入保税区，可以暂时不缴纳进口税；如再出口，不缴纳出口税；如要运往所在国的国内市场，则需办理报关手续，缴纳进口税。运入区内的外国商品可进行储存、改装、分类、混合、展览、加工和制造等。此外，有的保税区还允许在区内经营金融、保险、房地产、展销和旅游业务。

（二）中国的保税区简介

自 1990 年 6 月经国务院批准设立中国第一个保税区——上海外高桥保税区到现在，

中国已建有上海外高桥、天津港、深圳福田、沙头角和盐田港、大连、广州、张家港、海口、厦门象屿、福州、宁波、青岛、汕头、珠海等 15 个保税区，主管部门是海关总署。保税区最初的功能定位是仓储、转口和加工，实际上是以物流为主。十多年来，全国 15 个保税区的保税仓储、转口贸易、商品展示功能有了不同程度的发展，具备了一定规模的国际物流基础。据海关统计，2004 年全国保税区和出口加工区进出口值合计 1 096.9 亿美元，占全国进出口总值的 9.5%。保税区已成为中国加工贸易和高科技的产业基地。目前进入保税区的 IT 产业及高科技产品加工业已占全国保税区加工贸易的 80% 以上。

案例：海口综合保税区是中国第四个综合保税区，区位调整至老城经济开发区。它和保税港区一样，是中国目前开放层次最高、优惠政策最多、功能最齐全、手续最简化的特殊开放区域。这是中国继苏州工业园、天津滨海新区和北京天竺综合保税区之后设立的第四个综合保税区，也是首个在省会城市设立的综合保税区。

据规划目标，海口综合保税区将建设成为按国际惯例办事，与国际市场接轨，实现货物、资金、人员进出自由和投资经营自由、高度开放的特殊区域，形成依托省会城市、辐射海南、拓展海外的现代物流和加工贸易运营示范区。

（三）保税物流园区（区港联动）

保税物流园区（以下简称园区）是指经国务院批准，在保税区规划面积或者毗邻保税区的特定港区内设立的、专门发展现代国际物流业的海关特殊监管区域。在该区域内，海关通过区域化、网络化、电子化的通关模式，在全封闭的监管条件下，最大限度地简化通关手续。通过保税区与港口之间的"无缝对接"，实现货物在境内外的快速集拼和快速流动。

保税物流园区可以存储进出口货物及其他未办结海关手续货物、对所存货物开展流通性简单加工和增值服务、进出口贸易及转口贸易、国际采购、分销和配送、国际中转、检测、维修、商品展示和经海关批准的其他国际物流业务。保税物流园区内不得开展商业零售、加工制造、翻新、拆解及其他与园区无关的业务。

案例：上海外高桥保税物流园区是国务院批准的首家区港联动试点项目，是上海市"十五"期间重点规划的现代物流园区，享受保税区和出口开发区的相关政策，2004 年 4 月 15 日经海关总署联合验收小组验收通过，封关运作面积 1.03 平方公里。园区于 2006 年底基本建成，总投资 33 亿元人民币。

上海外高桥保税物流中心有限公司是园区开发建设、项目经营和营运管理的主体，由上海外高桥集团和上海国际港务集团合资组建。公司注册资本金 4 亿元人民币，具备房地产开发、港口经营和国际货代资质，致力于为进区企业提供全面完善的配套服务，包括：仓库租售、办公室租赁、商务咨询；注册代理、报关报检、公共仓库；区内运输、查验服务、机械使用、理货服务、堆场作业；物业管理、后勤保障。公司计划建成 14 万平方米集装箱堆场和 70 万平方米的现代化物流仓库，实现集装箱年综合处理能力 100 万 TEU。

目前全国已有上海、青岛、宁波等 9 个保税物流园区。保税物流园区发挥保税区和港口功能优势，接近自由贸易区功能。保税物流园区按"境内关外"定位，实行保税区及出口加工区叠加政策，国内货物进入园区视同出口，办理报关手续，实行退税；园区货物内销按货物进口的有关规定办理报关手续，货物统一按照实际状态征税；区内货物自由流通，免征增值税和消费税。

三、出口加工区

（一）出口加工区概述

出口加工区是一个国家或地区在其港口、国际机场中，划出一定的范围，新建和扩建码头、车站、道路、仓库和厂房等基础设施以及提供优惠待遇，鼓励外国企业在区内进行投资设厂，生产以出口为主的制成品的加工区域。

出口加工区是在 20 世纪 60 年代后期和 70 年代初，在一些发展中国家或地区建立和发展起来的。其目的在于吸引先进技术与设备，促进本地区的生产技术和经济的发展，扩大加工工业区和加工出口业的发展，增加外汇收入。

出口加工区脱胎于自由港或自由贸易区，采用了自由港或自由贸易区的一些做法，但它又与自由港或自由贸易区有所不同。一般说来，自由港或自由贸易区，以发展转口贸易、取得商业方面的收益为主，是面向商业的，而出口加工区，以发展出口加工工业、取得工业方面的收益为主，是面向工业的。

虽然出口加工区与自由港、自由贸易区有所不同，但是由于出口加工区是在自由贸易港、自由贸易区的基础上发展起来的，因此，目前有些自由港或自由贸易区以从事出口加工为主，但仍然袭用自由港或自由贸易区这个名称。如马来西亚开辟的一些以出口加工为主的区域仍称为自由贸易区。

（二）出口加工区的特点

为了吸引外资，许多国家都为出口加工区制定了具体的措施，主要有以下几点：

1. 给予大量的优惠待遇

主要有：凡向加工区主权国家申请注册的外国企业，可以免税或减税进口加工制造所需的零部件、机器和原材料；生产的产品也可减免税全部出口；投资后的一定期限内对企业免征或减征各种税收；允许独资设厂，利润可自由汇出，不受外汇管制等。

2. 提供各种方便

主要有：海关手续简单；区内水电充足；港口、码头、仓库完备；区内通信、邮政、运输、银行、外汇等业务齐全等。

3. 对外国投资设厂的限制

主要有：对投资项目的限制；对投资资格的审批规定；对产品销售市场的限制；对招工和工资的规定等。

（三）出口加工区的类型

（1）综合性出口加工区。即在区内可以经营多种出口加工工业。

（2）专业性出口加工区。在区内只准经营某种特定的出口加工工业。

目前，许多国家和地区都选择一个运输条件较好的地区为设区地点，这是因为在出口加工区进行投资的外国企业所需的生产设备和原材料大部分依靠进口，所生产的产品全部或大部分输出市场销售。因此，出口加工区应该设在进出口运输方便、费用最节省的地方，通常选择在国际港口、港口附近或国际机场附近设区最为理想。

（四）目前中国出口加工区的现状

2000 年 4 月 27 日国务院批准设立 15 个出口加工区进行试点，之后又分批增设了若干个加工区，至今国务院已批准设立了 59 个出口加工区。

中国出口加工区发展的速度很快。2002 年加工区的进出口总值为 49 亿美元；2003 年进出口总值达到 180 亿美元，其中出口 100 亿美元，进口 80 亿美元，增长速度很快。进出口总值比上一年增长了 2.8 倍，其中出口增长了 3.9 倍，进口增长了 2.2 倍。2004 年全国 33 个封关运作的出口加工区进出口总值为 354.4 亿美元，比上年同期增长 96.4%，2005 年突破 500 亿美元，出口加工区发展势头强劲。

中国出口加工区发展最快最好的是长江三角洲地区。上海出口加工区进出口总值 2005 年底占全国出口加工区进出口总值的 51% 左右，江苏大约占 40%，上海 5 个加工区的加工贸易进出口量占上海加工贸易进出口量的 18%，江苏占了 14%。昆山出口加工区带动了当地交通运输业、金融业、房地产业和研发机构的发展。据统计，上海市出口加工区内开展进出口业务的企业不到全市加工贸易企业总数的 2%，进出口值却占全市加工贸易进出口值的三分之一。

2007 年初，经国务院批准，上海松江等 7 个出口加工区率先开展保税物流功能和开展研发、检测、维修业务试点并取得成效。尽管受到全球金融危机影响，2008 年，上海松江出口加工区进出口总值依然达到了 390 多亿美元，居全国 56 个出口加工区之首。出口加工区功能拓展试点工作开展两年来，新开展的保税物流和检测、研发、维修等业务累计实现进出口值达 300 亿美元，超过同期松江出口加工区进出口总值的五分之一。在功能拓展试点这场考试中，松江出口加工区交上了一份令人满意的答卷。

出口加工区拓展保税物流功能和开展研发、检测、维修业务，是海关特殊监管区域整合的第一步。下一步，海关还要将具备条件的保税区、出口加工区、保税物流园区整合转型为保税港区或综合保税区，并最终使内陆的海关特殊监管区域整合为"综合保税区"，沿海沿江的海关特殊监管区域整合为"保税港区"，实现功能、政策、管理制度、监管模式等的规范统一。

案例：昆山出口加工区于 2000 年 4 月 27 日经国务院批准设立，2000 年 9 月 6 日第一家通过国家验收，并于 10 月 8 日正式封关运作，成为中国首家封关运作的出口加工区。2006 年 12 月经国务院批准，开展拓展保税物流功能和开展研发、检测、维修业务试点，成为全国首批开展拓展功能的七个出口加工区之一。

目前，已引进入区注册项目 103 家，其中工业企业 90 家，物流企业 13 家。引进项目总投资 18.04 亿美元，注册资本 8.81 亿美元，实际到账外资 6.58 亿美元。已投产企业 82 个，其中工业企业 75 个，物流企业 7 个，从业人员 8 万人。2007 年完成进出口总额 315.78 亿美元，其中出口 208.52 亿美元，每平方公里进出口超过 100 亿美元；工业产值销售 1 256 亿元，年均每平方公里产值销售超 400 亿元，已形成了电子信息、光电、精密机械产业和保税物流产业集群。2007 年笔记本电脑产量 3 800 万台，占世界产量近 40%，数码相机产量 1 000 万台，手机、导航仪产量 1 000 万台。

四、多种经营的经济特区

多种经营的经济特区又称综合性的经济特区，是指一国在其港口或港口附近划出一定的范围，新建或扩建基础设施和提供减免税收等优惠待遇，吸引外国或境外企业在区内从事外贸、加工工业、农畜业、金融保险和旅游业等多种活动的区域。中国所设立的经济特区就属于这一种。

五、科学工业园区（Scientific Area）

1. 科学工业园区的概念

科学工业园又称工业科学园、科研工业区、新产业开发区、高技术园区、科学公园和科学城等，它是一个国家或地区为了实现产业结构改造和促进高科技的发展，而在本国境内划出的以新兴工业产品的研究和开发、高科技产业的生产为主要内容的区域。在科学工业园内，政府往往通过多种优惠措施和方便条件，将智力、资金高度集中，专事新、高技术研究、试验和生产，以便于开拓国际市场。

2. 科学工业园区的类型

按照科技资源的开发和利用途径划分，科学工业园可分为两种：①自主型。以本国的先进技术、充裕的资金和市场建立的园区，这种类型多属于发达国家；②引进型。大多采用引进外资、技术、信息和人才的办法而建立的园区，许多发展中国家和地区所建立的园区属于这种类型。

3. 科学工业园区的主要特点

科学工业园区的主要特点是园区多选在具有畅通信息渠道和交通网络发达的大城市和大型国际机场附近；有充足的科技、教育设施和高校、研究机构；有一个强大的企业群体，这些企业的设施先进、资金雄厚、技术密集程度高；有一些优惠政策措施，以吸引这些具有技术发展前景的科技企业到园区内创业和发展，促进新技术尽快转化为产品，并推向市场。

4. 主要科学工业园区简介

国际经验表明，开发区是加快区域经济发展和工业化进程的有效模式。美国"硅谷"、新加坡裕廊工业园、台湾新竹科学工业园区的发展，都显示了经济园区对经济发展无可替代的拉动力。美国"硅谷"全球知名，被誉为信息技术的"圣地"，它位于旧金山市以南，曾经是人烟稀少的农牧区，生长着一片片杏树林。经过30多年的发展，今天的"硅谷"不仅有发达的软件业、网络业，一些新的产业如能源技术、生物技术和金融、法律、商业等服务业也随之发展起来，形成独特的"硅谷"风格，为美国经济发展注入了强大活力。1961年10月，新加坡政府为加快工业化进程、促进经济发展，创建了裕廊工业园。目前裕廊工业园已成为新加坡最大的现代化工业基地，工业产值占全国的三分之二以上，被认为是亚洲各国设立工业园的一个成功典型。1980年台湾仿效"硅谷"建立的新竹科学工业园区，今天已成为世界电子资讯产业的巨头，园区劳动生产率是整个台湾制造业的近3倍，人均获利能力是整个制造业的3倍以上，显示了经济园区对经济发展无可替代的拉动力。

中国开发区从诞生那天起，就承担了改革开放和现代化建设探索者、实践者、推动者的角色。如今，大连、天津等开发区，都已变成了现代化新型工业园区，而苏州、杭州等一大批城市，也都因开发区建设而走上了工业化和现代化的快车道。也正是因为有了深圳、浦东等特区和星罗棋布的开发区的发展，才有了"珠三角"、"长三角"今日的辉煌。

案例：台湾的"硅谷"——新竹科学工业园区。新竹科学工业园区位于台湾岛西北的新竹县、市交界处，离台北70公里路程。20多年前，台湾的有识之士选择在这里建立科学园区，以科技促进传统产业的升级。

自 1980 年创立以来，新竹科学工业园区前后经过 3 期开发建设，逐步形成集成电路、电脑及周边、通信、光电、精密机械、生物技术等 6 大产业，成为台湾的高科技基地，为台湾产业的升级作出了巨大的贡献，被称为"会下金蛋的母鸡"。

六、自由边境区

自由边境区过去也称为自由贸易区，这种设置仅见于拉丁美洲少数国家。一般设在本国的一个省或几个省的边境地区。对于在区内使用的生产设备、原材料和消费品可以免税或减税进出口。如从区内转运到本国其他地区出售，则目的在于利用外国投资开发边区的经济。自由边境区与出口加工区的主要区别在于，自由边境区的进口商品加工后大多是在区内使用，只有少数是用于再出口。故建立自由边境区的目的是开发边区的经济，因此有些国家对优惠待遇规定了期限。当这些边区生产能力发展后，就逐渐取消商品的优惠待遇，直至废除自由边境区。例如，墨西哥设立的一些自由边境区期限届满时，就取消了原有的优惠待遇。

七、过境区

沿海国家为了便利内陆邻国的进出口货运，开辟某些海港、河港或国境城市作为货物过境区。一般规定，对于国境货物，简化海关手续，免征关税或只征收小额的过境费用。过境货物一般可在过境区内作短期储存，重新包装，但不得加工。

第三节　出口管制方面的措施

出口管制是指出口国家政府通过各种经济的、行政的办法和措施，对本国出口贸易实行管制行为的总称。在一般情况下，国家对商品的出口是不进行管制的，但一些国家，特别是发达资本主义国家，为了达到一定的政治、军事和经济目的，对某些商品，特别是战略物资与先进技术资料，实行出口管制，限制或禁止这些商品的出口。

一、出口管制的原因

出口管制通常是发达资本主义国家实行贸易歧视政策的重要表现。他们搞管制的原因大体有如下几点：

（一）经济原因

经济原因有短期的原因，也有长期的经济战略原因。从短期看，主要是对国内生产所需的原材料、中间产品等实行管制，以满足国内生产的需要。此外，对国内市场需求较大的消费品也实行出口管制，以满足国内消费的需要。从长期看，主要是对先进技术、先进的资本货物管制出口，其目的是为了确保本国在特定领域中的领先地位。

（二）政治原因

一些国家出于政治上的考虑，对于出口到社会主义国家的产品进行严格的管理和控制。

（三）历史文化原因

主要是对某些古董文物和某些艺术出口管制。

发展中国家有时也实行出口管制政策，主要是经济原因。例如，对国内供不应求的生活必需品实行出口管制，以满足国内人民的消费，稳定社会。与发达国家的出口管制相比，发展中国家采用出口管制政策往往是不得已而为之，而发达国家的出口管制则具有进攻性。

二、出口管制的商品

出口管制的商品主要可分为以下几类：

（1）对战略物资及其有关的先进技术资料的出口。如武器、军事设备、军用飞机、军舰、先进的电子计算机及有关技术资料等。大多数国家对这类商品与技术资料均严格控制出口。这些商品必须领取出口许可证方能出口。

（2）对国内生产所需的原材料、半成品及国内市场供应不足的某些必需品，如英国的某些化学品、石油、药品、活牛、活猪；日本的矿产品、肥料、某些食品；瑞典的废金属、生铁等都控制出口。

（3）为了缓和与进口国在贸易上的摩擦，在进口国的要求与压力下"自动"控制出口的商品，如发展中国家根据纺织品"自限协定"自行控制出口的商品。

（4）为了有计划安排生产和统一对外而实行出口许可证制的商品等。

（5）为了采取经济制裁而对某国或地区限制甚至禁止出口的商品。

（6）对某些重要的文物、艺术品、黄金、白银等特殊商品，大多数国家都规定需特许才能出口。

三、出口管制形式

资本主义国家的出口管制形式可以分为两种：

（一）单方面出口管制

单方面出口管制是指一国根据本国的出口管制法案，设立专门的执行机构对本国某些商品出口进行审判和颁发出口许可证，实行出口管制。例如，美国政府根据国会通过的有关出口管制法等在美国商务部设立贸易管制局，专门办理出口管制的具体事务，美国绝大部分受出口管制的商品的出口许可证都由该局办理。为了加强单方面的出口管制，许多资本主义国家根据国内外情况和对外政策的变化，制定和修改出口管制法等。

（二）多边出口管制

多边出口管制是指几个国家或政府，通过一定的方式建立国际性的多边出口的管制机构，商讨和编制多边出口管制货单和出口管制国别，规定出口管制的办法等，以协调彼此的出口管制政策和措施，达到共同的政治或经济目的。

（三）出口管制的程序与手续

虽然多边出口管制机构负责编制、修订和审批多边出口管制货单，但有关出口管制的商品的具体管理程序和出口申报手续仍由各参加国自行办理。

一般说来，资本主义国家有关机构根据出口管制的有关法案，制定管制货单（Commodity Control List）和输往国别分组管制表（Export Control Country Group），然后采用出口许可证具体办理出口申报手续。

总之，出口管制是发达资本主义国家对外实行差别待遇和歧视政策的重要工具。20世纪70年代以来，一些发达资本主义国家的出口管制有所放松，但是随着一些发达资本主义国家对外政策的需要，其出口管制将出现时紧时松的变化。

除了直接的出口管制政策之外，运用出口关税也能达到限制出口的目的。利用出口，一般只适用于经济性原因，而不适用于政治和军事原因。一种商品出口的可能性取决于两国之间成本差异，要阻止出口，只要令出口税额同此差额相等即可。但是，这一点无法适用于新产品和稀缺商品，尤其飞机、军舰和计算机等战略物资往往是潜在进口国急需进口而本国又暂时无法制造的商品，利用进口关税不可能达到任何管制目的，即潜在的进口国的进口需求缺乏弹性。

本章知识应用

相关知识一：美国现行的出口管制

清华大学国际问题研究所军控项目组于2003年4月11日到19日对美国首都华盛顿地区的一些工业行会人员、前政府官员、现政府官员和相关学者，就美国出口管制、美国对华出口管制和工业组织就出口管制机制的影响等问题进行了采访。通过采访，我们了解了美国的出口管制决策机制以及相关人员对重要出口管制问题的看法。

关于美国现在出口管制所面临的问题，被访者普遍认为现行管制体系仍然沿袭着冷战期间的思维和方式，无法满足现在的国际安全环境、科技发展和经济全球化的需要，主要体现在几个方面：

（1）被管制的东西太多，其中很多是不该进行管制的商品或技术，因为这些东西在国际市场上已经可以随意买到，而对这些商品或技术进行管制的唯一结果就是削弱美国公司的国际竞争力，主动将国际市场和利润让与欧洲、日本的竞争对手，而同时由于被管制得太多，导致资源利用分散，因此一些应该进行管制的东西不能够有效管制，导致漏洞。

（2）管制法律，特别是针对军民两用品的《出口行政法》已经过时多年，工业界和学术界、行政部门的一些人士一直在推动建立新的法律，但由于出口管制问题在议会内部分歧太大，而且9·11后国际安全形势严峻，使得近期内通过新法律的可能性不大。

（3）出口许可审批的时间过长，被管制的商品或技术必须得到相关部门发放的出口许可方可出口，这个过程往往过于漫长，导致购买方放弃购买美国产品，因此美国企业界对此极端反感，不断的建议和推动行政部门进行相应的体制改革来加快审批速度。

（4）管制体系过于复杂，国务院、商务部之间的管辖权划分不清晰。美国的出口管制大约分为两个体系，即军品出口和军民两用品出口。前者由国务院管辖，后者属于商务部管辖。军品和军民两用品各有各的管制清单，企业按照管制清单的划分去相应的部门申请许可。问题在于随着技术的快速更新，很多商品和技术的划分很不明确，因此会出现商务部与国务院争夺管辖权的问题。而企业界大多更愿意与商务部打交道，因此多年来工业界一直努力推动更多的管辖权归属于商务部。

相关知识二：美国隐蔽的贸易补贴体系

美国通过名目繁多的补贴计划，向一些机构和公司提供各种补贴，每年在 650 亿美元以上；补贴计划多达 100 多项，主要集中在农业、出口贸易、高技术和能源四大领域，其中仅用于补贴企业和商务活动的就达近 300 亿美元。

美国通过议会立法成立了美国进出口银行，该行法定资本金全部由政府拨款。通常它可向外国买方提供出口货值 85% 的信贷额，主要用于购买美国的设备、大型项目及相关服务。这类信贷实行优惠利率，息差亏损由联邦政府贴补。

美国联邦小企业管理局负责实施面向中小企业的"商业贷款担保安排"（提供担保以助其从银行获得资金支持）、"出口营运资本项目"（提供用于指定交易的短期资金支持）、"国际贸易贷款担保项目"（提供金额可高达 125 万美元的信贷担保，支持其作为营运资本或购买设备）等促进业务。

在美国，支持出口的组织很多，联邦一级除了商务部、贸易开发署、小企业管理局，还有诸如"出口促进中心网络"、"美国贸易中心"、"地区出口委员会"、"出口法律促进中心网络"、"贸易情报中心"、"出口援助中心"等半官方机构或非营利机构。

第七章
世界贸易组织

第一节　世界贸易组织概述

世界贸易组织（World Trade Organization，WTO）简称世贸组织。它是根据乌拉圭回合谈判达成的《建立世界贸易组织协议》（Agreement Establishing the World Trade Organization）于1995年1月1日建立的，取代了1947年的关税与贸易总协定。

WTO 的标志

世界贸易组织是多边贸易体系的法律基础和组织基础，它规定了成员方的权利与义务，以决定各成员方政府如何制定和执行国内贸易法律制度规章。同时，它还是各成员方进行贸易谈判、解决贸易争端和发展其贸易关系的场所。

一、世界贸易组织的产生背景

（一）关贸总协定

关税与贸易总协定（General Agreement on Tariffs and Trade），简称关贸总协定（GATT），是在美国策动下，于1947年10月30日在日内瓦由23个国家签订，并于1948年1月1日正式生效的关于调整缔约国对外贸易政策和国际经济贸易关系方面权利、义务的国际多边协定，是进行多边贸易谈判和解决政府间贸易争端的重要依据。其贸易额占世界贸易总额的90%以上。

关税与贸易总协定是在第二次世界大战后，为了抑制贸易保护主义，推动世界贸易的自由化而成立的。战后，在国际经济关系上，有三个问题需要解决：一是建立国际货币制度，以维持汇率的稳定和国际收支的平衡；二是创立解决长期国际投资问题的国际组织；三是重建国际贸易秩序。前两个问题，由于国际货币基金组织和世界银行在1945年和1946年先后建立而获解决；第三个问题，由于拟议中的国际贸易组织的夭折而由关税与贸易总协定代行。

> GATT的目标和宗旨：追求全球贸易自由化，反对各种形式的贸易障碍、贸易壁垒和贸易歧视。

关贸总协定的大部分内容均包括在国际贸易组织的哈瓦那宪章草案中，本拟作为国际贸易组织正式宪章的一个附属协定。但是后来由于《国际贸易组织宪章》未被各国政府批准，成立"国际贸易组织"的计划未能实现。1947年年底，美国、英国、法国、中国等23个国家签署了《国际贸易组织宪章》中的贸易规则部分——关税与贸易总协定条款的

《临时适用议定书》，从1948年1月1日起实施。关贸总协定一直以临时适用的多边协定形式存在，直至1995年世界贸易组织成立，到1994年年底，共有128个缔约方。

> GATT虽然只是一个临时性的协定，没有得到联合国的承认，但半个世纪以来，一直被称做"经济联合国"。

从1947年到1994年，关贸总协定已举行了八轮多边贸易谈判。关贸总协定的第八轮多边贸易谈判于1986年9月15日在乌拉圭举行，称为乌拉圭回合谈判。参加会议的国家和地区达到123个。中国政府派代表团出席了会议并获得了全面参加这一轮各项议题谈判的资格，成为乌拉圭回合谈判的参加国。

乌拉圭回合谈判历时8年之久，终于在1994年4月宣布正式结束。这次谈判的主要特点是：

1. 参加谈判成员的广泛性

关贸总协定前5轮谈判的参加方均不足40个，第6轮为62个，第7轮为102个，而第8轮乌拉圭回合谈判的最终参加方为116个国家或独立关税区，10个联系国以及联合国、世界银行、国际货币基金组织的代表。中国首次参加，使该回合成为一次最具普遍性的全球贸易谈判。

2. 谈判议题内容的多样性

这次谈判内容可分为传统货物贸易谈判和服务贸易谈判两方面，共计15个议题：

（1）围绕市场准入展开的进一步实现贸易自由化的谈判议题6个。即关税、非关税壁垒、热带产品、自然资源产品、农产品贸易、纺织品和服装贸易。

（2）强化总协定多边贸易体制及作用的议题6个，即总协定条款、保障条款、多边贸易谈判协议和安排、补贴与反补贴措施、争端解决程序、总协定体制运行。

> GATT的前七轮谈判都是货物贸易谈判，乌拉圭回合第一次把知识产权、服务贸易列入谈判的范畴。

（3）新议题3个，即与贸易有关的投资措施、知识产权保护、服务贸易。

3. 谈判各方矛盾的错综复杂性

表现在发达国家之间在农产品贸易等问题上的矛盾；发达国家与发展中国家之间在纺织品和服装、服务贸易、保障条款、投资措施与知识产权保护等方面的矛盾；不同国家之间围绕着反倾销守则修改等问题上的矛盾。

4. 谈判议题进展的不平衡性

发达国家关注的国际服务贸易、投资措施与知识产权保护谈判进程较快；而发展中国家关心的农产品贸易、热带产品贸易等谈判却相对缓慢。

5. 谈判成果的显著性

乌拉圭回合谈判于1993年12月15日在日内瓦告一段落，1994年4月15日在摩洛哥马拉喀什草签了经过修改的、乌拉圭回合谈判所达成的最后文件，使这个历时8年的谈判宣告正式结束。这次谈判的成果是显著的，最后文件厚达450页，涉及21个领域，28个协议，远远超过以往历届谈判的成果。其主要表现是：

> GATT第八轮关税谈判成果成立了世贸组织；扩大多边贸易体制的范围；各成员进一步提高市场准入的程度；制定新的多边贸易协议等。

（1）工业品关税大幅度削减。发达国家减让关税 40%，发展中国家和经济转型国家各为 30%。减税产品涉及的贸易额高达 1.2 万亿美元，减税幅度近 40%，并在近 20 个产品部门实行了零关税。

（2）农产品关税减让与税目约束比例变化大。发达国家将在 6 年内减让关税的 36%，发展中国家将在 10 年内减让关税的 24%，就农产品而言，发达国家的税目约束比例由 58% 提高到 99%，发展中国家则由 17% 猛增到 89%。

我国所说的WTO的游戏规则大多数都是乌拉圭回合谈判的结果。

（3）非关税壁垒将在 10 年内逐步取消，农产品的非关税措施全部予以关税化并进行约束和削减。纺织品的歧视性配额限制在 10 年内逐步取消。

（4）把投资措施、知识产权保护和服务贸易置于国际规则框架之内。

（5）建立世界贸易组织（WTO）。

（二）从关贸总协定到世界贸易组织

关贸总协定尽管只是一个临时性的"君子协定"，但对于战后国际贸易的发展起到了巨大的保证和促进作用。关贸总协定作为国际贸易的"谈判场所"，启动和推进了各国的贸易自由化进程；关贸总协定作为国际贸易争端的解决场所，缓和了各国在国际贸易中的矛盾和摩擦；关贸总协定通过其有关发展中国家贸易的制度和机制，对发展中国家贸易和经济的发展也起到了一定的推动

小问题：GATT为什么会被WTO所取代？

作用。但是，由于关贸总协定自身是一个临时性的产物，存在许多难以克服的内在缺陷，在日益加速的经济全球化潮流面前显示出越来越多的局限性，主要表现在以下几点：

1. 关贸总协定非正式的地位

关贸总协定只是一个临时性的协定，不是一个正式的国际组织，不具有国际法主体资格。关贸总协定这一非正式的地位，妨碍了其正常活动的进行，限制了其功能的发挥，使其作为管理和协调世界贸易机构的权威性大打折扣。

2. 关贸总协定的管理范围狭窄

在当代世界贸易和经济发展中，服务贸易发展迅猛，地位越来越重要。同时，世界经济的发展越来越具有知识经济的特征，如何在国际贸易活动中保护知识产权已经成为一个重要的课题。国际贸易和经济活动的日益复杂，需要有相应的国际规则来予以

GATT管理范围只限于部分的货物贸易。

规范。但是，现有的关贸总协定体制却难以适应国际贸易和经济发展的需要。因为关贸总协定的管理范围仅限于货物贸易，而且货物贸易也是不完全的。例如，农产品、纺织品和服装这些对于发展中国家的贸易和经济发展至关重要的部门长期游离于关贸总协定体制之外。

3. 关贸总协定的规则很不严格，存在许多漏洞

这主要表现在：

（1）尽管关贸总协定从一开始就是一种多边贸易的制度安排，其规则对于所有的成员国都是适用的。但是，"东京回合"后，许多规则都具有"诸边"的性质，即只适用于签署协议的成员国，这使得关贸总协定规则的

GATT存在许多漏洞。

普遍性大打折扣。

（2）关贸总协定的许多规则内容模糊，缺乏明确的标准。例如，在反倾销、反补贴规则中，对于倾销和补贴标准的规定就很不明确。

（3）存在大量的例外条款。按照关贸总协定的基本要求，所有成员国必须遵循所达成的协议，但是，同时却规定了在许多情况下成员国可以违背这些原则。这些例外条款包括贸易集团条款、国际收支保障条款、特殊保障条款、幼稚产业保护条款等。

（4）"灰色区域"措施泛滥。对于诸如自愿出口限制、有秩序的销售安排等明显违背关贸总协定原则的贸易保护措施，关贸总协定既不指责其非法，又不承认其合法，使其处于"暧昧状态"，从而对多边贸易体制造成强烈冲击。关贸总协定规则的上述缺陷严重影响了多边贸易体制的权威性和有效性，如此长期发展下去，将动摇整个关贸总协定体制。

4. 关贸总协定的争端解决机制存在严重缺陷

随着国际贸易规模的日益扩大和国际贸易结构越来越复杂，同时由于各国的保护主义政策泛滥，国际贸易中的矛盾和争端不断发生，需要多边贸易体制建立有力的争端解决机制。但是，关贸总协定的争端解决机制却因为存在严重缺陷而形同虚设。

> GATT的争端解决机制效率低，作用非常有限。

关贸总协定的上述局限性决定了它已经无法适应新形势的需要。在新的历史条件下，关贸总协定必然要被新的更加完善的多边贸易体制所取代。这一新的多边贸易体制便是世界贸易组织。

（三）世界贸易组织的成立

早在乌拉圭回合谈判之初，参加方就认识到在旧的关贸总协定框架内难以对服务贸易等议题进行谈判，有必要创建一个正式的多边贸易组织。因此，在1990年初，当时的欧共体主席国意大利首先提出了建立"多边贸易组织（Multilateral Trade Organization，MTO）"的倡议。

> WTO的基本哲学：WTO的精神支柱是提倡自由化贸易，推进全球自由化，使贸易朝着更加深化的方向发展，削减关税，扫除关税壁垒，扩大自由贸易领域。

这一倡议后来以欧共体12国的名义正式提出，得到了美国、加拿大等主要发达国家的支持。1990年12月，关贸总协定缔约方布鲁塞尔部长会议正式决定成立"多边贸易组织"。1991年12月，关贸总协定形成了一份"关于建立多边贸易组织协定草案"。1993年12月15日乌拉圭回合谈判结束时，根据美国的动议，"多边贸易组织"更名为"世界贸易组织"。1994年4月15日，在马拉喀什部长会议上，正式通过了《关于建立世界贸易组织协议》，决定该协议在1995年1月1日或以后尽快生效。

1995年1月1日，世界贸易组织正式成立。关贸总协定在和世界贸易组织共同运行了1年后，于1995年12月12日彻底退出历史舞台。世界贸易组织的总部设在日内瓦，1994年12月31日前加入关贸总协定的国家和地区，在接受"一揽子"乌拉圭回合谈判协议后，成为世界贸易组织的创始缔约方。世界贸易组织的成立标志着一个新的多边贸易体制的诞生，从此，国际贸易进入了世界贸易组织时代。

二、世界贸易组织的特点

世界贸易组织是在关贸总协定的基础上建立的，并形成了一整套较为完备的国际法律规则，它与关贸总协定比较，主要具有以下特点：

（一）内容的广泛性

世界贸易组织不仅包括关贸总协定乌拉圭回合谈判修订的货物贸易方面的规则，而且包括新修订的货物贸易规则，此外还包括与贸易有关的投资措施规则、保护知识产权规则及服务贸易方面的规则。

（二）权利和义务的统一性

世界贸易组织要求各谈判方"一揽子"签署乌拉圭回合谈判达成的所有协议，不容许选择参加，从而建立起一个统一完整的世界贸易体制。此外，它还建立了一个比较完整的，适用于所有协议的争端解决机制，以保证多边贸易规则的遵守和执行。

小问题：WTO与GATT有何区别？

（三）世界贸易组织协定的法律权威性

关贸总协定是通过行政程序，由有关国家的行政部门签订的一项临时性协定，并未经过其签字国的立法机构的批准，是一种规格和权威性较低的外交文件。因此，关贸总协定作为国际多边协定，从法律的角度上是不完整的，一般将其视为行政性协定，而非公约。

世界贸易组织协定则要求各国代表草签后，还须通过立法程序，经本国立法机构批准，才能生效，因而使世界贸易组织协定更具完整性和权威性。

（四）组织机构的正式性

世贸组织的成立，改变了关贸总协定临时适用和非正式性的状况，建立起了一整套组织机构，成为具有法人地位的正式国际经济组织。从法律地位看，它与国际货币基金组织、世界银行具有同等地位，都是国际法的主体，其组织机构和有关人员，均享有外交特权和豁免权。

（五）完善了争端解决机制

关税与贸易总协定虽然也建立了一个争端解决机制，但不完善。缺陷是专家小组权限小，争端解决时间长，监督后续行动不力。而乌拉圭回合谈判决定建立的关于综合争端解决规则与程序谅解协议，则是一套完善的机制。这些争端解决机制，比关贸总协定的争端解决机制更加严密完善又强有力，这就较有效地保证多边贸易规则的遵守和执行。

（六）建立贸易政策审议机制

这是 WTO 首次建立的机制。世界贸易组织建立贸易审议机制，就可以对各成员的贸易体制和贸易政策进行审查、评议和有效的监督，不但可促进各缔约方政策透明，且有利于缔约方之间改善关系，有助于世界贸易组织在整个国际经济贸易领域发挥重大的作用。

（七）与有关的国际经济组织决策的一致性

作为世界贸易组织的职能之一，它协调与国际货币基金组织、世界银行的关系，以保障在全球经济决策方面加强合作和协调，为国际经济和贸易的发展创造更为有利的条件。

三、世界贸易组织的基本原则

（一）非歧视原则

这条原则是世贸组织最为重要的原则，是世贸组织的基石。它是针对歧视待遇的一项缔约原则，它要求缔约双方在实施某种优惠和限制措施时，不要对缔约对方实施歧视待遇。在世贸组织中，非歧视原则是由最惠国待遇原则和国民待遇原则来体现的。

1. 最惠国待遇原则（Principle of Most Favored Nation Treatment）

最惠国待遇是指，一成员在货物贸易、服务贸易和知识产权领域给予任何其他国家（无论是否是世界贸易组织成员）的优惠待遇（包括利益、特权、豁免等），立即和无条件地给予其他各成员。

案例：欧盟进口香蕉案

1993 年 2 月，欧盟颁布了理事会规则，统一了欧盟的香蕉进口销售政策。欧盟"香蕉共同市场政策"对来自外部不同国家的香蕉进口实行不同的政策，优待欧盟成员国的海外领土和非加太国家而歧视其他香蕉出口国，这明显损害了非加太国家之外的其他香蕉出口国，特别是中南美洲香蕉出口国的利益。因此，1995 年 9 月 28 日，危地马拉、洪都拉斯和墨西哥联合把欧盟告到了 WTO。

欧盟进口香蕉案是 WTO 成立以来解决的最复杂的贸易争端之一。该案历经 5 年时间，几乎利用了 WTO 争端解决的所有程序。其

> **《WTO协定》主要的基本原则**
> - 非歧视原则
> - 自由贸易和市场准入原则
> - 透明度原则
> - 公平竞争原则
> - 对发展中国家和最不发达国家优惠待遇原则
>
> 一般例外与国家安全例外
>
> 实际上，WTO 是一系列原则与例外构成的多边贸易体制。

中，最惠国待遇原则是世界贸易组织成员方处理该案不同成员方之间关系的基本准则。WTO 争端解决机构最终裁定，尽管《洛美协定》属于最惠国待遇原则的例外，但欧盟的香蕉进口政策有许多方面都超出了该例外的范围。这充分证明了最惠国待遇原则在 WTO 体制中的重要性和严肃性。

2. 国民待遇原则（Principle of National Treatment）

国民待遇原则是指：对其他成员的货物、服务提供者或企业、知识产权所有者或持有者所提供的待遇，不低于本国同类货物、服务提供者或企业、知识产权所有者或持有者所享有的待遇。

案例：1995 年 1 月，世界贸易组织成立伊始就受理了一起非常棘手的贸易争端——委内瑞拉和巴西申诉世界头号大国美国。委内瑞拉和巴西认为，1993 年美国环保署制定的新"汽油规则"对国外汽油供应商实行了歧视性待遇，违反了世界贸易组织的规则，严重损害了委内瑞拉和巴西的经济利益。

最终，专家小组得出的裁定是：按照美国汽油规则，进口汽油所享受的待遇实际低于美国国产汽油的待遇，违反了 GATT1994 国民待遇原则。委内瑞拉、巴西诉美国汽油标准的争端是 WTO 成立后通过争端解决机构解决的第一起争端，所以被称为"WTO 第一案"。

"WTO 第一案"以委内瑞拉和巴西的胜利而告终，而最大的赢家则是世界贸易组织的非歧视原则。非歧视原则是世界贸易组织所有规则的基石，"WTO 第一案"的圆满解决使这一基石更加牢固。

（二）自由贸易原则

在世界贸易组织规则框架下，自由贸易原则是指通过多边贸易谈判，实质性降低关税和减少非关税措施，扩大成员之间的货物、服务和知识产权贸易。

1. 关税减让

自由贸易原则体现在货物贸易领域时只能采用关税一种方式来保护国内市场和民族工业，但关税必须通过谈判不断削减。

2. 减少非关税措施

非关税措施是指除关税以外的各种限制贸易的措施。多边贸易协议规定在货物贸易中取消数量限制、配额、进口许可证、削减其他限制贸易的措施，为外国货物进入本国开放市场。

3. 服务贸易的市场开放

协定要求各成员为其他成员的服务和服务提供者提供更多投资与经营机会，分阶段逐步开放服务贸易领域。

（三）促进公平竞争原则

在世界贸易组织规则框架下，公平竞争原则是指成员应避免采取扭曲市场竞争的措施，纠正不公平的贸易行为，在货物贸易、服务贸易和知识产权领域，创造和维护公开、公平、公正的市场环境。

（四）对发展中国家的优惠待遇原则

根据关贸总协定第四部分和东京回合达成的"授权条款"，对发展中国家的贸易与发展应尽量给予关税和其他方面的特殊优待。

（五）贸易政策法规透明度原则

透明度原则是指，成员应公布其所制定和实施的各项贸易措施（包括法律、法规、规章、政策及司法判决和行政裁决等）及其变化情况（如修改、增补或废除等），并通知世界贸易组织。成员所参加的与国际贸易政策有关的双边和多边国际协议也应公布。透明度原则是保持世贸组织各成员方政策和措施的充分透明，实现其总体目标的重要保证，也是各成员方根据世贸组织的有关规定，维护正当权益，保持多边贸易体制在开放、公平、无扭曲竞争的基础上健康发展的重要保证。

（六）世界贸易组织的例外原则

1. 最惠国待遇原则的例外

根据世界贸易组织多边贸易协议中的规定，成员之间在某些特定情况下不适用协议最惠国待遇原则条款，主要有：

（1）以关税同盟和自由贸易区等形式出现的区域经济安排；

（2）对发展中国家成员实行的特殊和差别待遇（如普遍优惠制）；

（3）允许成员为便利边境贸易而只给予毗邻国家优惠；

（4）知识产权领域的例外；

（5）服务贸易的一次性例外。

2. 国民待遇原则的例外

（1）政府采购的例外；

（2）符合《补贴与反补贴措施协议》和《农业协议》规定的只给予某种产品的国内生产者补贴；

（3）成员可要求本国电影院只能放映特定数量的外国影片；

（4）在服务贸易领域，成员没有做出开放承诺的服务部门，不适用国民待遇原则；

（5）知识产权协定未作规定的有关表演者、录音录像制品作者和广播组织的权利可不适用国民待遇。

3. 自由贸易原则的例外

自由贸易原则的例外主要有：

（1）实施数量限制例外。在特殊情况下，成员可以实行数量限制，但要符合"非歧视性"；

（2）《服务贸易总协定》的市场准入例外，未谈判达成协议的部门即为限制或禁止。

4. 公平竞争原则和透明度原则的例外

如在进口激增并对国内相关产业造成严重损害或严重损害威胁时，可采取进口限制的保障措施；不要求成员公布那些会妨碍法令的贯彻执行、会违反公共利益或会损害某一企业的正当商业利益的机密材料。

5. 对发展中国家的例外

世界贸易组织的 3/4 成员是发展中成员和转型经济国家。世界贸易组织的协定给予发展中国家成员例外的特殊待遇，为发展中国家中成员承担世界贸易组织的义务提供了一定的灵活性。

（七）免责规定

世界贸易组织协定中有关免责的规定主要有：

（1）紧急限制进口措施。紧急限制进口措施又称为保障措施，各成员在符合规定的紧急情况下，可暂停实施对有关进口产品作出的关税和其他承诺，即免去承诺的职责与义务。

（2）保护幼稚产业措施。保护幼稚产业措施规定：允许成员为促进建立某一特定产业而背离其承诺，可修改或撤回业已承诺的某些关税减让项目，实施关税保护和数量限制的措施。

（3）国际收支限制措施。世界贸易组织允许成员因国际收支困难而中止关税减让和其他承诺。

第二节　世界贸易组织的运行机制

一、世界贸易组织的宗旨

"建立世界贸易组织协议"前言指出，世界贸易组织的宗旨为："提高生活水平，保证充分就业和大幅度稳步地增加实际收入和有效需求，扩大货物与服务的生产和贸易；按照持续发展的目的，扩大对世界资源的充分利用，保护和维护环境，并以符合不同经济发展水平下各自需要的方式，加强采取各种相应的措施；需要积极努力确保发展中国家，尤其是最不发达国家在国际贸易增长中的份额，与其经济发展需要相适应。其目标是建立一个完整的，更具有活力和持久性的多边贸易体系来巩固原来关税与贸易总协定以往为贸易自由化所作的努力和乌拉圭回合多边贸易谈判的所有成果。"

二、世界贸易组织的范围和职能

(一) 世界贸易组织的范围

根据"建立世界贸易组织协议",世界贸易组织涉及的范围为原关贸总协定乌拉圭回合谈判达成的协议、协定以及历次谈判达成的协议。具体包括:多边货物贸易协议、服务贸易总协定、与贸易有关的知识产权协定、争端解决规则和程序谅解、贸易政策评审机制、诸边贸易协议、马拉喀什会议上的部长决定和宣言以及 1994 年关贸总协定等。

(二) 世界贸易组织的职能

根据"建立世界贸易组织协议"的内容,世界贸易组织的职能有:

(1) 管理职能,即负责世界贸易组织各项协议的执行、管理和运作,促进各协议目标的实现;

(2) 谈判职能,即为成员提供谈判的场所和谈判成果执行的机构;

(3) 解决争端职能,即管理争端解决的规定和程序的谅解;

(4) 贸易政策审议职能,即管理贸易政策的评审机制;

(5) 与其他国际组织合作的职能,为达到全球经济政策一致性,世界贸易组织将以适当的方式与国际货币基金组织及世界银行及其附属机构进行合作。

三、世界贸易组织的机构与法律地位

(一) 世界贸易组织的机构

(1) 部长会议 (The Ministerial Conference)。世界贸易组织的最高权力机构是部长会议。部长会议由所有成员方的代表参加,至少每两年举行一次会议,其职责是履行世界贸易组织的职能,并为此采取必要的行动。部长会议应一个成员方的要求,有权按照"建立世界贸易组织协议"和相关的多边贸易协议列出的特殊要求,就任何多边贸易协议的全部事务作出决定。

(2) 总理事会 (The General Council)。世界贸易组织的常设机构是总理事会。总理事会由所有成员方的代表组成,定期召开会议。总理事会在部长会议休会期间,承担其职能。

(3) 理事会 (Council)。理事会为总理事会附属机构,其中货物贸易理事会、服务贸易理事会和知识产权理事会为最重要的理事会。由所有成员方代表组成,每一理事会每年至少举行 8 次会议。

①货物贸易理事会 (Council for Trade in Goods)。除了争端解决职能应由争端解决机构履行外,货物贸易理事会应监督已达成的各项货物贸易协议的实施及履行任何其他由理事会所赋予的职能。货物贸易理事会应根据需要,设立一个委员会来监督所达成的有关协议的执行或其他附属机构,并有权批准它们的程序规则。

②服务贸易理事会 (Council for Trade in Service)。除了争端解决职能应由争端解决机构履行外,服务贸易理事会应监督服务贸易协议的实施及任何其他由总理事会所赋予的职责。服务贸易理事会应根据需要,设立一个委员会来监督协议的执行或其他附属机构,并

有权批准它们的程序规则。

③知识产权理事会（Council for TRIPS）。除了争端解决职能应由争端解决机构履行外，知识产权理事会应监督与贸易有关的知识产权协议的实施，其中包括关于冒牌货的贸易，以及任何其他理事会所赋予的职责。知识产权理事会应根据需要，设立一个委员会监督协议的执行或其他附属机构，并有权批准它们的程序规则。

（4）委员会（Committee）。部长会议下设贸易和发展委员会、国际收支限制委员会、预算财政和管理委员会。它们执行由世界贸易组织协议及多边贸易协议赋予的职能，执行由总理事会赋予的额外职能，上述委员会所有代表都有权参加。

（5）诸边贸易协议设置的机构（Bodies）。其职能由诸边贸易协议赋予，并在世界贸易组织体制框架内运作，该机构定期向总理事会通告其活动。

（6）秘书处（The Secretariat）。秘书处为世界贸易组织的日常办事机构。它由部长会议任命的总干事领导，总干事的权力、职责、服务条件和任期由部长会议通过规则确定。

（二）世界贸易组织的法律地位

根据该协定规定，世贸组织及其有关人员具有以下的法律地位：

（1）世界贸易组织具有法人资格；

（2）世界贸易组织每个成员方向世界贸易组织提供其履行职责时所必需的特权和豁免权；

（3）世界贸易组织官员和各成员方代表在其独立执行与世界贸易组织相关的职能时，由每个成员方提供所需的特权与豁免权；

（4）每个成员方给予世界贸易组织的官员、成员方代表的特权和豁免权等同于联合国大会于 1947 年 11 月 21 日通过的专门机构的特权与豁免权公约所规定的特权与豁免权。

四、世界贸易组织的决策

世界贸易组织的决策可分为协商一致决策和投票决策两种形式。

（一）协商一致决策

世界贸易组织继续实行关贸总协定所遵循的经"协商一致"作出决定的惯例。即讨论一项提议或拟议中的决定时，应首先寻求协商一致，所有成员都表示支持，或没有成员反对，即为协商一致通过。

（二）投票决策

部长级会议或总理事会在无法协商一致时通过投票表决决定，每个成员拥有一票。

（1）对某些关键条款的修正要以全体成员接受才能生效；

（2）关于条款解释的投票要以 3/4 多数通过；

（3）有关豁免义务的表决要以 3/4 多数通过；

（4）接受新成员、关于修正案的投票要以 2/3 多数通过；

（5）对一般事项或某些普通条款的修正以简单多数通过。

五、世界贸易组织的贸易政策审议机制与争端解决规则

世界贸易组织的贸易政策审议是减少或避免成员政府间产生贸易争端的预防性、监督

性机制，而争端解决是解决成员政府间已发生贸易争端的事后解决机制。贸易政策审议机制与争端解决规则是世界贸易组织正常动作和各项协定得以实施的重要保障。

（一）贸易政策审议机制

贸易政策审议机制是指世界贸易组织成员集体对各成员的贸易政策、措施及其对多边贸易体制的影响，定期进行全面的审议和评估。其目的是促使所有成员提高贸易政策和措施的透明度，履行所作的承诺，更好地遵守世界贸易组织的规则和纪律，从而减少或避免贸易争端，保证多边贸易体制平稳运行。

所有世界贸易组织成员的贸易政策都要进行审议，贸易政策审议机构每年确立一个审议计划。贸易政策审议的频率取决于各成员对世界贸易组织多边贸易体制的影响程度。在世界贸易市场份额中居前 4 名的成员每两年审议一次，居前 5～20 名的成员每四年审议一次，其他成员每六年审议一次，最不发达国家成员可以有更长的审议间隔时间，以确保各成员贸易政策符合世界贸易组织的规则。

贸易政策审议机制根据 1996 年达成的谅解，做了几项程序性的修改。贸易政策审议机构审议时应制订一个基本计划，并与有关成员磋商确定审议方案。每一次审议都是在接受审议成员按详细报告这两份文件的基础上进行的。

贸易政策审议机制还规定，贸易政策审议机构应就对多边贸易体制产生影响的国际贸易环境发展作出年度回顾。为此，总干事要提交年度报告，列出世界贸易组织的主要活动，突出重要的政府问题。年度审议为世界贸易组织成员提供了目前贸易政策和贸易环境发展趋势的总体回顾。

案例：2002 年 WTO 对欧盟进行第六次贸易政策审议指出，作为世界货物贸易的主要出口市场和世界第二大进口市场，欧盟秉承贸易自由化原则，保持市场的基本开放，审议认为其主要存在以下问题：①在内部市场的很多领域，贸易自由化的进展并不理想；②欧盟的区外贸易在农产品、纺织品和服装、汽车及家用电器出口上仍存在过多的关税和非关税；③在贸易保障措施的使用上，针对特定产品制定的一些新的法规正在成为新的贸易壁垒。WTO 的贸易政策审议机制促使欧盟对以上几个方面进行改进。

（二）争端解决机制

1.《关于争端解决规则与程序的谅解》主要内容

《关于争端解决规则与程序的谅解》（以下简称《谅解》）主要条款内容有：

（1）规定了争端解决的原则精神：平等、迅速、有效，双方可以接受。

（2）鼓励成员通过磋商解决贸易争端。《谅解》规定磋商是解决争端的第一步，也是必经的一步，没有进入其他程序时仍可随时使用。

（3）以保证世界贸易组织规则的有效实施为优先目标。争端解决机制的目的是使争端得到积极有效的解决，各方可采取斡旋、调解和调停或磋商，寻求均可接受并符合世界贸易组织有关协议解决方法；如果不成，则是确保成员撤销被认定违反世界贸易组织有关协议的措施；如该措施暂时不能撤销，应申诉方要求，双方进行补偿谈判，如不能达成满意的补偿方案，经争端解决机构授权，申诉方可采取报复措施。

（4）规定了解决争端的两种方法。《谅解》规定了争端可通过政治途径（仲裁、斡旋、调解和调停）或法律途径（包括磋商专家组与上诉机构审理、裁决的执行及监督等基本程序）解决。

（5）规定了严格的争端解决时限，争端解决的各个环节规定了严格明确的时间表，不允许拖延。如果上诉，总时限最长不长于 1 年零 3 个月。

（6）实行"反向协商一致"的决策原则。争端解决规则采取了独特的"反向协商一致"的决策机制，只要有提议，除非全体协商一致反对，否则该提议就通过。"反向协商一致"决策机制包括：争端解决机构设立专家组，审议专家组报告和上诉机构报告，以及在起诉方请求授权其对另一方暂停减让义务的实施时，只要不是所有的参加方都反对，就视为通过，从而排除了败诉方单方面阻挠的可能。

（7）禁止未经授权的单边报复。争端当事方应按规定妥善解决争端，禁止采取任何单边的、未经授权的报复性措施。

（8）允许交叉报复。经争端解决机构授权，利益受到损害的成员可以进行报复，报复应优先在被裁决为违反世界贸易组织有关协议的措施的相同领域进行，称为平行报复；如不可行，可在同一协定下的其他领域进行，称为跨领域报复；如仍不可行，可在同一协定下进行，称为跨协定报复。

2. 争端解决的方法

（1）斡旋、调解和调停。斡旋、调解和调停是不使用专家组和上诉程序的办法，请第三方进行干预或处理。斡旋、调解和调停可以在争端解决过程中的任何时候提出，也可以在任何时候结束。一旦斡旋、调解和调停被终止，起诉方即可请求建立专家组。只要各方同意，在专家组工作期间仍可继续进行斡旋、调解和调停。

世界贸易组织的总干事可以在职权范围内就争端事项开展斡旋、调解和调停活动，以帮助成员方解决争端。

（2）仲裁。《谅解》规定，仲裁可以作为争端解决的一种方式，仲裁从程序上讲只是一项选择性的辅助方法，不是一项必经程序。

仲裁是指争端当事方同意以仲裁方式解决争端，在共同指定仲裁员并议定相应的程序后，由仲裁员审理当事方提出的争端。仲裁结果为最终裁决。

3. 争端解决的基本程序

《谅解》规定了争端解决的基本程序，主要包括：

（1）磋商。《谅解》规定，争端当事方应当首先采取磋商方式解决贸易纠纷。任何成员在接到受损害成员要求进行磋商后10天内应对申请作出答复，并在接到申请后30天内展开善意磋商。当事人进行磋商要通知争端解决机构。磋商是秘密进行的，是给予争端各方能够自行解决问题的一个机会。

（2）专家组审理。在磋商未果或在斡旋、调解和调停仍未解决争端的情况下，申诉方可以向争端解决机构提出成立专家组的要求。争端解决机构按规定的时间成立专家组。专家组按规定的审理程序和时限审理案件。专家组的审理报告由争端解决机构审议通过或不通过。

（3）上诉机构审理。上诉机构是争端解决机构的常设机构，受理对专家组最终报告不服的上诉。上诉机构审议仅限于专家组报告中涉及的法律问题和专家组所作的法律解释。上诉机构可以维持、修正、撤销专家组的裁决结论。上诉机构应在规定时间内完成审议，并向争端解决机构提交审议报告，由争端解决机构审议裁决通过或不通过。

（4）争端解决机构裁决的执行。专家组或上诉机构的报告一旦被通过，即成为争端解决机构的正式建议或裁决，对争端当事方具有约束力，争端当事方应无条件接受。被诉方对裁决应迅速执行或确定一个合理的执行期限。如被诉方不能在合理期限内执行争端解决机构的裁决，可经谈判给予补偿。补偿是指被诉方在贸易机会、市场准入等方面给予申诉方相当于其所受损失的减让。若磋商不能达成满意的补偿协议，则暂停执行对被诉方的减让或其他义务。在当事方达成满意的解决方法或裁决得到执行后，报复措施就应终止。补偿与报复都是一种临时性措施。

（5）监督执行。争端解决机构监督已通过的建议和裁决的执行情况，直到问题解决为止；任何成员都可随时向争端解决机构提出与执行相关的问题，以监督建议和裁决的执行。

第三节　世界贸易组织的有关协议

一、货物贸易多边协议

多边货物贸易协议，包括《1994 年关贸总协定》以及乌拉圭回合谈判所达成的与 1994 年关贸总协定配套的有关多边货物贸易的 12 项具体协议及 1 项新协议。1994 年关贸总协定与这些具体协议共同构成世界贸易组织的多边货物贸易规则体系，构成各成员国与货物贸易有关的权利和义务。

（一）1994 年关贸总协定的主要条款

1994 年关贸总协定继承了 1947 年关贸总协定的核心原则及这些原则的例外，但有些条款已补充、扩展、派生成单独的协议，有的已失去意义，或被《建立世界贸易组织的协议》的相关条款所取代或修正。1994 年关贸总协定的主要条款有：

（1）最惠国待遇条款。它是整个《关贸总协定》规则的核心和体制的基础。该条款要求各成员国在货物贸易领域给予其他成员产品的关税优惠以及其他与产品有关的利益优待特权或豁免，应当立即无条件地给予所有其他成员的相同产品以相同的待遇。

（2）关税减让条款。各成员要承诺削减具体进口产品的进口关税、其他税费或最高限制水平。它允许各成员使用关税手段保护国内产业，但要求通过谈判逐渐降低关税水平，并对其加以约束。

（3）国民待遇条款。该条款要求各成员国给予进口产品的待遇，不低于本国同类产品所享受的待遇。

（4）取消数量限制条款。该条款要求成员国不得对产品的进出口设立或维持除关税、国内税及其他费用以外的禁止或限制措施，包括不能以配额许可证等措施来限制或禁止商品的进出口。

（5）以国际收支为由的限制条款。该条款允许成员国为保障国际收支平衡和对外金融地位，在发生严重国际收支困难时，临时采取提高关税或数量限制的措施，但对这些限制的实施条件及应履行的磋商程序等作了具体规定。

（6）国营贸易条款。该条款允许成员国建立或维持国营贸易企业，但要遵守非歧视原则，并履行通知义务。

（7）海关估价条款。该条款规定了进口商品海关估价的一般原则，各成员国不得以本国产品的价格或者以武断的、虚构的价格作为计征关税的依据。

（8）原产地规则条款。各成员国在采用和实施原产地规则时，应以最惠国待遇原则对待所有成员，把对出口成员的贸易和工业可能造成的困难及不便减少到最低程度；但应适当注意该条款具有欺骗性的或易引起误解的标记，以保护消费者的利益。

（9）贸易救济措施条款。该条款对倾销补贴保障措施的含义、征收反倾销与反补贴税的条件作了规定，对成员国在采取反倾销、反补贴保障措施等方面的权利和义务作了规定。

（10）透明度和贸易政策统一条款。该条款要求各成员国公布或公开其制定、实施的与货物贸易有关的法律法规政策和措施及其变化情况。要求成员以统一、公正、合理的方式实施法令条例判决的决定。

（11）关税同盟自由贸易区和边境贸易条款。该条款允许将它们作为例外。

（12）争端解决条款。该条款对成员之间发生贸易争端时如何进行磋商、专家组审理、上诉机构审理、裁决的执行及监督等基本程序作了规定。

（13）对发展中国家成员的特殊优惠待遇条款。发达国家成员应尽最大可能采取措施，促进发展中国家成员出口收入持续稳定增长，推动发展中国家成员的贸易与经济发展。

（14）例外与免责条款。该条款对成员在无法履行正常义务的特殊情况下，作了一些例外与免责规定。

（二）货物贸易具体协议

多边货物贸易的具体协议既是《1994 年关贸总协定》的具体化，又是相对独立的。世界贸易组织规定，当《1994 年关贸总协定》的某一规定与多边货物贸易具体协议的某些条款发生冲突时，具体协议的规定在冲突涉及的范围内具有优先效力。

1. 农业协议

《农业协议》的主要内容是对农业政策三个领域的规定：市场准入、国内支持和出口补贴。

《农业协议》涉及的农产品范围在该协议的附件 1 列了清单，主要是协调制度编码第 1 章至 24 章包括的产品及其他税号的产品。

（1）市场准入。

《农业协议》规定通过将非关税措施关税化并禁止使用新的非关税壁垒、关税减让承诺、最低市场准入，以及建立特殊保障机制等措施促进农产品贸易自由化的实现。协议规定，以 1986 到 1988 年的平均关税水平作为减让基准，从 1995 年开始分年度实施，发达国家成员实施期内 6 年，发展中国家成员为 10 年。具体规定主要是：

①非关税措施的关税化。协议要求各成员取消非关税措施，即通过关税化取消原有的非关税措施。

②约束关税并进行减让。协议规定对农产品的普通关税和关税化后的关税全部进行约束；现行关税和关税化后征收的新关税，在约束的基础上按一定的百分比进行进一步减让，并在 2004 年内逐步降低到零关税或低关税水平。最不发达国家成员不承担任何义务。

③以关税配额的方式承诺现行准入和最低准入量。为了确保这些产品的进口不受关税化之后形成的更高关税的影响，进口成员通过建立"关税配额"承担现行准入承诺，以保障现行农产品仍以较低的关税进口。配额准入量的进口则需缴纳较高的税率。关税化形成的高关税适用于配额外的进口。

④建立特殊保障机制。协议对需要进行关税化的农产品建立了一个特殊保障机制，允许成员对进口的突然增加或价格下跌作相应的反应。特殊保障通过价格与数量"触发器"

来实施。

（2）国内支持减让承诺。

国内支持是指有利于农产品生产者的国内支持措施。为消除许多成员的国内农产品支持政策对农产品市场产生的不利影响，协议对不同的国内支持措施进行分类处理，区别对待。

①需要减让承诺的国内支持政策。那些对生产和贸易产生扭曲作用的国内支持政策，称为"黄箱政策"，需要减让承诺。

②需要约束的国内支持政策。在"黄箱政策"中，如果某些条件得到满足，不需要削减，但要约束，如："蓝箱政策"、微量支持政策、发展中国家成员的"特殊和差别待遇"。

③不需要减让承诺的国内支持政策。对贸易影响最小的措施，被称为"绿箱政策"，不在削减范围之内。

（3）出口补贴。

在出口竞争承诺方面，协议规定：在数量上和金额上对出口补贴进行削减。

①出口补贴的范围。农产品的出口补贴是被禁止使用的，已实施的要进行削减。

②出口补贴减让承诺。出口补贴减让以具体产品的数量及价值为基础削减为减让承诺方式。

2. 纺织品和服装协议

协议附件列明了逐步取消配额限制的产品清单：协调编码税则号第11大类项下第50~63章的全部产品，第30~49章和第64~96章的部分产品，既包括了成员根据《多种纤维协议》已实行进口数量限制的全部产品，也包括了少量的非《多种纤维协议》数量限制的产品。

（1）纺织品和服装贸易的逐步并轨。

协议为纺织品和服装贸易逐步纳入关贸总协定规则规定了原则、方法和步骤。协议要求成员不得设立新的纺织品与服装贸易限制，并逐步取消已有的限制，这称为"经济条款"。具体做法如下：

①逐步取消产品的配额限制。协议规定按四个阶段（1995年，1998年，2002年，2005年），10年内按协调编码税则号的类别和规定的比例取消纺织品和服装贸易的配额，到2005年，《纺织品和服装协议》废止，完全与《关贸总协定》规则并轨，取消一切限制，实现纺织品和服装贸易自由化。

②逐步增加尚未取消限制的产品的配额数量。对尚未取消配额限制的产品，要逐步放宽限制，增加配额数量。具体做法是通过提高配额年增长率的方式，逐年增加配额数量。

（2）过渡性保障机制。

过渡性保障机制是指某项纺织品或服装的配额限制取消之前，若进口成员证明该产品进口数量剧增，对国内有关产业造成严重损害或有严重损害的实际威胁，并且自单个成员的进口出现急剧和实质性增加，则可对该出口成员采取暂时的保障措施。

（3）反舞弊条款。

协议规定，各成员应制定必要的法律规定或行政程序来处理在纺织品与服装贸易中经第三国转运改道或伪造、谎报原产国或原产地、伪造正式文件来规避配额等舞弊行为。

（4）纪律条款。

所有成员必须遵守《1994 年关贸总协定》的规则和纪律，并采取必要的行动，以期通过诸如减让关税和约束关税，减少或取消非关税壁垒，方便海关、行政和许可手续等措施，实现纺织品和服装产品的市场准入状况的改善。

3. 信息技术产品协议

《信息技术协议》是世界贸易组织成立后新达成的协议，该协议于 1997 年 4 月 1 日生效。

信息技术产品范围包括：①计算机及软件；②电信产品；③半导体生产设备；④科学仪器；⑤其他产品。

该协议的核心内容是，2000 年 1 月 1 日前分 4 个阶段取消信息技术产品的关税及其他税费，一些发展中国家可以将其减税实施期延至 2005 年 1 月 1 日。

该协议只是一个关税削减机制。虽然协议也规定要审议非关税壁垒，但不需要作出约束承诺。成为协议参加方，必须遵守四条原则：第一，承诺必须涵盖协议所列全部产品，对于产品范围不存在例外，但对于敏感产品可适当延长降税实施期，但必须削减至零关税；第二，所有产品必须削减至零关税；第三，其他税费必须约束至零；第四，参加方削减关税及其他税费的措施并入《1994 年关贸总协定》所附各自减让表中。参加方对《信息技术协议》承担的义务在最惠国待遇基础上实施，即适用于未参加该协议的世界贸易组织其他所有成员。该协议由世界贸易组织成员和申请加入国或单独关税区自愿参加，在参加主体上，它类似于诸边贸易协议；在适用对象上则与多边贸易协议相同，为"次多边贸易协议"。

4. 海关估价协议

海关估价是海关为实现征收关税等目的，确定进口货物完税价格的程序。协议规定了一个中性、公平、准确的海关估价制度，以消除在海关估价方面的随意性和不可预见性，便利海关结关工作，减少进口商品与海关当局之间的争议。

《关于履行 1994 年关贸总协定第 7 条的协议》又称为海关估价协议，主要内容有：

（1）完税价格。

进口货物的完税价格应为成交价格，即进口商品在该货物销售出口至进口国时实付或应付的价格。完税价格通常就是发票上表明的成交价格。同时，协议规定，需要对成交价格进行一些调整后方能成为完税价格。

（2）海关估价方法。

协议确立了海关估价的 6 种方法，按先后次序实施：

①货物本身的成交价格，若成交价格不能成为计算完税价格的基础，按规定可以有下面 5 种替代方法来确定完税价格。

②相同货物的成交价格，即所有方面都相同的货物，包括相同的原产国。

③类似货物的成交价格，类似货物不需要与被估价货物在各方面都相同，但它们具有相同的特点和组成材料，具有相同的功能，在商业上可以互换，与被估价的货物产自同一国家，而且通常是由同一生产者生产的。

④扣除法价格，根据货物（相同或类似的货物）在进口国出售给无连带关系的购买者的价格，并应作出适当扣除。具体的调整包括：扣除构成售给无连带关系的购买者价格中

的佣金、利润或运输费用。

⑤计算法价格，是将各种规定的额外金额与生产成本加在一起得出的，包括利润和运输费用等。这种方法通常只有在买卖双方有连带关系，而且卖方准备支付必要的数据资料的情况下才适用。

⑥以"回顾"方法确定完税价格，只有在上述5种方法都不能使用时，海关当局才能"回顾"符合关贸总协定有关规定的其他方法，以确定进口货物的价格。

（3）对海关估价决定的司法复议。

进口商对海关估价决定有申诉的权利。进口商可以向上一级海关或海关外部的某个独立机构提出申诉，要求行政复议，如对行政复议不服，进口商可向司法机关提出申诉，要求司法复议。进口商也可直接要求司法复议。

5. 装运前检验协议

装运前检验协议是指进口商或进口方政府通过专业检验机构对出口产品在装运前进行检验，以确信产品符合合同中规定的条件，或符合进口方对产品的安全要求。

《装运前检验协议》根据非歧视原则和透明度原则，确立了出口成员在装运前检验活动中权利和义务的国际框架。协议的宗旨是确保装运前检验不会造成不必要的困难。该协议划定了一个政府授权的装运前检验机构可以在其他成员领土内开展活动的范围。

6. 进口许可程序协议

进口许可程序是指为实施进口许可制度而采用的行政管理程序，它包括进口许可证制度本身的程序，也包括作为进口前提条件的其他类似的行政管理手续。

《进口许可程序协议》主要内容有：

（1）实施进口许可制度的基本原则

协议规定了实施进口许可制度的基本原则，要求做到：客观公正地实施许可制度；及时公布必要的信息；简化申请和展期手续；不得在外汇供应上实行歧视；不得因小错而拒绝批准；允许安全和保密例外。

（2）自动进口许可制

自动进口许可制是指在任何情况下对申请进口商品一律予以批准签发的进口许可证制度，不得以对进口货物产生限制作用的方式加以实施。它通常用于统计的监督。

（3）非自动进口许可制

非自动进口许可制是指未列入自动进口许可制管理商品的其他商品的进口许可制度。它适用于对配额或其他限制性措施进行管理。协议规定，除了进口限制本身的影响外，其实施不得对进口产生额外的贸易限制或扭曲的作用。非自动进口许可制的规定概括起来主要有4个方面：①保证许可证管理的透明度；②及时、公正地实施许可程序；③合理分配许可证；④对误差采取补偿措施。

7. 原产地规则协议

原产地规则是各国为了确定货物原产地而采取的法律、法规和行政规章。其核心是判定货物原产地的具体标准，即原产地标准。

《原产地规则协议》的中心内容是协调各国现行的非优惠原产地规则，制定国际统一的非优惠原产地"协调规则"。协议对"协调规则"的适用范围、制定原则、标准程序协调工作期限、管理机构等均有明确规定。协议规定"协调规则"将适用于各成员所有的非优惠性贸易政策措施，包括最惠国待遇、反倾销和反补贴、原产地标记和任何歧视性数量限制或关税配额等措施，以及政府采购和贸易统计所采用的原产地规则。

原产地规则包括原产地标准、直接运输规则和书面证明。协议适用于所有用于非优惠性商业政策措施的原产地规则，而不是关于关税优惠（普惠制）保证的原产地规则。协议旨在进行除关税优惠之外的原产地规则的长期协调，保证这些规则本身不构成不必要的贸易壁垒，使原产地规则以一种公正的、透明的、可预见的、一致的和无歧视的方式制定并实施。

8. 技术性贸易壁垒协议（见第五章第二节）

9. 实施卫生与植物卫生措施协议（见第五章第二节）

10. 与贸易有关的投资措施协议

协议的宗旨是，防止某些投资措施可能产生的贸易限制的扭曲，便利国际投资，促进世界贸易的扩大和逐步自由化。投资措施一般是指为了促进外国投资者达到某种业绩标准而采取的政策。"与贸易有关的投资措施"是指能够对国际贸易产生影响的投资措施。

协议规定各成员实施与贸易有关的投资措施，不得违背关贸总协定的国民待遇和取消数量限制原则。

11. 反倾销协议（见第四章第二节）

12. 补贴与反补贴措施协议（见第四章第二节）

13. 保障措施协议（见第五章第三节）

二、服务贸易总协定

服务贸易总协定内容框架

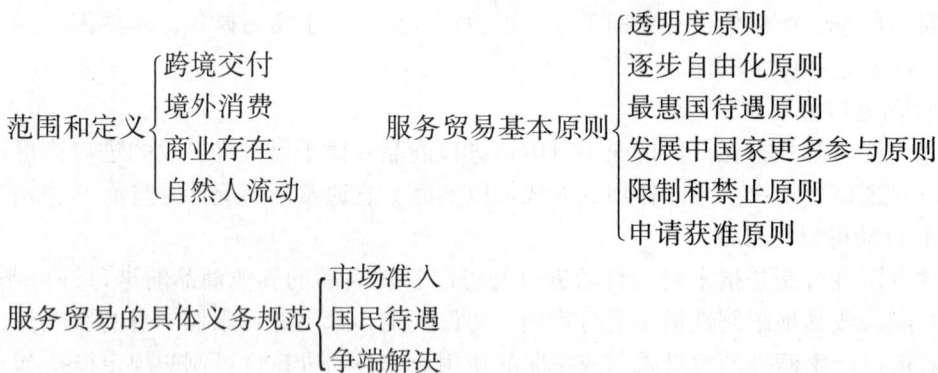

范围和定义 { 跨境交付　境外消费　商业存在　自然人流动

服务贸易基本原则 { 透明度原则　逐步自由化原则　最惠国待遇原则　发展中国家更多参与原则　限制和禁止原则　申请获准原则

服务贸易的具体义务规范 { 市场准入　国民待遇　争端解决

《服务贸易总协定》（General Agreement on Trade in Service，简称 GATS）的产生是当代世界经济一体化和贸易投资自由化发展的必然结果，同时，又是世界范围内国际服务贸易发展的客观要求。

随着经济全球化的发展，服务贸易在世界经济生活中的地位和作用日益加强。作为一种日益增长的经济活动，服务贸易的重要性已逐渐为各国所认识，在 1986 年开始的关贸总协定乌拉圭回合谈判中，服务贸易第一次被列入谈判议题，服务贸易自由化也被提上议事日程，这在国际贸易史上具有划时代的意义。

1994 年乌拉圭回合谈判结束，谈判各方签署了《服务贸易总协定》（GATS）。GATS 首次确立了有关服务贸易的规则和原则，为参与服务贸易的国家提供了服务贸易国际管理和监督的约束机制，是国际多边贸易体制推动服务贸易自由化的一个重大突破。

（一）《服务贸易总协定》内容构成与法律特征

1. 《服务贸易总协定》内容构成

《服务贸易总协定》的内容由三大部分组成：一是协议条款本身；二是附件；三是各国的准入承诺清单。

（1）协议条款。协议条款本身共有 6 个部分，共 29 条。

第一部分为"范围与定义"；第二部分为"一般义务和纪律"，包括最惠国待遇、透明度、发展中国家的更多参与、经济一体化、国内法规、承认、垄断和专营服务提供者、商业惯例、紧急保障措施、支付和转移、保障收支平衡的限制、政府采购、一般例外、安全例外、补贴等 15 项条款；第三部分为"具体承诺"，包括市场准入、国民待遇、附加承诺；第四部分为"逐步自由化"，包括具体承诺的谈判、具体承诺表、承诺表的修改；第五部分为"制度条款"，包括磋商、争端解决和实施、服务贸易理事会、技术合作、与其他国际组织的关系；第六部分为"最后条款"，包括利益的拒给、定义、附件。

（2）附件。总共有 8 个附件，它们分别是：关于第二条豁免的附件，关于本协议下提供服务的自然人流动附件，关于空运服务的附件，关于金融服务的附件一，关于金融服务的附件二，关于海运服务谈判的附件，关于电信服务的附件，关于基础电信谈判的附件。

（3）各国具体承诺表。它们是在各国开出的"初步承诺表"的基础上，经过双边谈判所形成的，最后对全体缔约方具有法律效力的承诺。

2. 法律特征

《服务贸易总协定》的宗旨和出发点是与关贸总协定相一致的。即通过逐轮谈判，逐步取消一切限制进入服务业市场的措施，给予外国服务提供者国民待遇，普遍适用最惠国待遇的原则，最终实现服务贸易的全面自由化。《服务贸易总协定》最主要的法律特征是将成员方的义务分为两种：一种是普遍义务，如最惠国待遇、透明度、发展中国家更多参与、经济一体化、紧急保障措施、一般例外等，它们适用于服务业的各部门，不论 GATS 的成员是否开放这个或这些部门，都必须相互给予无条件最惠国待遇；另一种是具体承诺的义务，如市场准入、国民待遇等，它们只适用于各成员方承诺开放的服务部门而不适用于未开放的部门。

（二）《服务贸易总协定》的主要内容

1. 最惠国待遇

GATS 第二条规定：对于本协定的任何措施，每一缔约方给予任何缔约方的服务或服务提供者的待遇，应立即无条件地给予其他任何成员的相同服务和服务提供者。

2. 透明度

GATS 第三条要求缔约各方必须将影响其国际服务贸易的所有有关法律、法规和行政命令，所有其他的决定、规则以及习惯做法，参加的所有有关的或影响服务贸易的其他国际条约，都必须在其生效前予以公布。

3. 发展中国家的更多参与

鉴于发展中国家服务业比较落后，其服务贸易在世界上所占的比重较小，所以应通过各种手段提高发展中国家的国内服务的能力、效率和竞争力。

4. 市场准入

市场准入是指缔约方以其承诺清单中所列举的服务部门及其准入的条件和限制为准，对其他缔约方开放其本国的服务市场。

5. 国民待遇

协定第十七条规定了服务贸易方面的国民待遇问题。该条规定，每一成员方给予任何其他成员方的待遇，就其影响服务提供的所有规定来说，不应低于给予本国相同的服务和服务提供者的待遇。

6. 逐步自由化

所谓服务贸易自由化是指服务业在各国或各地区没有障碍地流动。但由于服务贸易的一些重要领域涉及一国的主权、机密和安全，且在国际服务贸易的地理分布、结构等方面还存在着严重的不平衡，所以服务贸易自由化是一个渐进的过程，其过程取决于各成员方相应的国家政策目标，以及各成员方的整体和个别服务部门的发展水平。

7. 国内法规

每一个国家为维护本国的服务业秩序，都会根据自己的国情和政策，制定各种管理其境内服务贸易的法律和规章。为确保《服务贸易总协定》的目标得以实现，协定第六条为成员方规定了一般纪律。

8. 紧急保障措施与保障收支平衡的限制

为维护本国服务业的稳定与发展，为消除因服务输入给本国经济带来的不利冲击，各国根据主权原则享有采取各种紧急保障措施的权利。然而，保障措施最容易成为服务贸易自由化的障碍。为此，GATS 分别就一般性紧急保障措施和特定的保障措施，规定了各成员方应遵循的规则。

9. 一般例外与安全例外

与关贸总协定一样，GATS 也确定了一般例外与安全例外条款。其中，安全例外的内容与关贸总协定基本一致，而一般例外的内容与关贸总协定有较大的不同。

10. 争端解决和实施

GATS 第 22、23 条规定了有关服务贸易纠纷的磋商和争端解决的程序，它基本上适用《建立世界贸易组织协定》附件二的《争端解决的规则和程序的谅解》。

协定规定：当一成员方就影响协定执行的任何事项向另一成员方提出请求时，该成员方应该给予合作，并给予适当的机会进行磋商。如磋商未能取得圆满结果，则在一成员方的请求下，服务贸易理事会或争端解决机构应与相关的成员方进行磋商。

协定规定：如果一成员方的利益受到另一成员方损害时，它可以提出书面请求或建议。如果在合理时间内不能达成满意的解决办法，该成员方可以诉诸争端解决机构。如果争端解决机构认为争端严重到应采取行动时，该机构应批准特定成员方根据争端解决谅解的规定，暂停实施所承担的对任何其他成员方的义务。

《服务贸易总协定》确立的国际服务贸易体制的原则、法规和系统的行为准则，必将有力地推动全球国际服务贸易自由化的进程，从而对世界经济和国际服务贸易的发展产生深远的影响。

三、与贸易有关的知识产权协定

《与贸易有关的知识产权协定》的宗旨是加强对知识产权的有效保护，消除与知识产权有关的执法措施或程序变成合法贸易的障碍，以减少对国际贸易的扭曲。

（一）知识产权的基本原则

协定确认关贸总协定的基本原则和有关国际知识产权公约的原则适用于该协定，并必须得到遵守。主要有：

（1）关贸总协定的基本原则：国民待遇原则，最惠国待遇原则，透明度原则，争端解决原则。

（2）国际公约的基本原则：对权利合理限制原则，权利的地域性独立原则，专利与商标申请的优先原则，版权自动保护原则。

国际知识产权公约是指：《保护工业产权的巴黎公约》、《保护文学艺术作品的伯尔尼公约》、《保护唱片、录音制品的罗马公约》、《保护集成电路知识产权的华盛顿公约》。

（3）知识产权协定新的原则主要是：对行政终局决定的司法审查和复审原则；承认知识产权为私权的原则。

（二）知识产权的范围效力和保护标准

协定规定了各项知识产权的保护范围、效力和标准。对7种知识产权规定了最低保护要求，并涉及对限制竞争行为的控制问题。

1. 版权及相关权利

版权是指作者对其创作的文字艺术和科学作品依法享有的署名、发表、出版、获得报酬等权利。

相关权利是指与作品传播有关的权利，如出租权、表演者、录音录像品制作者和传播媒体许可或禁止对其作品复制的权利，又称为邻接权。

版权及相关权利保护的范围是：文学艺术作品、计算机软件、表演者、录音录像制品制作者和传媒。

文学艺术作品版权的保护期限不得少于50年；表演者和录音录像制品作者的保护期不得少于50年；传媒的保护期应至少为20年。

2. 商标

商标是一个企业、个人的商品或服务与其他企业、个人的商品或者服务相区别的任何标记或者任何标记的组合。

一项注册商标的所有人对其注册商标享有独占权，任何他人未经注册商标所有人许可，不得在相同或者相类似的经营活动中，使用与注册商标相同或者相类似的商标，以避免导致可能产生的混淆。驰名商标应受到特别的保护，即使不同的商品或服务，也不得使用他人已注册的驰名商标。

协定规定商标的第一次注册以及每次续展均不应少于7年的期限，商标注册可以无限期地续展。如以没有使用商标为由撤销商标注册，其条件必须是该商标连续3年未使用。

3. 地理标志

使用地名描述产品，即"地理标志"，通常可以用来识别产品的产地和特点。地理标志定义为：当一种商品的特定质量、声誉或其他特征在实质上取决于原产地域的地理因素时，产地名称表明这种商品来源于某成员领土或该领土的某一地区或某一地点时所采用的标志。各成员应对地理标志提供保护，以防止假冒原产地的商品欺骗公众。

4. 工业品外观设计

工业产品外观设计是指对产品的形状、图案、色彩或者其结合所作出的富有美感且适合于工业应用的新的独创性设计。协定规定各成员应对工业品外观设计给予保护，工业品外观设计的所有人有禁止他人未经许可以商业目的制造、销售或者出口使用该工业品外观设计的产品或体现了该工业品外观设计的产品，以及复制上述产品的权利。工业品外观设计的有效保护期至少为 10 年。

纺织品设计具有周期短、数量大、易复制的特点。协定强调成员有对纺织品的设计法或版权法加以保护的义务，为获得保护而需要满足的条件，特别是费用审查和公布方面的条件，不应该有不合理的阻碍。受保护设计的权利人应能够阻止未经其许可的第三方为商业目的而生产销售或进口复制其设计的产品。

5. 专利

所有技术领域的任何有关产品或方法的发明，不论是产品发明还是方法发明，只要其具备新颖性、创造性和工业实用性，均可获得专利。成员有权作出不授予专利权的例外规定仅限于两个方面：一是人类或者动物的诊断、治疗和外科手术方法；二是除微生物外的生产植物和动物的主要生物方法。但成员应当用专利或者一种专门制度或者两者相结合来保护植物品种。此外，某些发明在其领土上被商业性利用，会对人类或动植物的生命、健康或对环境造成严重损害，为了维护公共秩序和社会道德可对该发明不授予专利权。

专利所有人享有专有权。对于产品专利，专利权人有权制止他人未经许可制造、使用、推销、销售和为实现上述目的进口该专利产品；对于方法发明，专利权人有权制止他人使用、推销、销售或者为这些目的进口（至少是由该专利方法直接获得的）产品。协定对专利的强制许可或非自愿许可规定了严格的条件和限制。专利保护期不少于 20 年。

6. 集成电路布图设计

协定规定各成员应禁止未经权利持有人许可的下列行为：为商业目的进口销售或以其他方式发行受保护的布图设计，为实现商业目的进口销售或以其他方式发行含有受保护的布图设计的集成电路，为商业的进口、销售或以其他方式发行含有上述集成电路的物品。集成电路布图设计保护期应不少于 10 年。

7. 对未披露信息的保护

协定所称的未披露信息包括商业秘密和未披露的试验数据和技术诀窍。合法拥有该信息的企业和个人，有权防止他人未经许可而以违背诚实商业行为的方式，披露、获得或使用该信息。协定要求成员本着制止不正当竞争的原则对这些未披露的信息给予保护。

8. 对许可合同中限制竞争行为的控制

协定允许成员通过国内立法来防止和控制技术许可合同中限制竞争的行为，制止滥用知识产权达到垄断的目的。协定列举了独占返授条件，禁止对有关知识产权的有效性提出异议的条件或采取胁迫性一揽子许可证等限制竞争的行为。协定要求有关成员政府应磋商并采取适当的救济措施防止限制竞争性许可。

第四节　中国与世界贸易组织

在邓小平理论的指导下，在以改革开放为国策的基础上，中国政府于1986年7月10日向关贸总协定提出恢复缔约方地位的申请。1987年3月4日，关贸总协定设立中国缔约方地位工作组，就中国缔约方地位恢复进行谈判。1995年世界贸易组织建立后，中国由"复关"转变为加入世界贸易组织的谈判。按照中国的申请并根据世界贸易组织总理事会1995年1月31日的决定，原GATT1947缔约方地位工作组自1995年12月7日起转为中国加入世界贸易组织工作组。

中国缔约方地位工作组在1987—1995年召开了20次会议，从1996年3月到2001年1月召开了18次会议。在漫长的谈判过程中，中国坚持以发展中国家的权利与义务平衡作为谈判的基础，谈判成员方在确认上述条件的基础上，考虑中国经济的巨大规模、快速增长和过渡性质，要求以务实方式处理协定中的权利与义务。在中国和谈判方的共同努力下，2001年在中国加入世界贸易组织工作组第18次会议上，达成《中国加入WTO议定书》及其附件《中国加入WTO工作组报告书》。在2001年11月10日世界贸易组织第四次部长级会议上，以合意方式接纳中国为世界贸易组织成员。翌日，中国全权代表对外贸易经济合作部部长石广生签署《中国加入WTO议定书》，2001年12月11日生效，中国成为第143个世界贸易组织成员。中国台北2002年1月1日相继成为世界贸易组织第144个成员，加上原已是世界贸易组织成员的香港、澳门，中国成为拥有四个世界贸易组织成员的国家。

《中国加入WTO议定书》本身由序言、三个部分及18个条款构成。第一部分为总则，包括18个条款。第1条　总体情况，第2条　贸易制度的实施，第3条　非歧视，第4条　特殊贸易安排，第5条　贸易权，第6条　国营贸易，第7条　非关税措施，第8条　进出口许可程序，第9条　价格控制，第10条　补贴，第11条　对进出口产品征收的税费，第12条　农业，第13条　技术性贸易壁垒，第14条　卫生与植物卫生措施，第15条　确定补贴和倾销时的价格可比性，第16条　特定产品过渡性保障机制，第17条　世界贸易组织的保留，第18条　过渡性审议机制。第二部分为减让表。第三部分为最后条款。此外，还有9个附件。

《中国加入WTO工作组报告书》由导言、经济政策、政策制定和执行的框架、影响货物贸易的政策、与贸易有关的知识产权制度、影响服务贸易的政策、其他问题和结论构成。

　　入世后我国将享受正式成员的各种权利，同时也要承担相应的义务。

《中国加入WTO议定书》及其附件和《中国加入WTO工作组报告书》是中国与世界贸易组织成员经过谈判达成的协议，对中国和其他世界贸易组织成员均具有约束力，现已成为《马拉喀什建立世界贸易组织协定》的组成部分。

一、中国加入世界贸易组织后的权利与义务

（一）中国加入世界贸易组织后的权利

1. 全面参与多边贸易体制

加入世界贸易组织前，中国作为观察员参与多边贸易体制，所能发挥的作用受到诸多限制。加入世界贸易组织后，中国将充分享受正式成员的权利，其中包括：全面参与世界贸易组织各理事会和委员会的所有正式会议，维护中国的经济利益；全面参与贸易政策的审议，对美国、欧盟、日本、加拿大等重要贸易伙伴的贸易政策进行质询和监督，敦促其他世界贸易组织成员履行多边义务；在其他世界贸易组织成员对中国采取反倾销、反补贴和保障措施时，可以在多边框架体制下进行双边磋商，增加解决问题的渠道；充分利用世界贸易组织争端解决机制解决双边贸易争端；避免某些双边贸易机制对中国的不利影响；全面参与新一轮多边贸易谈判，参与制定多边贸易规则，维护中国的经济利益；对于现在或将来与中国有重要贸易关系的申请加入方，将要求与其进行双边谈判，并通过多边贸易谈判解决一些双边贸易中的问题，包括督促其取消对中国产品实施的不符合世界贸易组织规则的贸易限制措施，扩大中国出口产品和服务的市场准入机会和创造更优惠的投资环境等，从而为中国产品和服务扩大出口创造更多的机会。

> 基本权利包括：
>
> （1）全面参与多边贸易体制，包括参加正式会议、参与贸易政策的审议、双边磋商、参与制定贸易规则、利用争端解决机制解决贸易争端等；
>
> （2）享受多边无条件的最惠国待遇和国民待遇；
>
> （3）享受发展中国家权利；
>
> （4）获得市场开放和法规修改的过渡期；
>
> （5）保留国营贸易体制；
>
> （6）对国内产业提供必要的支持；
>
> （7）维持国家定价；
>
> （8）保留征收出口税的权利。

2. 享受非歧视待遇

中国加入世界贸易组织后，将充分享受多边无条件的最惠国待遇和国民待遇，即非歧视待遇。现行双边贸易中受到的一些不公正的待遇将会被取消或逐步取消。其中包括：美国国会通过永久正常贸易关系（PNTR）法案，结束对华正常贸易关系的年度审议；根据《中国加入 WTO 议定书》附件 7 的规定，欧盟、阿根廷、匈牙利、墨西哥、波兰、斯洛伐克、土耳其等成员对中国出口产品实施的与世界贸易组织规则不符合的数量限制、反倾销措施、保障措施等将从中国加入世界贸易组织后 5 年至 6 年内取消；根据世界贸易组织《纺织品与服装协定》的规定，发达国家的纺织品配额将在 2005 年 1 月 1 日取消，中国将充分享受世界贸易组织纺织品一体化的成果；美国、欧盟等在反倾销问题上对中国使用的"非市场经济国家"标准将在规定期限内（15 年）取消。

3. 享受发展中国家权利

除一般世贸组织成员所能享受的权利外，中国作为发展中国家还将享受世界贸易组织各项协定规定的特殊和差别待遇。其中包括：中国经过谈判获得了对农业提供占农业生产总值 8.5%"黄箱补贴"的权利，补贴的基期采用相关年份，而不是固定年份，使中国今

后的农业国内支持有继续增长的空间；在涉及补贴与反补贴措施、保障措施等问题时，享有协定规定的发展中国家待遇，包括在保障措施方面享受 10 年保障措施使用期，在补贴方面享受发展中国家的微量允许标准（即在该标准下其他成员不得对中国采取反补贴措施）；在争端解决中，有权要求世界贸易组织秘书处提供法律援助；在采用技术性贸易壁垒国际标准方面，可以根据经济发展水平拥有一定的灵活性等。

4. 获得市场开放和法规修改的过渡期

为了使中国相关产业在加入世界贸易组织后获得调整和适应的时间和缓冲期，并对有关的法律和法规进行必要的调整，经过谈判，中国在市场开放和遵守规则方面可以享有过渡期。例如：在放开贸易权的问题上，享有 3 年的过渡期；关税减让的实施期最长可到 2008 年；逐步取消 400 多项产品的数量限制，最迟可在 2005 年 1 月 1 日取消；服务贸易的市场开放在加入后 1 年至 6 年内逐步实施；在纠正一些与国民待遇不相符的措施方面，包括针对进口药品、酒类和化学品等的规定，将保留 1 年的过渡期，以修改相关法规；对于进口香烟实施特殊许可证方面，中国将有 2 年的过渡期修改相关法规，以实行国民待遇。

5. 保留国营贸易体制

世界贸易组织允许通过谈判保留进口国营贸易。为使中国在加入世界贸易组织后保留对进口的合法调控手段，中国在谈判中要求对重要商品的进口继续实行国营贸易管理。经过谈判，中国保留了对粮食、棉花、植物油、食糖、原油、成品油、化肥和烟草等 8 种关系国计民生的大宗产品的进口实行国营贸易管理（即由中国政府指定的少数公司专营）的权利；保留了对茶、大米、玉米、大豆、钨及钨制品、煤炭、原油、成品油、丝、棉花等的出口实行国营贸易管理的权利；同时，参照中国目前实际进出口情况，对非国营贸易企业进出口的比例作了规定。

6. 对国内产业提供必要的支持

其中包括：地方预算提供给某些亏损国有企业的补贴；经济特区的优惠政策；经济技术开发区的优惠政策；上海浦东经济特区的优惠政策；外资企业优惠政策；国家政策性银行贷款；用于扶贫的财政补贴；技术革新和研发基金；用于水利和防洪项目的基础设施基金；出口产品的关税和国内税退税；进口税减免；对特殊产业部门提供的低价投入物；对某些林业企业的补贴；高科技企业优惠所得税待遇；对废物利用企业优惠所得税待遇；贫困地区企业优惠所得税待遇；技术转让企业优惠所得税待遇；受灾企业优惠所得税待遇；为失业者提供就业机会的企业的优惠所得税待遇等补贴项目。

7. 维持国家定价

保留了对重要产品及服务实行政府定价和政府指导价的权利。其中包括：对烟草食盐药品等产品，民用煤气、自来水、电力、热力、灌溉用水等公用事业，以及邮电、旅游、景点门票、教育等服务保留政府定价的权利；对粮食、植物油、成品油、化肥、蚕茧、棉花等产品和运输专业服务、服务代理银行结算、清算和传输、住宅销售和租用、医疗服务等服务保留政府指导价的权利；在向世界贸易组织秘书处作出通报后，可增加政府定价和政府指导价的产品和服务。

8. 保留征收出口税的权利

保留了对鳗鱼苗、铅、锌、锑、锰、铁、铬、铜、镍等共 84 个税号的资源性产品征收出口税的权利。

（二）中国加入世界贸易组织后的义务

1. 遵守非歧视原则

中国承诺在进口货物关税、国内税等方面，给予外国产品的待遇不低于国产同类产品的待遇，并对目前仍在实施的与国民待遇原则不符的做法和政策进行必要的修改和调整。

2. 贸易政策统一实施

承诺在整个中国关境内，包括民族自治地区、经济特区、沿海开放城市以及经济技术开发区等统一实施贸易政策。世界贸易组织成员的个人和企业可以就贸易政策未统一实施的情况提请中国中央政府注意，有关情况将迅速反映给主管机关，如反映的问题属实，主管机关将依据中国法律可获得的补救，对此迅速予以处理，处理情况将书面通知有关当事人。

3. 遵守透明度规则

承诺公布所有涉外经贸法律和部门规章，未经公布的不予执行。加入世界贸易组织后设立"世界贸易组织咨询点"。在对外经贸法律、法规及其他措施实施前，提供草案，并允许提出意见。咨询点对有关成员咨询的答复应该完整，并代表中国政府的权威观点，对企业和个人也将提供准确可靠的贸易政策信息。

4. 建立司法审查制度

承诺在与中国《行政诉讼法》不冲突的情况下，在有关法律、法规、司法决定和行政决定方面，为当事人提供司法审查的机会。包括最初向行政机关提出上诉的当事人有向司法机关上诉的选择权。

5. 接受过渡性审议机制

中国加入世界贸易组织后 8 年内，世界贸易组织相关委员会将对中国履行世界贸易组织义务和实施加入世界贸易组织谈判所作承诺的情况进行年度审议，在第 10 年完全终止审议。中方有权就其他成员履行义务的情况向委员会提出质疑，要求世界贸易组织成员履行承诺。

6. 接受特定产品过渡性保障机制

中国加入世界贸易组织后 12 年内，如因中国出口产品激增对世界贸易组织成员国内市场造成市场紊乱，双方应磋商解决。在磋商中，双方一致认为应采取必要行动时，中国应采取补救行动。如磋商未果，该世界贸易组织成员只能在补救冲击所必需的范围内对中方撤销减让或限制进口。

二、中国加入世界贸易组织的主要承诺

（一）与货物贸易有关的规定

入世以后，中国将按照 WTO 规则修改与货物贸易有关的政策，逐步削减关税与非关税壁垒，扩大货物贸易的市场准入。主要有：

1. 贸易权（The Right of Trade）

中国政府对贸易的管制权必须符合 WTO 协议并逐步自由化。在加入 WTO 后 3 年内取消贸易权审批制。

2. 海关关税（Customs Duties）

根据该减让表的规定，中国关税总水平将由 2001 年的 14% 降到 2005 年的约 10%，其中工业品将由 13% 降至约 9.3%，农产品将由 19.9% 降至约 15.5%。其次，要按照国际贸易规范的要求，结合国内产业政策，尽快建立一个利用关税措施，利用世贸组织的例外条款和保障措施等来调节和管理进出口贸易的新体制。对出口产品退还间接税是世界各国的通行做法，在管理和调节进出口贸易的税收政策方面，中国还要进一步完善和规范出口退税制度。

3. 非关税措施（Non-tariff Measures）

根据议定书附件 3 的规定，中国将最迟于 2005 年 1 月 1 日取消现行的 400 多个税号的非关税措施，包括配额、许可证和特定招标等措施，涉及产品包括汽车、机电产品、天然橡胶、彩色感光材料等。

4. 进口许可程序（Import Licensing Procedures）

为实施 WTO 的《进口许可证程序协议》的规定，中国在入世后将采取的措施主要有：入世后，中国将向 WTO 所有成员通告所有继续生效的许可证和配额要求；中国将向进口许可证委员会通告其进口许可证程序，并且每年都要向进口许可证委员会报告其自动进口许可证程序，解释这些进口许可证产生的环境及继续存在的理由。

5. 关税配额（Tariff Rate Quotas /Tariff Quotas）

加入 WTO 后，中国将对包括小麦、玉米、大米等农产品和化肥、毛条等工业品实施关税配额管理，并在透明、可预测、统一、公平和非歧视的基础上管理关税配额，明确关税配额公布、申请和发放的时间，反映消费者喜好和最终用户需求等。

6. 原产地规则（Rules of Origin）

根据 WTO 原产地规则的规定，确定中国产品实质性改变的标准是：在关税中 4 位税号的税则归类发生变化，或增值部分中新产品总值的比例达到或超过 30%；当一种进口产品在几个国家加工和制造时，原产地应为对产品进行实质性改变的最后一个国家。

7. 海关估价（Customs Valuation）

中国承诺，自加入时起，中国将全面实施《海关估价协定》。中国关税的绝大部分为从价关税，进口货物的完税价格是根据到岸价，并以《海关估价协定》定义的成交价格为基础进行评定。

8. 技术性贸易壁垒（Technical Barriers to Trade）

根据 WTO《技术性贸易壁垒协议》规定，成员应尽量采用国际标准，但发展中国家可享有一定的灵活性。中国目前采用国际标准作为国内标准的比例不足 40%，但通过加入谈判，中国保留了发展中国家权利，使中国今后可以根据自主计划逐步增加采用国际标准的比例。

9. 卫生与植物卫生措施（Application of Sanitary and Phytosanitary Measures）

中国承诺，根据 WTO《实施卫生和植物卫生措施协定》（《SPS 协定》）的规定，中国将自加入之日起完全遵守《SPS 协定》，并保证其所有与 SPS 措施有关的法律、法规、法令、要求和程序符合《SPS 协定》。

10. 反倾销措施（Anti-Dumping Measures）

根据 WTO 的《反倾销协议》，中国承诺在加入 WTO 之前将修改中国现行的法规和程序，以便全面实施中国在《反倾销协议》项下的义务。与此同时，WTO 成员承诺，在中国加入后 15 年内完全取消目前在对中国出口产品进行反倾销调查时使用第三国替代价格的做法。此外，只要中国能够证明其出口产品是在市场经济条件下生产的，则 WTO 成员应遵守 WTO《反倾销协议》，采用中国的国内生产成本计算倾销幅度。

11. 农业（Agriculture）

经过谈判，中国保留了在《农业协定》下对农业国提供特定支持和非特定支持的权利（即"黄箱补贴"），两项支持分别占相关特定产品和农业生产总值的 8.5%。与此同时，中国还可以使用与 WTO《农业协定》相符的"绿箱"国内支持，对该项补贴无数量限制。

12. 纺织品与服装协定（Agreement on Textiles and Clothing）

入世后，WTO 的《纺织品与服装协定》（"ATC"）适用于中国，WTO 成员的国内市场必须要逐步向中国开放。

13. 过渡性保障措施（Transitional Safeguard Measures）

该机制规定，如果中国的出口产品激增，对 WTO 成员的国内市场造成市场扰乱，那么双方应举行磋商加以解决，如果磋商未果，那么 WTO 成员只能在补救冲击所必需的范围内对有关产品撤销减让或限制进口。

14. 与贸易有关的投资措施（Trade-related Investment Measures）

加入 WTO 后，中国将实施《与贸易有关的投资措施协定》，取消贸易和外汇平衡要求、当地含量要求、技术转让要求等与贸易有关的投资措施。

15. 政府采购（Government Procurement）

中国自加入 WTO 之日起成为《政府采购协议》的观察员，跟踪有关活动。一旦条件具备，尽快开始加入谈判。在加入《政府采购协议》之前，中央和地方各级所有政府实体，以及专门从事商业活动以外的公共实体，将以透明的方式从事其采购，并按照最惠国待遇的原则，向所有外国供应商提供参与采购的平等机会。

16. 民用航空器（Civil Aircraft）

为对国内民航工业的发展提供必要的保护，中国未承诺加入《民用航空器贸易协定》，但承诺在购买民用航空器时，将不实施任何补偿规定或其他形式的产业补偿。

17. 特别保留（Special Retention）

根据议定书附件 7 的规定，欧盟、阿根廷、匈牙利等成员对中国出口产品实施的与 WTO 不符的数量限制、反倾销措施、保障措施等在中国加入 WTO 后将保留，但必须在 5 至 6 年内逐步取消。

（二）与服务贸易有关的规定

根据世贸组织《服务贸易总协定》的规定，经过谈判，在中国加入议定书附件 9——服务贸易减让表中，对中国各项服务贸易领域市场的开放作了具体承诺，主要包括电信、银行、保险、证券、音像、分销等。

（三）与知识产权保护有关的规定

中国近年来大力加强知识产权保护，有关知识产权的立法已经基本符合《与贸易有关的知识产权协定》（《TRIPS》）。因此，中国在加入 WTO 谈判中，承诺自加入时起，全面实施 WTO《TRIPS》，并就协定中规定的版权和相关权利、商标、地理标志、工业设计、专利、集成电路布图设计、未披露信息等 7 类知识产权作出了说明和承诺。

相关资料

中国加入 WTO 后的表现：

据美国《华尔街日报》报道，在中国加入世贸组织 4 年之后，外国公司对中国政府在削减关税以及开放金融服务业等方面所做的工作给予了相当积极的评价，但同时认为中国在其他方面还有很多工作要做。

加入世贸组织后，中国在履行世贸组织义务方面已经做得很好。为了与世贸组织的规则接轨，中国修改了 2 000 多项法律法规，并废除了 800 多项法规。中国政府的贸易问题顾问张汉林给中国在遵守世贸组织规则方面打了 95 分，但对中国在保护知识产权方面的表现只打了 80 分。外国公司在如下几个领域也给了中国不错的分数：

（1）关税。中国进口关税的平均税率已经从 2001 年初的 15.3% 降至 2005 年的 9.4%。其间，电脑和电信设备等信息技术产品的关税已经从 13.3% 降为零。

（2）金融服务。自 2004 年 12 月以来外资银行已累计获准在中国 18 个城市开展人民币业务，中国在这方面的开放步伐已比其向世贸组织承诺的开放时间有所提前。2005 年 12 月，中国政府将取消对外资银行经营人民币业务的其余限制。但外资银行仍表示，中国的高资本金要求给其造成了投资障碍。

（3）保险。外资保险公司指出，自 2004 年 12 月中国取消了许多限制性规定以后，他们面向中国客户的健康保险、团体保险以及养老保险销售额有所增加。但这些公司同时表示，他们在业务扩张方面仍然步履维艰，因为中国规定，一次只能批准外资保险公司新开一个分支机构，而中国本地保险公司却可不受这一限制约束。

（4）政府采购。2005 年，中国政府同意开始就加入世贸组织的政府采购协议一事展开谈判，中国加入该协议将使外国公司可以不受歧视地成为中国政府采购的供货商。

外国公司和政府认为，在其他重要领域，中国政府履行其对世贸组织所作承诺的表现难以让人满意。美国商会亚洲部负责人麦兰·布理安特对 2005 年中国履行其世贸组织义务的表现给出了"喜忧参半"的评价。布理安表示，中国在这方面取得的进展本应更大。外国公司希望中国政府进一步改善的领域有：

（1）知识产权保护。美国中国商会在近日发表的一份报告中指出，"中国对知识产权的保护仍然不够，这是中国未能履行其对世贸组织所作承诺的最显著的领域"。

（2）分销权。美国中国商会的报告指出，中国在落实给予外国公司在华分销权的承诺方面进展之慢令人失望，这方面的限制性规定含糊而笼统。

（3）政府透明度。外国公司认为，中国政府常常是在某项法规即将正式实施时才对外公布，这使公众没有机会对该法规进行公开评议。

（4）标准。中国政府已开始着手制定全国性的技术标准，但外资公司认为此举是在树立新的非关税壁垒，违反了世贸组织有关公平竞争的原则。

本章知识应用

相关知识一：

关于关税配额进口产品方面的承诺简表

大类商品	商品名称	监督条件	详细说明
粮食	小麦	国营贸易	国营贸易比例：90%
		关税配额	2002 年：846.8 万吨 2003 年：905.2 万吨 2004 年：963.6 万吨 实施期：至 2004 年 配额内税率：1% 至 10% 不等 配额外税率：71% 降至 65%
	玉米	国营贸易	国营贸易比例：68% 降至 60%
		关税配额	2002 年：585 万吨 2003 年：652.5 万吨 2004 年：720 万吨 实施期：至 2004 年 配额内税率：1% 至 10% 不等 配额外税率：71% 降至 65%
	大米	国营贸易	国营贸易比例： 中短粒大米：50% 长粒大米：50%
		关税配额	中短粒大米： 2002 年：199.5 万吨 2003 年：232.75 万吨 2004 年：266 万吨 长粒大米： 2002 年：199.5 万吨 2003 年：232.75 万吨 2004 年：266 万吨 实施期：至 2005 年 配额内税率：1% 至 9% 不等 配额外税率：71% 降至 65%

（续上表）

大类商品	商品名称	监督条件	详细说明
植物油	豆油	国营贸易	国营贸易比例：34%降至10% 2006年取消国营贸易
		关税配额	2002年：251.8万吨 2003年：281.8万吨 2004年：311.8万吨 2005年：358.71万吨 实施期：至2005年 配额内税率：9% 配额外税率：52.4%降至19.9% 2006年9%单一关税
	棕榈油	国营贸易	国营贸易比例：34%降至10% 2006年取消国营贸易
		关税配额	2002年：240万吨 2003年：260万吨 2004年：270万吨 2005年：316.8万吨 实施期：至2005年 配额内税率：9% 配额外税率：52.4%降至19.9% 2006年9%单一关税
	菜籽油	国营贸易	国营贸易比例：34%降至10% 2006年取消国营贸易
		关税配额	2002年：87.89万吨 2003年：101.86万吨 2004年：112.66万吨 2005年：124.3万吨 实施期：至2005年 配额内税率：9% 配额外税率：52.4%降至19.9% 2006年9%单一关税
食糖	食糖	国营贸易	国营贸易比例：70%
		关税配额	2002年：176.4万吨 2003年：185.2万吨 2004年：194.5万吨 实施期：至2004年 配额内税率：20%降至15% 配额外税率：60.4%降至50%
棉花	棉花	国营贸易	国营贸易比例：33%
		关税配额	2002年：81.85万吨 2003年：85.625万吨 2004年：89.4万吨 实施期：至2004年 配额内税率：1% 配额外税率：54.4%降至40%

（续上表）

大类商品	商品名称	监督条件	详细说明
羊毛	羊毛	指定经营	加入后 3 年内取消
		关税配额	2002 年：26.45 万吨 2003 年：27.575 万吨 2004 年：28.7 万吨 实施期：至 2004 年 配额内税率：1% 配额外税率：38%
	毛条	指定经营	加入后 3 年内取消
		关税配额	2002 年：7.25 万吨 2003 年：7.625 万吨 2004 年：8 万吨 实施期：至 2004 年 配额内税率：3% 配额外税率：38%
化肥	磷酸氢二铵 尿素 氮磷钾三元复合肥（NPK）	国营贸易	国营贸易比例：仅就所承诺的 TRQ 准入量而言 磷酸氢二铵：90% 降至 51%（9 年内，每年增加 5 个百分点） 尿素：90% 氮磷钾三元复合肥（NPK）：90% 降至 51%（8 年内，每年增加 5 个百分点） 磷酸氢二铵（31052000）
		关税配额	最初：540 万吨，最终：690 万吨 实施期：加入后 6 年 配额内税率：4%，配额外税率：50% 尿素（31021000）： 最初：130 万吨，最终：330 万吨 实施期：加入后 6 年 配额内税率：4%，配额外税率：50% 氮磷钾三元复合肥（NPK）（31021000）： 最初：270 万吨，年增率：5% 实施期：加入后 6 年 配额内税率：4%，配额外税率：50%

注：（1）农产品关税配额是一种市场准入机会，而不是进口义务，进口多少取决于进口国的实际需求。WTO 成员关税配额的完成率平均约为 62%。

WTO《农业协议》规定，关税配额量应不低于基期的平均进口量，如这一进口量不足基期国内消费量的 3%，则应达到 3%，此外还要求承诺一定的年增量。中国在谈判中争取到以 1995 年到 1997 年作为基期计算关税配额量（1997 年进口较少）。

（2）摘自《对外贸易经济合作部简报》第 4 期。

相关知识二：

关于关税减让的承诺简表

年份	关税总水平	工业品平均	农产品平均
2000	15.6	14.7	21.3
2001	14.0	13.0	19.9
2002	12.7	11.7	18.5
2003	11.5	10.6	17.4
2004	10.6	9.8	15.8
2005	10.1	9.3	15.5
2006	10.1	9.3	15.5
2007	10.1	9.3	15.5
2008	10.0	9.2	15.1

注：摘自《对外贸易经济合作部简报》第4期。

相关知识三：

关于取消主要非关税措施的承诺简表

配额	类别	单位	最初配额量/额	年增率	取消时间（历年1月1日）
1	成品油	百万吨	16.58	15%	2004年
2	氯化钠	百万吨	0.018	15%	2002年
3	化肥	百万吨	8.9	15%	2002年（部分加入时）
4	天然橡胶	百万吨	0.429	15%	2004年
5	汽车轮胎	百万吨	0.81	15%	2002年（部分加入时或2004年）
6	摩托车及其关键件	百万美元	286	15%	摩托车2004年，零部件2003年
7	汽车及关键件	百万美元	6 000	15%	小轿车2005年，其他车辆2004年，关键件加入时或2003年
8	空调器及其压缩机	百万美元	286	15%	加入时或2002年
9	录像设备及其关键件	百万美元	293	15%	2002年
10	录音录像磁带复制设备	百万美元	38	15%	加入时或2002年
11	收录音机及其机芯	百万美元	387	15%	2002年
12	彩色电视机及显像管	百万美元	325	15%	加入时或2002年
13	汽车起重机及其底盘	百万美元	88	15%	2004年
14	照相机	百万美元	14	15%	2003年
15	手表	百万美元	33	15%	2003年

注：（1）本附表根据议定书附件3制作，有关承诺应以附件3的内容为准。
（2）摘自《对外贸易经济合作部简报》第4期。

相关知识四：

WTO 成员对中国出口产品实施的与 WTO 规则不符措施取消时间表

国家和地区	产品类别	措施	取消时间
阿根廷	纺织品和服装、非体育专用鞋、玩具	配额、从量税	配额将于 2002 年 7 月 31 日前取消；超过 35% 从价税水平的从量税将于中国加入后 5 年内逐步取消
欧盟	鞋靴、瓷餐具和厨房器具、陶瓷具或厨房器具	配额	2005 年 1 月 1 日前取消，过渡期内承诺一定比例的增量
匈牙利	鞋靴、服装	数量限制	2005 年 1 月 1 日前取消，过渡期内承诺一定比例的增量
墨西哥	自行车、鞋靴、纺织品、服装、玩具、五金制品、陶瓷餐具、有机化学品、电器设备等	反倾销措施	中国加入后 6 年内，现行反倾销措施不受《WTO 协定》和议定书规定的约束，6 年后，受《WTO 协定》和议定书规定的约束
波兰	打火机、鞋靴、电熨斗	反倾销税、保障措施	2002 年年底前使反倾销税条例符合《WTO 协定》，2004 年底前逐步取消保障措施
斯洛伐克	鞋靴	数量限制	2005 年 1 月 1 日前取消，过渡期内承诺一定比例的增量
土耳其	鞋靴、瓷餐具和厨房器具、陶瓷具或厨房器具	数量限制	2005 年 1 月 1 日前取消

注：摘自《对外贸易经济合作部简报》第 4 期。

第八章
中国对外贸易的发展与对外开放政策

第一节　中国对外贸易发展概况

一、中国的对外开放与对外贸易

实行对外开放是中国的一项长期基本国策。它是关系到中国能不能进一步发展和解放生产力，能不能完善和发展社会主义，关系到国家繁荣富强、民族兴衰成败的重大战略问题。实行对外开放是中国发展对外贸易的根本指导思想，发展对外贸易是实行对外开放的主要内容，两者是相互依存、不可分割的。

（一）对外开放的基本内容

对外开放的主要内容是：大力发展对外贸易，特别是扩大出口贸易；积极引进先进技术和设备，特别是有助于企业技术改造的适用先进技术；积极有效地利用外资；积极开展对外承包工程和劳务合作；发展对外经济技术援助和多种形式的互利合作；设立经济特区和开放沿海城市、设立经济技术开发区和保税区，开放沿江、沿边和内地省会城市，大力发展外向型经济。

其中，发展对外贸易，利用国外资金，引进先进技术设备是对外开放的最主要内容。在上述三项最主要的内容中，发展出口贸易是利用外资和引进技术的物质基础，是对外开放政策的最根本内容。实行对外开放政策，必然使对外贸易在中国国民经济中处于重要的战略地位。

（二）对外开放的格局

中国的对外开放经过 20 年的努力，在不断总结经验的基础上，由点到面，由浅入深，从南到北，从东到西，形成了以经济特区和沿海开放城市为重点的多渠道、多层次、全方位的开放格局。这个格局大体上以 1992 年春邓小平同志南行讲话发表后，改革开放进入新阶段为标志，划分为两个阶段：1992 年前，先开放沿海地区，逐步向内地开放的格局；1992 年以来，逐步形成多层次、多渠道、全方位对外开放的格局。

> 对外开放政策的基本涵义：
> 大力发展和不断加强对外经济技术交流，积极参加国际交换和国际竞争，由封闭型经济变为开放型经济，以加速实现四个现代化建设事业。

1. 1992 年以前的对外开放格局

早在实行对外开放的政策初期，党中央和国务院就确定了"重点开放沿海地区，逐步向内地开放"的经济发展战略。把中国经济发展进程划分为东部地区（即沿海地区）、中部各省和西部地区三大梯度，先发展东部地区，带动中部和西部地区发展。按照此项战略，将中国对外开放分为经济特区、沿海开放城市、沿海经济开放区、内地四个层次。

1980 年 5 月，国务院决定设立深圳、珠海、厦门、汕头四个经济特区。1987 年中央批准海南建省，并作为全国最大的经济特区对外开放。1990 年中央又决定开发和开放上海的浦东，实行经济特区的政策。经济特区是中国对外开放的第一个层次。

1984 年 5 月，中央决定进一步开放大连、秦皇岛、天津、烟台、青岛、连云港、南通、上海、宁波、温州、福州、广州、湛江、北海 14 个沿海港口城市。沿海开放城市是中国对外开放的第二个层次。

1985 年 1 月，中央又决定将长江三角洲、珠江三角洲、闽东南地带开辟为沿海经济开放区。自 1987 年来，又将山东半岛、辽东半岛列入沿海经济开放区。这是继经济特区、沿海开放城市之后的第三个开放层次。

内地则作为第四个层次。

中国的对外开放政策就是从经济特区——沿海开放城市——沿海经济开放区——内地逐步推进的。

2. 沿海经济发展战略

积极参与国际交换和国际竞争，大力加强对外经济技术交流和合作，已成为强大的世界潮流。这是人类社会生产力发展的必然结果，是社会经济发展的规律。中国发展外向型经济，正是顺应世界潮流，遵循经济规律。所谓外向型经济，就是通过放宽贸易限制，利用外资，引进技术，大力发展面向国外市场的产业，以出口贸易带动企业和国民经济的技术改造，加速产业结构、产品结构的优化，促进社会主义现代化建设。中国实行对外开放，不断加强对外经济技术的交流合作，其实质就是要大力发展外向型经济。

中国对外开放以后，大力发展外向型经济，首先是在沿海地区实施的。在沿海地区多层次开放带动内地开放的格局取得极大成功的基础上，中央于 1987 年底制定了沿海地区经济发展战略，进一步加快对外开放的步伐。

沿海地区经济发展战略的基本内容是：充分发挥沿海地区的劳动力优势，走向国际市场，参与国际交换和国际竞争，大力发展外向型经济。沿海地区经济发展战略的核心是利用沿海地区劳动力优势，大力发展外向型经济。

3. 1992 年以来的对外开放格局

从 1990 年开始，以开发上海浦东和海南洋浦，兴办保税区，开发沿长江流域，开放沿边和内陆省会城市等为标志，中国对外开放逐步由东向西推进，地域不断扩大，至今已形成了多层次、多渠道、全方位的对外开放格局。

以 1992 年春邓小平同志视察南方发表的重要讲话为标志，中国改革开放进入新阶段，中国对外开放格局出现了新的变化。

（1）沿海地区外向型经济深入发展。

1990 年 6 月，中央批准上海开发和开放浦东，主要利用国外资金发展外向型经济。在浦东新区内设置保税区。此后，兴办保税区逐步向沿海各地展开。

在沿海地带、经济特区、开放城市，珠江三角洲和长江三角洲"两洲"以及环渤海湾和环北部湾"两湾"，外向型经济蓬勃发展，有些地方形成外向型经济开放格局。

自 1991 年 3 月起，国务院批准在沿海开放城市建立经济技术开发区和高新技术产业开发区，作为对外开放的窗口、深化改革的试验区和示范区。现在国家级高新技术产业开发区，其中多数设在沿海地区，进一步促进了沿海外向型经济的发展。

（2）长江三角洲和长江沿江地区开放战略初步形成。

1992 年 6 月，中央明确指出：要以上海浦东的开发、开放为龙头，以三峡工程建设为契机，进而推动长江三角洲和长江沿江地区的开发、开放和经济发展。这是党中央作出的一项重大战略决策。1992 年 8 月，国务院决定进一步开放重庆、岳阳、武汉、九江、芜湖5 个长江沿岸城市。与此同时，国务院决定在哈尔滨、长春、呼和浩特、石家庄 4 个边境、沿海地区省会城市以及太原、合肥、南昌、郑州、长沙、成都、贵阳、西安、兰州、西宁、银川 11 个内陆地区省会城市实行沿海开放城市的政策。这是中国在 20 世纪 80 年代已形成沿海地区开放形势的基础上，将对外开放由东向西、由南向北推进，在更大的范围和更深的层次上前进了一步，使广大内陆地区为中国经济发展发挥更大的作用。

（3）东北、西北、西南三大开放地带。

1992 年起，中央决定逐步开放沿边地带。此后逐步形成了沿周边国家的东北、西北、西南三大开放地带，一种以边境贸易为先导，以内地为依托，以高层次经济技术合作为重点，以开拓周边国家市场为目标的沿边开放新态势已经形成。

（4）沿新亚欧大陆桥开放地带。

1991 年底，与黑海、波罗的海以及大西洋沿岸各港相衔接的第二条亚欧大陆桥全线贯通。这一条大陆桥的贯通，由中国连云港至荷兰鹿特丹的路程比第一条西伯利亚大陆桥缩短 2 000 多公里。这条大陆桥横贯中国中西部 11 个省区，其中沿黄河 8 个省区。沿大陆桥实行开放，形成沿黄河经济协作带，有益于辐射和带动大陆桥南北广大区域，开发中国内陆腹地，并促使其走向国际市场，同时也为西部的开发开放提供了重要条件。

这样，中国出现了一个"四沿"（沿海、沿江、沿边、沿桥）开放的多层次、多渠道、全方位的新格局。

二、改革开放以来对外经贸发展概况

（一）货物贸易

1978 年底，党的十一届三中全会以后，中国实行对外开放政策，进行经济体制改革，国民经济迅速发展，对外贸易也进入了一个新的发展时期。

1. 贸易额

1978 年进出口贸易总额 206.4 亿美元，1985 年第六个五年计划完成时，进出口总额为 696 亿美元，1990 年第七个五年计划完成时，进出口总额为 1 154 亿美元，第八个五年计划期间进出口贸易更是高速增长，1995 年进出口总额达 2 809 亿美元，进入第九个五年计划，进出口总额继续保持增长，2000 年进出口总额达 4 743 亿美元，2008 年为 2.5 万亿美元，仅次于美国、日本，居世界第三位。

近年来，随着中国改革开放程度的不断深入，中国经济同世界经济的联系也更加密切。中国外贸依存度在经历了 20 多年的增长后，近年来有所下降。2008 年，中国取得了全年进出口总额 25 616 亿美元的新纪录，外贸依存度达到 58.19%。这说明中国对外贸易在国民经济中所处的地位越来越重要，中国经济与世界经济已经形成了相互依赖的伙伴关系，世界经济对中国经济发展的影响日益明显。

2. 贸易差额

1981～1990 年 10 年间，贸易逆差最高的年份是 1985 年，逆差额达 149 亿美元，贸易顺差最高的年份是 1990 年，顺差额为 87.4 亿美元，这 10 年对外贸易整体上呈现逆差。1991～2000 年 10 间，除了 1993 年贸易逆差为 122.2 亿美元外，其余年份都保持贸易顺差，整体上看，贸易呈大幅顺差对中国外汇储备的积累起了决定性的作用。2001 年继续保持了贸易顺差。2007 年出口额 1.22 万亿美元，进口额 0.95 万亿美元，顺差 0.27 万亿美元。2008 年全年进出口总额 25 616 亿美元。其中，出口 14 285 亿美元，增长 17.2%；进口 11 331 亿美元，增长 18.5%。进出口相抵，贸易顺差 2 955 亿美元。根据国家统计局发布数据显示，至 2008 年末，国家外汇储备余额达到 1.95 万亿美元，比上年增长 27.3%。

3. 贸易市场分布随着中国改革开放深入发展，全方位协调发展的国别地区政策使中国与世界各国和地区的贸易关系有了突飞猛进的发展，进出口市场分布逐渐向多元化发展。

目前，中国的主要贸易伙伴是欧盟、美国、日本、东盟、韩国、澳大利亚、俄罗斯和中国的香港特区、台湾地区。

中国对外贸易市场多元化战略进展情况

国家和地区	占进出口总额的比重（%）			占出口总额的比重（%）			占进口总额的比重（%）		
	2001 年	2004 年	2008 年	2001 年	2004 年	2008 年	2001 年	2004 年	2008 年
欧盟	15	15.4	17.5	15.4	18.1	20.5	14.7	12.5	11.7
美国	15.8	14.7	14.5	20.4	21.1	17.7	10.8	8	7.2
日本	17.2	14.5	10.8	16.9	12.4	13.4	17.6	16.8	13.3
中国香港	11	9.8	7.9	17.5	17	8.1	3.9	2.1	1.1
上述四个国家和地区合计	59	54.4	50.7	70.2	68.6	59.7	47	39.4	33.3
东盟	8.2	9.2	9.1	6.9	7.2	8.0	9.5	11.2	10.3
韩国	7	7.8	7.2	4.7	4.7	5.2	9.6	11.1	9.9
中国台湾	6.3	6.8	4.3	1.9	2.3	1.8	11.2	11.5	9.1
俄罗斯	2.1	1.8	1.7	1	1.5	2.3	3.3	2.2	2.1
澳大利亚	1.8	1.8	2.7	1.3	1.5	1.6	2.2	2.1	3.3
加拿大	1.4	1.3	1.3	1.3	1.4	1.5	1.7	1.3	1.1
上述六个国家和地区合计	26.8	28.7	26.3	17.1	18.6	20.4	37.5	39.4	35.8
上述十个国家和地区合计	85.8	83.1	77	87.3	87.2	80.1	84.5	78.8	69.1

3. 中国货物贸易中存在的主要问题

随着世界经济的迅速增长，中国国际贸易中工业制成品的贸易量持续上升，初级产品的价格持续高位走势，但仍然存在以下主要矛盾：

第一，中国出口产品主要是劳动密集型产品，如纺织品、鞋类、家具、家电、有色金属等。

第二，国际贸易规模继续扩大，自主创新能力不高。目前，60% 以上的技术依赖外国，中高产业核心技术 90% 以上是外国企业的。中国要实施加工贸易转型升级战略：一是从过去密集型或资源密集型向资本、技术密集型转型；二是从贴牌生产（OEM——原始设备生产商）向委托设计生产（ODM——原始设计制造商）和自主品牌生产（OBM——原始品牌生产商）转型。

第三，对外开放程度很高，抵御风险的能力不高。广东等对外开放程度比较高的省区，受世界经济和国际市场波动的影响大。比如，美国次贷危机带来的经济衰退，对中国外贸进出口就有巨大的影响。据测算，美国如果减少 1 亿美元的进口，广东就会减少 500 万美元（1/20）的出口。

调整出口产品结构，提高产品附加值，培育自主品牌，增强贸易竞争力，是中国对外贸易发展的当务之急。

（二）服务贸易

改革开放后，随着产业结构的战略性调整，服务业的发展逐渐受到重视，服务业产值的比重不断上升，2000 年第三产业占 GDP 的比例已经超过 40%。随着国内第三产业的迅速发展和中国对外开放向纵深推进，对外服务贸易稳定增长。2000 年，中国在全球服务业进口和出口的排名分别为第 10 位和第 14 位，在世界服务出口中比例已上升到 2%。2007 年，中国服务贸易出口和进口分别位于全球的第 7 位和第 5 位。

中国服务贸易差额总体上看处于逆差状态，进口额超过出口额。2003 年，中国服务贸易总额为 1 020 亿美元，其中出口 467 亿美元，进口 553 亿美元，逆差 86 亿美元。2007 年，中国服务贸易总额达 2 509.1 亿美元，其中出口 1 216.5 亿美元，进口 1 292.6 亿美元，逆差 76.1 亿美元。

主要服务出口产品包括旅游、运输、建筑等，服务进口产品主要有运输、金融、保险、通信等。随着中国服务业的发展与加入世界贸易组织后服务业对外开放的加速，服务贸易产品将进一步多样化。

（三）引进技术

改革开放以来，在总结以往引进技术经验教训的基础上，国家制定了相应的政策法规，为严格控制成套设备进口注入了新的生机，开创了技术进口蓬勃发展的新局面。改革开放以来中国引进技术具有如下特点：

第一，引进技术的规模迅速扩大。在出口贸易持续快速增长的支撑下，中国引进技术的规模迅速扩大，仅"九五"期间就引进技术 3 万多项，金额 800 多亿美元，年均引进额达到 160 亿美元以上，有力地支持了国民经济技术进步。

第二，技术进口的方式向灵活多样化转移。从基本上是单一的成套设备进口方式，向技术许可合作生产顾问咨询和技术服务等方式转移，从而更多地获得相关产品的工艺制造技术和生产管理技术。

第三，下放技术进口项目的审批权限。技术进口项目的立项权，由中央逐步下达各省、自治区、直辖市、沿海开放城市、计划单列市和经济特区，并根据项目的投资规模，实行分级管理；由中央抓技术进口，发展到中央地方共同抓技术进口，从而调动了各级政府部门的积极性。

第四，经营技术进口的公司企业不断增加，扩大了经营技术进口的队伍。在执行技术进口计划上，由单一的指令性经营发展到指导性经营和自行委托经营，使技术进口的经营活动更加活跃，也促进了有关公司经营作风的改善。

第五，以多渠道的资金来源发展技术进口。包括利用中央外汇、中国银行外汇贷款、国外外汇贷款，以及利用国外直接投资进口技术，既减轻了国家外汇负担，又保证了技术进口的持续发展。

第六，以上新建项目，从形成以新增生产能力为主，逐步转向以改造现有企业、促进技术进步为主。

第七，技术进口的法规日臻完善。中国政府相继颁布了《商标法》、《专利法》、《著作权法》、《技术进出口管理条例》和《计算机软件保护条例》等法规，为技术进口创造了良好的条件。

在引进技术的同时，中国技术出口也得到了进一步发展。

（四）利用外资

党的十一届三中全会以后，由于党中央决定实行对外开放政策，中国利用外资工作进入了一个新的历史时期。中国利用外资的规模扩大，方式多样化。目前中国利用外资的方式主要有两类。一类是各种贷款：外国政府和国际金融组织提供的中、长期中、低利息贷款，带援助性的无息贷款和商业贷款，以及各种名目的开发基金等。这些贷款主要用于扩大进口、引进技术，特别是用于能源交通等设施的建设。另一类是直接投资，即通过合资经营、合作经营、独资经营、合作开发、补偿贸易等方式吸引国外直接投资。直接投资多数用于中小型企业的扩建和改造，也有一些用于新建企业。

改革开放以来，中国成为发展中国家中利用外资最多的国家。中国利用外资以吸收直接投资为主。截至 2004 年 10 月底，全国累计批准设立外商投资企业 5 万多家，合计利用外资金额超过 1 万亿美元，实际使用外资金额 5 552.51 亿美元。到 2006 年底，累计实际利用外资超过 6 850 亿美元。2007 年，吸收外资 835 亿美元。在吸收外商直接投资诸方式中，以合资经营方式的项目数与外资金额最多。从外资的来源看，来自港澳台的资金最多。

发展对外经济贸易，有利于促进国民经济协调发展，有利于促进生产发展与产业结构的升级，有利于提高科学技术水平，有利于扩大劳动就业，有利于弥补中国建设资金的不足，有利于丰富国内市场。

第二节　中国与区域贸易集团

一、中国与欧盟

欧盟总统、外长诞生

　　欧盟理事会主席即"欧盟总统"，是根据2009年12月1日生效的欧盟新宪法——《里斯本条约》设立的，以替代此前每半年更换的欧盟轮值主席。欧盟理事会主席任期两年半，可以连任一届，其职权主要是在欧盟内部协调立场，在国际舞台上代表欧盟各成员国首脑。

　　欧盟外交和安全政策高级代表也被称作"欧盟外长"，任期5年。

（一）欧盟概况

　　欧洲联盟（简称欧盟，European Union，EU）是由欧洲共同体（European Communities）发展而来的，是一个集政治实体和经济实体于一身、在世界上具有重要影响的区域一体化组织。1991年12月，欧洲共同体马斯特里赫特首脑会议通过《欧洲联盟条约》，通称《马斯特里赫特条约》（简称《马约》）。1993年11月1日，《马约》正式生效，欧盟正式诞生。欧盟现有25个成员国和4.56亿人口（2004年1月），总部设在比利时首都布鲁塞尔。

　　欧盟的统一货币为欧元（euro），于1999年1月1日正式启用。除英国、希腊、瑞典和丹麦外的11个欧洲国家于1998年首批成为欧元国。2000年6月，欧盟在葡萄牙北部城市费拉举行的首脑会议批准希腊加入欧元区。2002年1月1日零时，欧元正式流通。

欧元（EURO）

　　欧盟的统一货币为欧元，于1999年1月1日正式启用。2002年1月1日零时，欧元正式流通。奥地利、比利时、芬兰、法国、德国、爱尔兰、意大利、卢森堡、荷兰、葡萄牙和西班牙11个国家于1998年成为首批欧元国。2001年1月1日，希腊加入欧元区。斯洛文尼亚在2007年1月1日加入欧元区（目前有13个国家）。塞浦路斯和马耳他从2008年起使用欧元。

小资料

　　"总有一天，到那时，……，所有的欧洲国家，无须丢掉你们各自的特点和闪光的个性，都将紧紧地融合在一个高一级的整体里；到那时，你们将构筑欧洲的友爱关系……"

——维克多·雨果

（二）中国与欧盟的贸易关系

　　欧盟成员国多数是中国的传统贸易对象，他们与中国之间有着悠久的贸易历史。1975

年，中国和欧共体建立了正式外交关系，为发展双边的贸易往来和经济合作奠定了基础。中国一贯主张积极发展同欧共体的经贸关系，欧共体也把中国视为潜在的巨大市场，在发展对中国贸易上采取了一系列措施和行动。经过双方的共同努力，中国与欧盟的贸易关系取得了良好的进展。

1. 双边贸易额不断增长

自从中国与欧共体于 1978 年签订双边贸易协定以来，特别是 1980 年欧方给予中国普惠制待遇以后，中欧贸易有了较大的发展。2007 年欧盟继续为中国第一大贸易伙伴，双边贸易总额达到 3 561.5 亿美元。中国是欧盟第二大贸易伙伴，仅位居美国之后。

2. 欧盟对中国技术设备出口领先于日美

中国对欧盟出口以农副、土特、轻纺产品和工艺品为主；从欧盟进口主要是机械、工业设备、精密仪器、运输机械等，而且进口机械设备时都涉及了技术转让。中国与欧盟贸易结构的一个突出特点是，欧盟对中国的技术设备出口在中国引进技术、成套设备的合同金额中占 60% 以上的比重。欧盟是中国引进先进技术、设备的最大供应者。

3. 其他经济领域的合作与贸易相互促进

欧盟也是中国利用外国政府贷款比较集中的地区。欧盟计划在 2002 年到 2006 年用 2.5 亿欧元支持中国，预算资金的 50% 用于支持中国的社会和经济改革，帮助中国建立社会保障体系，尽可能减少中国改革过程中的负效应等。2002 年到 2005 年，指定 0.15 亿欧元支持信息社会项目，0.20 亿欧元支持社会保障项目，0.15 亿欧元用于支持世贸组织第二阶段合作项目；2003 年到 2005 年，指定 0.25 亿欧元支持中国欧盟人力资源发展规划项目。

中欧双方在人员培训、科技、发展援助等领域开展了广泛的合作。如欧盟继续为中国培养高级翻译人员，双方合资成立的中欧国际工商学院运转良好。目前，中欧双方成立了经贸、科技、环保、能源和信息通讯技术共 5 个工作组，使上述领域的合作机制化。

从欧盟与中国经贸关系发展的主体内容来看，自 1993 年以来，欧盟跨国公司对中国投资迅速增长，从投资项目数、协议外资金额和实际投资金额三个方面看，都较改革开放前 14 年提高了 10 倍，在中国外资项目数、合同外资金额和实际投资金额三个方面所占的比重分别从 2% 的水平上升到 5%、9% 和 8% 的水平。

（三）中国与欧盟贸易关系中存在的主要问题

纵观中国与欧盟贸易关系的发展，虽然取得了很大成绩，但也存在一些问题。

1. 欧盟对中国贸易的歧视性措施

欧盟在对中国贸易上仍实施某些人为的歧视性措施，主要表现在配额限制和反倾销限制上。

（1）配额限制。欧盟对中国凡有条件增加出口且出口增长又较快的商品都实行严格的配额限制。中国加入世贸组织后，按照世贸组织《纺织品与服装协议》的规定和中国加入 WTO 议定书的有关条款，中国应享受设限国家和地区对中国出口的部分类别的产品取消配额限制的待遇。根据外经贸部 2001 年 12 月 4 日公布的《关于对部分产品出口取消纺织品被动配额限制有关问题的公告》以及取消配额限制的类别清单和取消时间所示，2002 年欧盟设限纺配类别共 43 个，比 2001 年的 74 个减少 31 个（2002 年 4 月 30 日《国际商报》）。但是，欧盟 2003 年初正式通过对中国纺织品特保措施立法，又对中国扩大纺织品出口设置障碍，近年来不断地对中国启动特保措施调查。

（2）反倾销调查。欧盟对中国实施的歧视性贸易措施更明显地表现在"反倾销"的运用上。欧盟是西方发达国家中首先对中国实施反倾销案的，也是外国对中国实施反倾销案诉讼最多的国家组织。中国很多出口商品在欧盟市场遭此不公平待遇后，价格大幅度上涨，轻则竞争力被削弱，重则失去市场，严重地影响了中国对欧盟正常的出口贸易。

案例1：欧盟对中国鞋征收反倾销关税

北京时间2006年3月23日晚，欧盟委员会批准对中国和越南产皮鞋加征进口关税，欧盟认定两国的皮鞋以不合法的低价在欧盟市场销售。

根据这一决定，在从4月7日起的6个月时间内，欧盟对中国产皮鞋征收的反倾销税将逐步提高，最终将从目前的4.8%过渡到19.4%；对越南产皮鞋的反倾销税将从4.2%过渡到16.8%。不过，皮革儿童鞋和高科技运动鞋不在此列。

案例2：中国彩电被欧盟征收反倾销关税

回顾：中国彩电绝迹欧盟市场

1992年11月25日，欧盟对中国彩电立案进行反倾销调查，涉及中国制造的所有42厘米以上的大彩电；

1994年10月，欧盟对中国所有出口企业统一裁决，税率为28.8%；

1995年4月1日，欧盟对该案终裁，对所有的中国企业征收25.6%的最终反倾销税率；

1995年5月，欧盟提出对小彩电反倾销案的复审请求，延续达40个月之久；

1998年12月2日，欧盟决定对所有来自中国的彩电征收44.6%的反倾销税率；

2002年8月，欧盟发表公告，接受中国机电进出口商会及厦华、海尔、海信、康佳、长虹、创维、TCL等7家彩电企业联合提出的向欧盟出口实行价格与数量承诺的建议。这个"价格协议"使中国彩电得以重返欧洲。根据"价格协议"，每年中国彩电对欧洲的出口中，有40万台可以免于征收高额反倾销关税。

由于康佳公司不愿接受欧盟的现场认证调查，2006年3月28日，欧盟在布鲁塞尔发出文件，将对中国彩电出口商征收44.6%的反倾销关税，即日起执行。

2. 欧盟新的普惠制对中国出口产生消极影响

中国从1980年起开始享受欧盟提供的普惠制待遇，使中国出口获益匪浅。1995年开始，欧盟分三个阶段实施为期10年的新普惠制度。推行这一制度的目的，旨在限制竞争力强的国家和地区享受免税待遇，而将这一待遇只提供给最穷的发展中国家。中国被列入第二类受惠国，属于竞争力较强的国家，是欧盟"毕业制度"的首选国，不再享受普惠制待遇。中国的部分产品已经在第一阶段（1995年到1998年）中"毕业"，其余产品在2004年上半年"毕业"。这意味着大量的中国产品进入欧盟市场的关税的大幅度提高，必将影响中国产品在欧盟市场的竞争力。

3. 中国出口商品对欧盟市场的适应性不强

首先，中国出口商品结构不适应欧盟进口结构的变化；其次，中国对欧盟出口商品大都属于中低档商品，不适应欧盟高消费市场的需求，特别是有些传统出口商品，因质量明显下降而被欧盟禁止进口。

4. 欧盟技术性贸易壁垒的限制

在中国向欧盟出口的部分农畜产品中，由于欧盟增加了检验项目，加强了检验，影响了这些产品对欧盟的出口。

（四）中国与欧盟贸易关系的发展前景

近些年来，随着国际形势的变化以及中欧关系的发展，中欧双方都进一步提高了对对方重要性的认识，这是中欧关系发展的基本前提。1998 年 4 月和 10 月，中国政府总理朱镕基和欧盟委员会主席桑特进行了互访，双方强调要进一步发展中欧关系。1998 年 3 月 25 日，欧盟委员会通过了一份题为《与中国建立全面伙伴关系》的文件。该文件根据中欧关系情况的变化，对欧盟 1995 年制定的对中国长期政策文件作了修改和补充，强调欧洲应着眼长远，与中国建立新的全面的伙伴关系，提高其档次，其中包括提高政治对话级别，定期举行中欧首脑会谈，更多地向中国投资等。1998 年 4 月 27 日，欧盟外长理事会正式通过决议，不再把中国列入"非市场经济国家"。特别是中国加入世贸组织，对中欧经贸关系的进一步发展创造了良好的条件。

二、中国与北美自由贸易区

（一）北美自由贸易区概况

北美自由贸易区由美国、加拿大和墨西哥 3 国组成，三国于 1992 年 8 月 12 日就《北美自由贸易协定》达成一致意见，并于同年 12 月 17 日由三国领导人分别在各自国家正式签署。1994 年 1 月 1 日，协定正式生效，北美自由贸易区宣布成立。《北美自由贸易协定》的签订，对北美各国乃至世界经济都产生了重大影响。北美自由贸易区人口 3.67 亿，国民生产总值 8 万多亿美元，其实力足以与欧盟对抗。

（二）美国在世界经济中的地位

美国是超级经济强国。第二次世界大战后，美国 GDP 总值占世界 GDP 总值的比例曾经超过 50%。目前美国占世界 GDP 总量的比重虽然与其最强大的时期相比，已经大幅度下降，但始终保持在 20% ~ 30% 的水平。根据国际货币基金组织公布的数字，2007 年美国 GDP 总量为 13.79 万亿美元，占全球 GDP 总量的 25.8%。

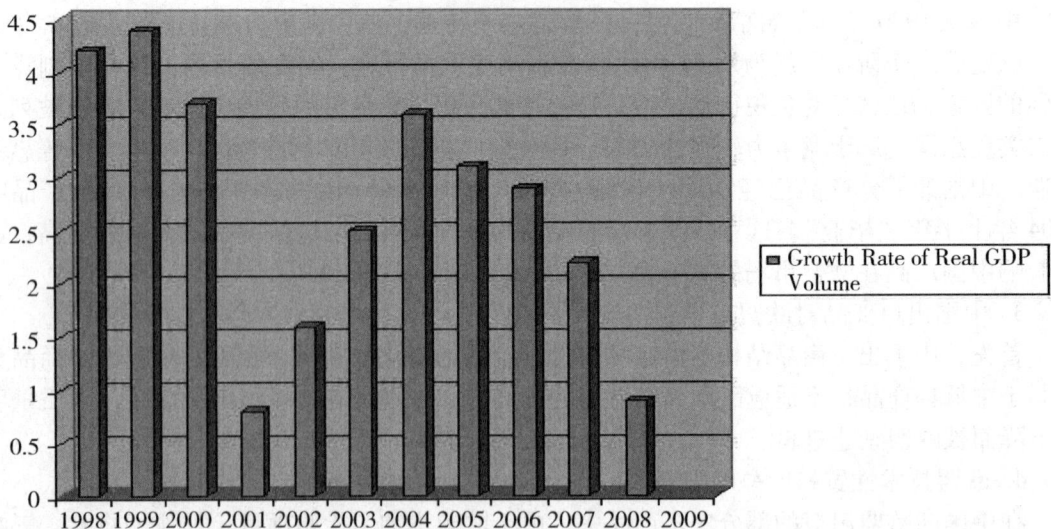

美国的经济增长

（三）中美经贸关系

中美经贸关系源远流长。1972 年，美国总统尼克松访华，联合发表《上海公报》，公报指出："双方把双边贸易看作是另一个可以带来互利的领域，并一致认为平等互利的经济关系是符合两国人民利益的。"从此，开辟了中美关系的前景，也为中美贸易的恢复与发展奠定了基础。特别是自 1979 年 1 月起，中美两国正式建交，两国经贸关系由此进入了一个新的发展时期。

1. 中美贸易额迅速增长

1972 年中美贸易额几乎为零，到 1979 年两国建交时已达 24 亿美元，1988 年突破 100 亿美元大关，1996 年达到 428 亿美元，美国已超过中国香港，成为仅次于日本的中国第二大贸易伙伴。2002 年，中美贸易迅速发展，双边贸易额高达 971.8 亿美元，美国仍是中国第二大贸易伙伴，是中国最大的出口市场。2002 年中国对美国出口 700 亿美元，远远超过对日本的出口。2008 年全年中美双边贸易总额达 3 337.4 亿美元。其中，中国对美国出口 2 523 亿美元，占当年中国出口总值的 17.7%。

2. 中美贸易结构向多元化发展

中国对美国出口商品结构近几年来发生了积极的变化。近年来，为了适应中国工业现代化需要，从美国进口的机、电、仪等技术产品的比重迅速增加。中国已成为美国飞机、机电设备、纸及纸制品、化肥、谷物、化工产品、石油设备等的主要购买者之一。美国出口到中国的农产品近年来也大幅增加，美国已经成为中国农产品进口的最大来源地。

3. 商品贸易与直接投资相互促进

20 世纪 90 年代后，美国对中国投资增长较快。投资主要集中在机械、汽车、通信、计算机、石油化工、能源、基础设施以及金融、保险等领域。美国对中国投资的增长促进了中美贸易的发展。

中美关系的战略深化是利益博弈使然，更是实力消长所致。人权、宗教问题、人民币汇率、中国对美贸易顺差、西藏问题、对台军售等问题，是影响未来中美经贸关系的不确定因素。

确保中美关系长期健康稳定地向前发展，很重要的一条是相互理解、尊重、支持对方，维护自己的核心利益。中国的核心利益，第一是维护基本制度和国家安全，其次是国家主权和领土完整，第三是经济社会的持续稳定发展。

（四）中美经贸关系中存在的主要问题

中美经贸关系的迅速发展促进了两国经济的繁荣和发展，但这种发展并非一帆风顺，在中美两国关系中确实存在着许多纠纷与障碍，必须妥善处理和解决。

1. 关于知识产权问题

中美知识产权纠纷是近几年来中美经贸关系中的焦点问题，直接影响到中美经贸关系的发展。20 世纪 80 年代以来，美国一直把加强知识产权的国际保护作为其贸易保护主义的手段之一。

美国无视中国在知识产权保护方面所取得的显著成绩，对中国的压力不断升级，以贸易报复相威胁。目前，中国在反对盗版和侵犯知识产权方面的工作已取得成效，美国政府也承认中国的有关体制已大为改善。但是，美国仍然认为中国在传统的商标、版权、专利权和新兴的互联网域名权等方面的保护不足，并不断提出关于中国已有的相关法律的执行问题。我们认为，中美双方在知识产权方面存在的分歧只能通过平等协商来解决，而不是通过单方面报复的强制手段。双方的谈判必须相互尊重主权，必须以国际公约或世界知识产权组织对知识产权保护制定的统一标准为准则，而不能将本国的知识产权保护标准强加于别国。

2. 关于美国限制进口中国商品的问题

美国一贯对中国输美的所谓敏感性商品采取进口限制政策，其中对中国对美重点出口的纺织品限制尤为突出。中国加入世贸组织后，按照世贸组织《纺织品与服装协议》的规定和中国加入世贸组织议定书的有关条款，中国应享受在纺织品与服装领域的一体化待遇，其中包括设限国家和地区分别对中国出口的部分类别的产品取消配额限制。对此，外经贸部于 2001 年 12 月 4 日公布了《关于对部分产品取消纺织品被动配额限制有关问题的公告》，并同时公布了取消配额限制的类别清单和取消时间。根据外经贸部公布的上述资料，2002 年度美国设限纺配类别共 86 个，较 2001 年的 104 个减少了 18 个。但是，新的贸易保护又开始阻碍纺织品与服装出口。2003 年 6 月，美国商务部纺织品协议执行委员会（CITA）宣布启动对从中国内地进口纺织品采取防卫措施施行程序。根据该程序，美国国内符合条件的纺织品及服装生产商或其代表，可以提请对从中国进口的纺织品及服装实施限制措施。对中国纺织品限制措施程序的颁布，为美国对华纺织品重新设限铺垫了道路，这意味着中国向美国输入纺织品面临着一个随意性很大的壁垒限制。

3. 关于美国出口限制问题

美国的出口管制是实行贸易歧视政策的手段之一。长期以来，美国通过出口许可证、采用管制货单和输往国别分组管理表的办法，对中国出口所谓的"战略性物资"和敏感性商品进行了十分严格的限制。1994 年以来，美国政府部分地放宽了军民两用的高技术和高技术产品对中国的出口，但是对于用于军事目的的、有损美国"国家安全"的"高、精、尖"技术和产品仍严加限制。

近几年来，美国还通过取消贸易促进措施来限制对中国的出口。这严重影响了美国公司参与中国市场竞争的机会。例如，中国迄今仅在核能发电方面引进国外设备的价值就达近百亿美元，而有竞争力的美国公司却因为受出口管制而坐失良机。在中国三峡工程竞标过程中，美国公司因得不到美国进出口银行的贷款支持而只能望洋兴叹。由此可见，恢复和扩大有关贸易促进措施，对中美贸易的健康发展至关重要。

4. 贸易不平衡问题

在中美贸易中，中方顺差、美方逆差的问题一直是困扰中美关系的一个问题。中美双方主要在美方逆差的统计方法上有分歧。中方认为，美方按照传统的以原产地为标准的贸易统计，从数据上扩大了美国的贸易逆差，因为按照这种统计，一国贸易顺差可能源自本国在外国子公司的返销。美国跨国公司在国外大量投资建立子公司，如耐克公司在中国子公司生产的运动鞋 90% 以上返销美国市场，所赚外汇流回美国，而在美国外贸统计中，却视为中方对美方出口，由此造成的贸易差额记为美中贸易逆差。此外，中国出口香港地区再转口到美国的货物，美方也视为中方对美方出口。这样一来，美方的数额就大了。解决中美贸易不平衡问题需要双方共同努力，对于美方来说，只要减少美国高新技术及其产品对中国出口的限制，恢复和扩大有关贸易促进措施，这个问题就能得到妥善解决。

人民币汇率问题也是中美贸易间的主要摩擦点。不仅美国议员们在国会上提出诸如人民币不升值就对中国产品征收 27.5% 的新关税等法案，美国业界人士、产业工人也把企业不景气与就业困难归咎于人民币被低估。

5. 市场经济地位问题

市场经济地位（Market Economy Status，简称 MES）是一个经济学上的名词，它表示一个国家的市场经济状况。按照一个国家市场经济在全国经济中的重要性，以及国家政府对于经济的干预程度，一般可分为完全市场经济国家和非市场经济国家。截至 2009 年 5 月，已有 97 个世贸组织成员承认中国的市场经济地位。目前，美国、欧盟、日本等发达国家均拒绝承认中国的市场经济地位。

中国加入 WTO 的议定书第十五条将中国有条件地定义为非市场经济国家，而且长达 15 年之久。非市场经济地位给中国带来很大的负面影响。它导致中国的出口企业在对外反倾销应诉中处于极为不利的地位，并成为中国企业败诉的主要原因。由于不把中国视作市场经济国家，无法计算中国企业的生产成本，于是其他 WTO 成员采用第三国替代的方法。20 世纪 90 年代，欧盟对中国的彩电反倾销，就是将新加坡作为替代国计算成本。当时，新加坡劳动力成本高出中国 20 多倍，中国的产品自然被计算成倾销。

当前，在全球范围内，平均每 7 起反倾销案中就有 1 起涉及中国产品，中国一直是遭受反倾销调查最多的国家之一，也是反倾销等贸易救济措施的最大受害者。美国一直频繁地对中国挥舞反倾销大棒。如果中国被给予市场经济地位，其他国家在对中国的产品进行反倾销调查时，就必须从中国产品在国内的实际成本和价格出发来计算其正常价格，而不是采用与中国经济毫不相关的第三国（替代国）的市场价格来计算。美国和欧盟等针对中国产品的反倾销"利剑"，就会失去昔日的强大杀伤力。

（五）中国与美国贸易关系的发展前景

在发展中美关系的过程中出现一些问题是在所难免的，但如何正确对待存在的问题关系到两国经贸发展的大局。对于这一点，两国在 1997 年 10 月江泽民主席访美期间发表的《联合声明》中已达成一致共识："中美之间既有共同点，也有分歧；双方有重大的共同利益，决心共同本着合作和坦诚的精神，抓住机遇，迎接挑战，以取得具体进展。"双方还认为："健康、稳定的中美关系不仅符合中美两国人民的根本利益，而且对于共同承担责任，努力实现 21 世纪的和平发展与繁荣是重要的。"因此，"两国将共同致力于建立中美建设性战略伙伴关系"。毫无疑问，这为积极、客观地处理中美贸易中存在的问题与纠纷指明了方向。中国是最大的发展中国家，美国是最大的发达国家，两国在资源结构、产业结构、消费水平等方面的差异决定了两国经济具有很强的互补性，发展中美贸易和经济合作具有得天独厚的优越条件和广阔前景。只要中美双方从两国乃至世界经济发展的大局出发，妥善处理出现的问题和纠纷，就一定能推动双边经贸关系健康、稳步地向前发展。

三、中国与东盟自由贸易区

（一）东南亚国家联盟概况

东南亚国家联盟（Association of South East Asian Nations），简称东盟（ASEAN）。1967 年 8 月 8 日，马来西亚、菲律宾、泰国、新加坡、印度尼西亚 5 国发表了《东南亚国家联盟宣言》（即《曼谷宣言》），正式组建东盟。20 世纪 80～90 年代又有文莱、越南、缅甸、老挝和柬埔寨相继加入，目前共有 10 个成员国。东盟是一个全部由发展中国家组成的南南合作的典型。

（二）中国与东盟关系的发展变化

2004 年 11 月，双方共同签署了《中国—东盟全面经济合作框架协议货物贸易协议》（以下简称《货物贸易协定》），从而正式启动了中国—东盟自贸区建立的过程。

2004 年中国与东盟双边贸易加速增长，达 1 058.8 亿美元，较上年增长 35.3%，东盟连续 12 年成为中国第 5 大贸易伙伴。2005 年，东盟首次成为中国第 4 大贸易伙伴。

《中国—东盟全面经济合作框架协议货物贸易协议》中部分关税削减时间表

年度	关税税率	覆盖关税条目	参与的国家
2000	东盟区域内部平均关税 3.87%	全部	东盟所有成员
2001	平均关税 14% 左右	全部	中国
2005	对所有 WTO 成员平均关税 11% 左右	全部	中国
2011	5% 以下		中国—东盟自由贸易区所有成员

据《货物贸易协议》规定，2005 年到 2010 年，中国与东盟中的 6 国（文莱、印度尼西亚、马来西亚、菲律宾、新加坡和泰国）绝大多数货物贸易实现"零关税"，达到自由化和便利化。东盟中的其他 4 国（越南、柬埔寨、老挝、缅甸）可以放宽到 2015 年。这意味着中国的产品和服务可在零关税、免配额以及其他市场准入条件进一步改善的情况下，顺畅地进入东盟国家市场，这有助于中国企业扩大出口；有助于实现国际市场多元化，拓宽出口渠道，分散市场风险；有助于中国企业降低进口东盟的原材料、零部件和设备的成本；有助于中国企业市场的扩大和延伸；有助于中国企业吸引外资，承接国际产业转移。

（三）中国—东盟自贸区《投资协议》

2009 年 8 月 15 日，第八次中国—东盟经贸部长会议在泰国曼谷举行，商务部陈德铭部长与东盟 10 国的经贸部长共同签署了中国—东盟自贸区《投资协议》。

《投资协议》包括 27 个条款。该协议通过双方相互给予投资者国民待遇、最惠国待遇和投资公平公正待遇，提高投资相关法律法规的透明度，为双方投资者创造一个自由、便利、透明及公平的投资环境，并为双方的投资者提供充分的法律保护，从而进一步促进双方投资便利化和逐步自由化。

近年来，随着中国—东盟自贸区建设步伐的加快，中国与东盟相互投资不断扩大。截至 2008 年年底，东盟国家来华实际投资 520 亿美元，占中国吸引外资的 6.08%。同时，中国积极实施"走出去"战略，对东盟的投资也出现了快速增长态势。2008 年中国对东盟直接投资达 21.8 亿美元，同比增长 125%，已有越来越多的中国企业把东盟国家作为主要投资目的地。随着《投资协议》的签署和实施，中国与东盟之间的相互投资和经贸关系必将进入一个新的发展阶段。

四、中国与 APEC

（一）亚太经济合作组织概况

亚太地区广义上所指的地理范围十分广阔，但重点是指亚洲乃至西南太平洋区域的一系列国家和地区。亚太经合组织由亚太地区的 21 个国家和地区组成，人口多，面积大，发展速度快，但情况也很复杂，地理上跨越亚洲、大洋洲、美洲，参加国有发达国家，有新兴工业化国家，也有发展中国家，是一个区域性经济论坛和磋商机构。

20 世纪 80 年代，国际形势因冷战结束而趋向缓和，世界经济全球化、贸易投资自由化和区域集团化的趋势渐成潮流。在欧洲经济一体化进程加快、北美自由贸易区已显雏形和亚洲地区在世界经济中的比重明显上升等背景下，澳大利亚前总理霍克于 1989 年 1 月提出召开亚太地区部长级会议，讨论加强相互间经济合作的倡议。这一倡议得到美国、加拿大、日本和东盟的积极响应。1989 年 11 月，亚太经合组织第一届部长级会议在澳大利亚首都堪培拉举行，这标志着亚太经合组织的成立。1993 年 6 月改名为亚太经济合作组织，简称亚太经合组织（APEC）。

到目前为止，亚太经合组织共有 21 个成员。1991 年 11 月，中国以主权国家身份，中国台北和中国香港以地区经济名义正式加入。APEC 接纳新成员需全部成员的协商一致。1997 年温哥华领导人会议宣布 APEC 进入 10 年巩固期，暂不接纳新成员。亚太经合组织 21 个成员拥有 25 亿人口，占世界人口的 45%，国内生产总值占世界的 55%，贸易额占 46%。这一组织在全球经济版图上，是最具有活力的板块，在全球经济中具有举足轻重的作用。

（二）中国在 APEC 中的区位特征与战略选择

中国是亚太地区的大国，在亚太地区合作中占有举足轻重的地位。但长期以来，中国一直置身于国际组织或地区组织之外。中国与国际组织的关系经历了一个从相互排斥到相互适应的过程。中国在亚太地区合作中的地位和作用具有双重性。一方面，中国是亚太地区合作进程当然的参与者；另一方面，中国又是其他国家防范的对象。中国对亚太地区合作的战略，在很大程度上是对自己处境的一种解套和主动出击。

1. 中国在亚太地区合作中的双重身份

中国作为亚洲最大的国家和世界最大的发展中的社会主义国家，在亚太地区合作中占有十分重要和特殊的位置。中国是亚太经济和安全合作的重要组成部分，没有中国的参与，任何"亚太经济圈"都是严重不完整的；没有中国的发展和贡献，任何"亚太世纪"的设想都是不现实的。同时，中国也需要与亚太地区各国展开全方位的合作。中国通过改革开放，经济发展迅速，与地区经济形成了日益深刻的相互依赖关系。亚太地区经济体成为中国的主要贸易对象和投资来源地，占据中国进出口贸易和投资总额的 70% ~80%。

2. 中国参与亚太地区合作的战略选择

中国在亚太地区合作中的双重身份，决定了中国参与亚太地区多边合作既是一种机遇，也是一种挑战。为此，中国必须制定谨慎而灵活的亚太地区合作战略。

积极参与以 APEC 为主要依托框架的亚太地区经济合作，也是中国进一步深化改革开放的需要，是中国加速社会主义市场经济建设的需要。中国参加亚太经济合作不应该只是一时的权宜之计（如仅仅作为 GATT/WTO 的替代方案），而是长期的战略选择。中国每年对外贸易额和投资额的 70%～80% 来自 APEC 地区。世界经济波动对中国经济的主要影响也来自 APEC 地区。中国的主要经贸伙伴除了欧盟以外，都是 APEC 成员（包括美国、日本、东盟、加拿大、澳大利亚、韩国等）。从这个角度说，中国的国际经济安全在相当程度上主要维系于 APEC 地区。因此，与 APEC 成员稳步开展贸易与投资自由化和经济技术合作，对于确保中国的经济安全和深化对外开放，具有特别重要的战略意义。

第三节　中国大陆与港澳台之间的贸易

一、内地与香港更紧密经贸关系安排

跨入 21 世纪后，香港与内地之间在人、财、物流动三个方面出现了许多新的突破。内地和香港两地一致认为，设立内地与香港自由贸易区或者实施"内地与香港更紧密经贸关系安排"，这样香港企业可以在成本、安全性、速度及效率方面保持竞争力，有利于推动香港与内地产业升级，实现经济上的双赢。2002 年初，内地与香港就设立类似自由贸易区问题进行磋商，双方在会议中同意将设立类似自由贸易区建议正式改名为"内地与香港更紧密经贸关系安排"，并将这种"安排"的涵盖面扩大到商品贸易、服务贸易和贸易投资三个方面。

2003 年 6 月 29 日，双方签署了《内地与香港关于建立更紧密经贸关系的安排》（Closer Economic Partnership Arrangement，简称 CEPA），并于 2004 年 1 月 1 日生效。香港当地产品九成以上可以零关税进入内地，涉及 273 个税目之下共 4 000 多种产品。这远远超过中国对 WTO 的关税减让承诺。同时内地对香港开放 17 个服务行业，香港居民可以在内地开设业务和就业，内地居民可以以个人游方式去香港旅游。为推动投资便利化，CEPA 对贸易投资促进、简化通关手续、增强法律法规透明度、电子商务、商品检验检疫、质量认证、中小企业合作及中医药产业合作等领域作了明确规定。类似的安排也在内地与澳门之间建立。

（一）CEPA 出台的缘由

CEPA 的出台，原因是多方面的。总的看来，是由内部和外部两方面因素共同作用的结果。

（1）内部因素：两地经贸关系需要有新的突破。中国内地改革开放事业迅猛发展，内地与香港的经济联系日益紧密，向内地输入资金、人才、技术等方面，香港都扮演着不可替代的角色。

20 世纪 80 年代以后，两地经贸关系持续发展。内地宣布实行对外开放政策，1992 年内地决定实行社会主义市场经济体制，1997 年 7 月 1 日香港回归祖国，2001 年内地加入 WTO，这些重大举措和事件，使两地之间的经贸关系愈来愈紧密，其结果是推动了两地经济的发展，增强了中国国际竞争力和综合国力。另一方面，由于不断扩大开放，特别是中国加入了 WTO，内地市场对外商更具吸引力，港商在内地市场占有的地位面临愈来愈严峻的挑战。

内地与香港两地之间的经贸关系如何进一步加强并有新的突破，以迎接新的挑战，这是中央和特区政府共同关注的问题。正因为如此，CEPA 的出台，首先是中国内部两地区之间更加有效地整合资源的需要，也是提高两地整体竞争力的必由之路。

（2）外部因素：应对全球区域经济集团的抉择。自 20 世纪 90 年代以来，由于国际竞争进一步加剧，贸易保护主义盛行，加上一些发达国家不按国际贸易共同规则行事，致使 WTO 多边贸易谈判屡屡受阻。这种状况促使众多国家和地区从组建区域经济集团或自由贸易区（FTA）中寻找出路。

区域经济集团都带有排他性，其内部的优惠不会向集团外的成员提供，这是区域经济集团不断增多的原因之一。以北美自由贸易区为例，由于取消关税，墨西哥成衣和纺织品大量进入美国市场，并取代中国占美国同类产品市场份额的首位。中国积极拓展双边、地区经贸合作，参加已有的或组建新的 FTA。CEPA 的出台是内地与香港共同应对区域经济集团挑战的最佳抉择。

（二）CEPA 的基本内容

CEPA 正文共 6 章总计 23 条，并有 6 个附件。其内容包括总则、货物贸易、原产地、服务贸易和投资贸易便利化。总则规定的 CEPA 的目标是：逐步减少或取消双方之间实质上所有货物的关税和非关税壁垒；逐步实现服务贸易自由化，减少或取消双方之间实质上所有歧视性措施；促进贸易投资便利化。CEPA 的原则是：遵循"一国两制"的方针；符合 WTO 的规则；顺应双方产业结构调整和升级的趋势，促进稳定和可持续发展；实现互惠互利、优势互补、共同繁荣；先易后难，逐步推广，并可因形势的发展和需要补充、增加新的内容。根据 CEPA 的总则和原则，内地与香港采取了货物贸易自由化、服务贸易自由化、贸易投资便利化等重大措施。

二、两岸经贸往来

（一）两岸经贸发展概况

自改革开放以来，大陆一直在积极推动两岸经贸关系的发展，出台了多项扩大两岸贸易往来、便利台商来大陆投资的法规及措施，使两岸经贸交流实现了多形式、多领域、大规模、深层次的发展，形成了互补互益、互利互惠的两岸经贸合作格局。

综观改革开放以来两岸经贸交流的发展，一系列的数字在世界经济史中都称得上奇迹：从 1979 年到 2007 年，两岸贸易额年均增长 30%，其中大陆自台进口增长了 5 049 倍，台湾对大陆贸易顺差增长了 484.75 倍，年均增长 25.74%；台商对大陆投资从 1987 年至 2007 年也增长了 15 倍。

2008 年大陆与台湾贸易额达 1 292.2 亿美元。其中，大陆对台湾出口为 258.8 亿美元；自台湾进口为 1 033.4 亿美元，大陆逆差为 774.6 亿美元。台湾是大陆第七大贸易伙伴，第九大出口市场，第五大进口来源地。

2008 年大陆共批准台商投资项目 2 360 个，实际使用台资金额 19.0 亿美元。截至 2008 年 12 月底，大陆累计批准台资项目 77 506 个，累计吸收台湾直接投资 476.6 亿美元。按实际使用外资统计，台资在大陆累计吸收境外投资中占总量的 5.6%，排在第五位。

2005 年到 2007 年间，大陆对台湾同胞实施了近 60 项优惠政策，这些政策的核心是：采取各种措施鼓励和支持两岸产业合作与技术推广，扩大合作领域；优化服务，便利两岸农工产品贸易和大陆台资企业产品销售；加大力度确保台商在大陆的各项利益。这些政策都从"让利于台湾同胞"的角度出发，显示大陆在处理两岸问题中"将台湾同胞放在首位"的意愿和方针。

马英九上台执政后，对两岸经贸发展采取务实、理性、开放的政策思维，实施了一系列开放两岸经贸往来的举措。在两岸同胞的共同努力下，两岸"周末包机"、大陆民众赴台旅游得以实现。开放人民币在岛内兑换、放宽台商赴大陆投资限制、逐步开放两岸资本市场等也在研拟之中，为两岸经贸关系的深入发展创造了新的条件。

（二）两岸"三通"

祖国大陆一直以来主张实现两岸全面直接"三通"，即两岸之间双向的直接通邮、通商与通航，而不是局部或间接"三通"。"三通"的核心是实现两岸之间的直航。两岸直航是指海峡两岸的飞机、船舶可以由双方机场或港口，载运旅客、货物和邮件，不经由第三地而直接航行至对岸。其主要功能和作用是为两岸人员往来、经济合作和各项交流提供便利的交通运输条件。

隔绝60年后，两岸海空直航及直接通邮于2008年12月15日全面启动，宣告两岸"大三通"时代来临，两岸由此也真正迈入一日生活圈。两岸"三通"是几十年来海峡两岸未竟的诉求。两岸海上航运结束绕航历史，实现期盼30年的全面、直接、双向通航，每天有20艘船舶从两岸多个港口同时起航对开。按目前1 000亿美元的两岸年贸易额计算，海运直航后，每年可减少运输时间11万个小时，降低运输费用1亿多美元。

根据《海峡两岸海运协议》，大陆方面正式开放包括48个海港、15个河港在内的63个港口。台湾方面开放6个本岛港口和5个"小三通"港口开展海运直航业务。

海运直航带来的利益，不仅泽被海运业，以及煤炭、砂石、油品、化工等各领域，更可为两岸业者带来更为广阔的发展空间和更大的商机，为两岸经贸关系发展注入新的活力。

在海运直航的同时，两岸包机从周末包机扩大为平日包机，每周对飞108班，首周就有101班，其中上海天天都有航班。两岸货运包机，有中华、长荣、中国货运、南方航空等执行货运包机。从桃园飞往上海，航程为一个半小时。

两岸三通可以达到经济整合的效果，台湾母公司与大陆子公司的联系和信息交换将更加密切，对增加岛内投资，提振台湾经济，对帮助双方产业升级都有重要作用。大陆金融机构还可以提供资金支持，为台资企业提供融资便利。

（三）两岸经济合作架构协议

两岸经济合作架构协议（Economic Cooperation Framework Agreement），简称ECFA（台湾方面的称呼），是指在世贸允许的框架内，两岸类似自由贸易区的经济合作协议。

台湾是出口导向经济，出口占GDP七成以上。近年来，全球区域经济整合步伐加快，各国之间签署区域贸易协议及双边自由贸易协议达230多个，协议双方彼此互免关税，台湾如无法参与，势必大幅削弱出口竞争国及经济成长。自2010年起，东盟＋中国、东盟＋日本、东盟＋韩国等自由贸易区相继成立，对台湾出口产业冲击将越来越严重，可能导致台湾产业外移及失业问题。两岸协商签署ECFA，可为两岸经贸正常化制定出基本规则，并且可避免台湾被"边缘化"的威胁，进而使台湾与世界市场接轨。

ECFA内容将包括货物贸易（包括减税减让和非关税措施）、服务贸易、投资保障、避免双重课税、商品检验检疫、知识产权保护、贸易投资便利化、争端解决机制等。

两岸签署 ECFA，台湾机械业、化学塑胶、橡胶制品业、纺织业、石油及煤制品业及钢铁业的生产及出口大幅扩张，主要原因是这些产业是现在台湾有出口竞争力的产业，且主要出口地区集中在大陆。例如，大陆市场占台湾化学塑胶橡胶制品业出口比重高达 47%，占机械业及钢铁业出口比重亦达 49.42% 及 48.6%，占纺织业出口比重约 33.51%，石油及煤制品业比重也有 23%，再加上大陆对这些产业课征的关税皆较台湾来得高，因此签署ECFA后，大陆对台湾这些产业的进口需求增加，进而带动台湾生产扩张。总的来说，ECFA的签署，有利于促进台湾出口贸易的发展和增加就业；有利于增强台湾产品竞争力；有利于保障台商权益；有利于协助台湾弱势产业的发展。

第四节　中国对外贸易宏观管理

1992 年 10 月，党的十四大明确提出中国经济体制改革的目标是建立社会主义市场经济体制，以利于进一步解放和发展社会生产力；同时进一步指出中国外贸体制改革的目标是建立既适应国际经济通行规则，又符合社会主义市场经济要求的新型外贸体制。中国对外贸易宏观管理改革和调整的目标是转变外贸宏观管理职能，建立以计划手段为指导，以法律手段为基础，以经济调节手段为主，辅以必要的行政手段的对外贸易宏观管理体系。

一、对外贸易宏观管理的法制手段

中国外贸体制改革的目标是建立既适应社会主义市场经济要求，又符合国际贸易规范的新型外贸经营管理体制。而社会主义市场经济是以法制为保障的经济，这就要求我国必须建立完善的外贸法律调控机制，使法律手段作为进行外贸宏观调控的基础手段。

> 我国外贸体制改革成效显著：
> 2004年7月1日《中华人民共和国对外贸易法》
> 2008年8月1日《反垄断法》
> 1. 加强了外贸领域法律法规建设
> 2. 全面放开外贸经营权
> 3. 利用外贸政策，深化对外开放
> 4. 贸易促进体系逐步形成
> 5. 稳步推进出口退税改革

对外贸易法制管理手段是指在对外贸易宏观管理中借助法律规范的作用对进出口活动施加影响的一种手段。它具有权威性、统一性、严肃性、规范性的特点。

（一）《中华人民共和国对外贸易法》

《中华人民共和国对外贸易法》已由中华人民共和国第十届全国人民代表大会常务委员会第八次会议于 2004 年 4 月 6 日修订通过，修订后的《中华人民共和国对外贸易法》自 2004 年 7 月 1 日起施行。《中华人民共和国对外贸易法》内容包括 11 章：总则；对外贸易经营者；货物进出口与技术进出口；国际服务贸易；与对外贸易有关的知识产权保护；对外贸易秩序；对外贸易调查；对外贸易救济；对外贸易促进；法律责任；附则。

修订后的《中华人民共和国对外贸易法》的实施，有利于扩大对外开放，发展对外贸易，维护对外贸易秩序，保护对外贸易经营者的合法权益，促进社会主义市场经济的健康发展。

（二）《中华人民共和国反垄断法》

《中华人民共和国反垄断法》已由中华人民共和国第十届全国人民代表大会常务委员会第二十九次会议于 2007 年 8 月 30 日通过，自 2008 年 8 月 1 日起施行。

反垄断法将自 2008 年 8 月 1 日起施行，共分为 8 章 57 条，包括：总则；垄断协议；滥用市场支配地位；经营者集中；滥用行政权力排除；限制竞争；对涉嫌垄断行为的调查；法律责任和附则。

反垄断法明确规定，禁止大型国企借控制地位损害消费者利益，国有经济占控制地位的、关系国民经济命脉和国家安全的行业以及依法实行专营专卖的行业，国家对经营者的经营行为及其商品和服务的价格依法实施监管和调控，以维护消费者利益。

反垄断法宗旨：为了预防和制止垄断行为，保护市场公平竞争，提高经济运行效率，维护消费者利益和社会公共利益，促进社会主义市场经济健康发展。

（三）中国外贸宏观管理的其他法律和法规

1. 外贸经营权管理立法

改革开放后，随着对外贸易经营权的不断下放，中国先后颁布了一系列有关对外贸易经营许可的法律、法规，随着中国对外贸易体制改革的推进，国家对对外贸易经营者的资格管理，逐步从审批许可制向登记核准制过渡，遵循自主申请、公开透明、统一规范、依法监督的原则，对各类所有制企业进出口经营资格实行统一的标准和管理办法。外经贸部 2001 年 7 月发布《关于进出口经营资格管理的有关规定》，对进出口经营资格管理从审批许可制向登记核准制过渡的有关措施作了规定。

2. 进出口商品管理立法

《对外贸易法》确立了中国实行进出口商品管理制度，并规定对限制进出口的商品实行配额许可证管理。中国进出口商品管理法规主要有 2001 年 12 月加入世界贸易组织之际颁布的《中华人民共和国货物进出口管理条例》、《货物进口许可证管理办法》、《出口商品配额管理办法》等。

3. 进出口商品检验制度立法

进出口商品检验制度是中国实行对外贸易管理的主要手段之一。为了使进口商品检验工作适应改革开放后中国对外贸易迅速发展的需要，国家于 1989 和 1991 年先后颁布了《进出口商品检验法》、《进出境动植物检疫法》等一系列配套法规。2002 年中国修订了《中华人民共和国进出口商品检验法》及相应的《实施细则》。

4. 海关和关税管理立法

改革开放后，为了适应国际政治、经济及对外贸易发生重大变化的需要，中国对海关管理制度进行了一系列的改革与完善，并相应制定和颁布了大量有关的法律和法规，逐渐形成了以《海关法》为核心的海关法律体系。2002 年中国修订了《海关法》，并陆续对相应的实施条例与管理方法做了修订。

5. 外汇管理立法

改革开放后，中国加强了外汇管理立法，颁布了大量外汇管理方面的法律和法规。1994 年中国外汇体制进行了关键性的改革，即实现汇率并轨，实行以市场供求为基础的、单一的、有管理的浮动汇率制度，与此相适应，实行银行结汇、售汇制。根据外汇体制改革的需要，中国于1996年发布并于1997年进一步修订了新的《外汇管理条例》。条例对中国外汇管理机构、经营机构、管理内容及违反外汇管理行为的法律责任都作出了明确的规定，是中国现行外汇管理的基本法。自2005年7月21日起，中国开始实行以市场供求为基础、参考一揽子货币进行调节、有管理的浮动汇率制度。人民币汇率不再单一盯住美元，形成更富弹性的人民币汇率机制。

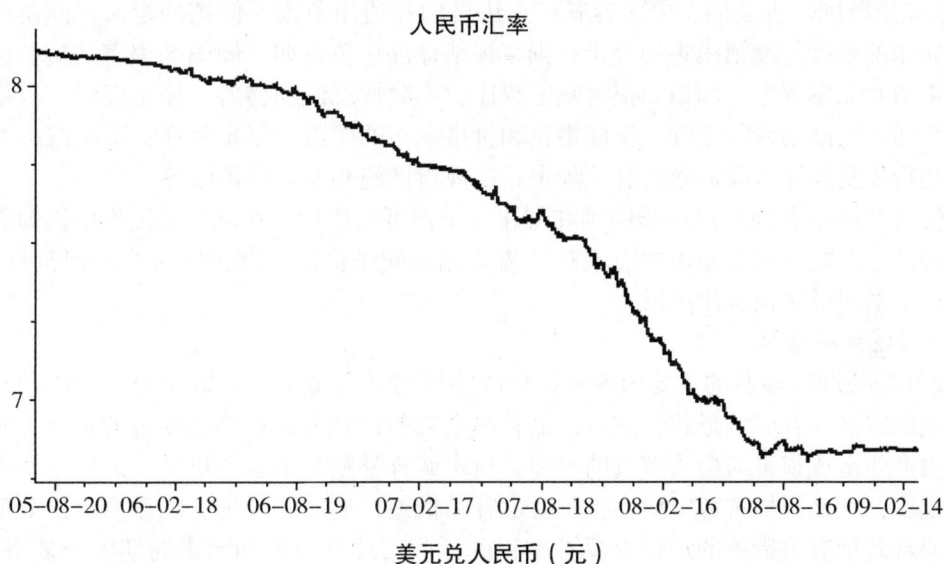

人民币汇率

美元兑人民币（元）

数据来源：Wind 资讯

　　6. 技术转让和保护知识产权立法

　　积极引进国外先进技术是中国对外开放政策的基本内容之一。为了促进技术贸易的顺利进行和维护双方当事人的合法权益，中国制定和颁布了调整涉外技术转让行为的法律和法规，如《技术进出口管理条例》等。

　　中国在积极引进国外先进技术的同时，还努力建立、健全保护知识产权的法律体系，其中最重要的是颁布了《商标法》、《专利法》和《著作权法》，以及这三个法的实施细则。这些法律和法规比较全面地对知识产权保护进行了规范，不仅使知识产权领域能做到有法可依、有章可循，而且使中国的知识产权法律体系与世界知识产权法律体系接轨。

　　7. 涉外经济贸易仲裁立法

　　改革开放后，随着中国对外经济贸易的扩展，中外经济贸易纠纷日益增多，而其中的绝大多数纠纷案件都是采取仲裁方式解决。为了适应这一变化，中国颁布并进一步完善了一系列涉外经济贸易仲裁制度。1994年又颁布了《中华人民共和国仲裁法》，这是中国第一部仲裁法律，这些都是中国进行涉外经济贸易仲裁的重要法律依据。

　　8. 对外贸易救济的立法

　　中国以《建立世贸组织协议》为基础，借鉴市场经济国家的做法，并考虑到实际国情，逐步建立了对外贸易救济法律规范。国务院分别于2001年12月10日、11日和12日颁布了《反倾销条例》、《反补贴条例》和《保障措施条例》，商务部公布了《对外贸易壁垒调查规则》，作为中国对外贸易法律体系和贸易政策的重要组成部分。它不仅是中国在改革开放过程中按照世贸组织原则采取积极防御贸易和投资壁垒的重要措施，更是在国内经济融入全球经济大循环过程中法制建设的一个重要的里程碑，标志着中国反倾销、反补贴、保障措施的法律制度与世贸组织规则的全面接轨，进一步为企业创造了公平的贸易环境，更加有效地促进了对外贸易的健康发展。

（1）《反倾销条例》。

《反倾销条例》涉及的主要内容有：立法目的和适用范围；倾销的定义，倾销的确定方法，倾销的幅度；倾销损害的界定，损害评估标准；负责调查倾销与损害的机关，反倾销调查申请和立案程序，倾销和损害裁定程序；临时性反倾销措施，停止以倾销价格出口的价格承诺，反倾销税的征收；反倾销税和价格承诺的期限与复审程序；不服裁决者可申请和提起行政复议和行政诉讼的有关规定；反规避措施和反歧视措施等。

为使《反倾销条例》进一步明确和细化，增强可操作性，在反倾销工作中得到更好的贯彻执行，国务院有关部委还相应颁布了为实施反倾销措施而制定的规章与规范性文件，共同形成了中国反倾销法律体系。

（2）《反补贴条例》。

《反补贴条例》涉及的主要内容有：立法宗旨与适用范围；采取反补贴措施的基本条件，补贴的定义，补贴的形式，进口产品补贴金额的计算方式；补贴损害的定义，确定补贴对国内产业造成损害时应当审查的事项；负责调查补贴与损害的机关，反补贴调查申请和立案程序，补贴与损害裁定程序；临时反补贴措施，出口国（地区）政府提出取消、限制补贴或者其他有关措施的承诺，反补贴税的征收；反补贴税和承诺的期限与复审程序；不服裁决者可申请和提起行政复议和行政诉讼的有关规定；反规避措施和反歧视措施等。

《反补贴条例》还有其一系列的配套规章。

（3）《保障措施条例》。

《保障措施条例》涉及的主要内容有：立法目的和适用条件；调查机关及其职责分工；确定进口产品数量增加对国内产业造成损害时应当审查的相关因素；采取保障措施调查申请和立案程序，进口产品数量增加和损害裁定程序；临时保障措施，保障措施；保障措施的期限与复审程序；反歧视措施等。不同于《反倾销条例》和《反补贴条例》，《保障措施条例》没有规定司法审议。这是因为世贸组织保障措施协定中没有司法审议条款，因此《保障措施条例》对不服裁决者可申请和提起行政复议与行政诉讼未作规定。

《保障措施条列》还有其一系列的配套规章。

（4）《对外贸易壁垒调查规则》。

原对外贸易经济合作部于 2002 年 9 月 23 日颁发了《对外贸易壁垒调查暂行规则》。商务部根据新修订的《对外贸易法》修改了该规定，发布《对外贸易壁垒调查规则》，它主要规定了有关国家和地区采取的影响中国对外贸易与投资的贸易壁垒的调查事项、调查程序和调查中的义务。

二、对外贸易宏观管理的经济手段

在社会主义市场经济条件下，要遵循价值规律的作用，主要运用经济手段调控对外贸易。经济手段是国家通过调节宏观经济变量，对微观经济主体行为施加影响，并使之符合宏观经济发展目标的间接调控方式。

经济手段的特点是遵从物质利益原则，遵循经济规律，间接影响企业利益，引导企业行为，不具有行政命令的强制性。中国运用的经济调控手段主要有汇率、税收、信贷等经济杠杆。国家运用这些经济杠杆，通过市场机制，影响各调控对象的利益，以实现调控外贸活动和外贸经济关系的目的。

（一）税收制度

税收制度简称"税制"，是国家根据税收政策、通过法律程序确定的征税依据和规范，它包括税收体系和税制要素两方面的内容。税收体系是指税种、税类的构成及其相互关系，即一国设立哪些税种和税类，这些税种和税类各自所处的地位如何。税制要素，是指构成每一种税的纳税义务人、征税对象、税率、纳税环节、纳税期限、减税免税、违章处理等基本要素。广义的税收制度，还包括税收管理体制和税收征收管理制度。

1. 关税制度

关税是一个国家根据本国的关税政策制定的海关税则，由海关对进出境的货物和物品所征收的一种税。关税政策体现一个国家的经济发展战略，外贸发展战略和经济政策。同时，运用关税手段可以促进产业结构的优化和加速国产化进程。关税已成为中国调节进出口贸易和管理对外贸易的重要手段之一。

目前，中国在关税方面的总政策是贯彻对外开放，鼓励出口创汇和扩大必需品的进口，保护与促进国民经济的发展。因此，中国制定关税税率的基本原则是：①对国内不能生产或不能满足需要的必需品（主要是一些先进的技术和设备及生产必需的物质）免除进口关税或征收低额进口关税；②原材料的进口税率一般定得比半成品或制成品的进口税率低；③在进口国内不能生产或产品质量不过关的机械设备和仪器仪表时，零配件的进口税率比整机低；④对国内已经能够生产和满足需要的产品，或非国计民生所必需的物品（主要是一些生活消费品）制定较高的进口税率。⑤在出口关税方面，实行鼓励出口政策，对绝大多数出口商品都不征收出口税，但对国内外差价大的，在国际市场上容量有限而竞争性强的商品以及需要限制出口的少数原材料和一些重要物质征收出口税。凡在《海关进出口税则》中未定有出口税率的货物，都不征收出口税。

中国的进出口关税采取从价税。《海关法》第38条规定："进口货物以海关审定的正常到岸价格为完税价格，出口货物以海关审定的离岸价格计征。"到岸价格包括货价加上货物运抵中华人民共和国关境内输入地点起卸前的包装费、运费、保险费和其他劳务费用。

为了适应对外开放的需要，从1992年起，中国海关税则采用《商品名称及编码协调制度》，这是国际上多个商品目录协调后的产物，是一个比较完整、系统、通用、准确的国际贸易商品分类体系。

中国进口关税设最惠国税率、协定税率、特惠税率和普通税率4个栏目。最惠国税率适用原产于与中国共同适用最惠国待遇条款的世贸组织成员的进口货物，或原产于与中国签订有相互给予最惠国待遇条款的双边贸易协定的国家或地区的进口货物。协定税率适用于原产于与中国参加的含有关税优惠条款的区域性贸易协定的有关缔约方的进口货物。特惠税率适用于与中国签订有特殊优惠关税协定的国家或地区的进口货物。普通税率适用于原产于上述国家或地区以外的国家和地区的进口货物。

从1986年4月开始，中国对进口关税税率进行了多次调整，1991年开始多次大幅下调，到2002年，中国进口关税的平均税率已降至12%，达到了发展中国家的平均水平，自2003年起，中国平均关税水平进一步下降到11%，到2005年下降到10%。

中国的关税减免分为三种：①法定减免，指《海关法》和《进出口关税条例》规定给予的关税减免。②特定减免，指依照国家规定对特定地区特定企业或特定用途的进出口货物所实行的关税减免。③临时减免，指法定减免特定减免规定范围以外的临时减免关税。

2. 进口货物国内税征收制度

根据中国现行进口货物国内税征收制度，进口货物国内税是指对进口货物征收增值税和消费税，其主要作用是调节国内外产品税收负担的差异，为国内外产品创造一个公平竞争的环境。

（1）征税原则。

1994年中国进行了税制改革，根据新税制的规定，中国对进口产品实行与国内产品同等征税的原则，即在增值税和消费税上按相同的税目和税率征税。

（2）征税范围和纳税人。

根据中国《增值税条例》的规定，除境内销售货物或提供加工修理修配业务外，进口货物也属于增值税征收的范围。凡在中国境内销售货物或者提供加工修理修配以及进口货物的单位和个人，为增值税的纳税义务人。根据《消费税条例》的规定，中国纳税人消费品征税范围的进口商品共10种，具体包括：烟酒及酒精、化妆品、护肤护发品、贵重首饰及珠宝玉石、鞭炮焰火、汽油、柴油、汽车轮胎、摩托车、小汽车。消费税的纳税人是指在中国境内生产、委托加工和进口应税消费品的单位和个人。

（3）税目税率。

进口产品适用的税目和税率，是确定该项产品是否征税，征收何种税，征收多少税的重要标准。根据进口产品与国内产品同等纳税的原则，一般来说，除国家另有规定外，进口产品适用的税目税率，都按照对国内征收增值税和消费税的税目税率执行。

根据《增值税条例》规定，增值税设基本税率、低税率和零税率三档。基本税率：纳税人销售或者进口货物提供加工修理修配劳务，税率为17%。低税率：纳税人销售或者进口粮食等19种货物，税率为13%。零税率：纳税人报关出口货物，税率为零。

根据《消费税条例》规定，消费税的税率有两种：一是比例税率，即实行从价定率征税；二是定额税率，即实行从量定额征税。《消费税条例》对消费税共设置十档比例税率，最高税率为45%，最低税率为3%。

3. 出口退税制度。

出口退税是指将出口货物在国内生产和流通领域过程中缴纳的间接税退还给出口企业，使出口商品以不含税的价格进入国际市场。

（1）实行出口退税的意义。

首先，出口退税是依据出口商品零税率原则所采取的一项鼓励出口贸易的措施。一方面，通过出口退税，把生产和流通环节已征收的税款退还给出口企业，企业可以价格优势参与国际竞争。另一方面，由于一国商品出口到另一国，进口国除了要征收进口关税，还要对进口产品征收增值税与消费税，如果不实行出口退税，则构成双重征税。通过出口退税，实现出口零税率，就可以很好地解决重复征税的问题。

其次，出口退税是对出口货物的一种非歧视性赋税政策，是维护国内外产品公平竞争的有效手段。在国际贸易中，由于各国的税制不同而使货物的含税成本差距很大，这样就无法进行公平竞争。要消除这种不利影响，就必须使出口货物以不含税的价格进入国际市场。而出口退税是使出口货物以不含税的价格进入国际市场的有效手段。

（2）出口退税原则。

中国对出口商品实行"征多少，退多少"，"未征不退"和"彻底退税"的原则。这不仅是财政平衡的需要，而且也是政策机制的需要。因为如果征得多退得少或者没有彻底退税，出口退税制度就起不到鼓励出口的作用；如果征得少退得多，出口退税制度会变成新的出口补贴渠道而失去它原有的意义。

（3）出口退税范围。

出口退税范围包括：出口退税的产品范围和出口退税的企业范围。

出口退税的产品范围。中国出口的产品，凡属于已征或应征增值税消费税的产品，除国家明确规定不予退税外，均予退还已征税款或免征应征税款。这里所说的"出口产品"一般应具备以下三个条件：必须是已征税产品，必须是报关离境的出口产品，必须是财务上作出口销售的产品。

出口产品退税原则上应将所退税款全部退还给主要承担出口经济责任的出口企业。它主要包括四个方面：一是经营出口业务的企业；二是在代理进出口业务活动中，代理出口的企业；三是特定出口企业（指外轮公司，对外修理企业，对外承包工程公司等）；四是外商投资企业。

（4）出口退税税种和税率。

中国《出口货物退（免）税管理办法》规定，中国出口产品应退税种为增值税和消费税。

根据《增值税条例》规定，计算出口产品应退税税款的税率，应按17%或13%的税率执行；计算出口货物应退税消费税税款的税率或单位税额，依《消费税条例》所附《消费税税目，税率（税额）表》执行。这是中国出口退税的法定税率，但在实际执行过程中，根据国家财政平衡情况和发展出口贸易的需要，中国曾多次调整出口退税率。

（二）外汇管理

外汇管理是一国政府对外汇的收支、结算、买卖和使用所采取的限制性措施。主要目的是为了集中使用该国的外汇，防止外汇投机，限制资本的流出流入，稳定货币汇率，改善和平衡国际收支。

改革开放后，中国外汇管理体制改革最重要和突出的内容就是建立外汇留成制与调剂外汇市场。为了推动改革开放，调动各企事业单位的创汇积极性。从1979年开始，中国执行外汇留成制度，即凡创汇单位，国家给予他们一定的使用外汇的权利（所谓额度留成），按规定的使用方向，用于从国外进口。随着外汇留成办法的实施，有些单位保有留成外汇，但本身暂不需要，形成闲置；而有些单位，本身不创汇或创汇能力很低，又极需外汇，用于进口设备器材等物质。由于这种情况的出现，形成了外汇供求之间的矛盾。中国银行于1980年10月开办了外汇调剂和额度借贷业务，允许留成单位将闲置的外汇按国家规定的价格卖给或借给需要外汇的单位，实现余缺调剂，称为调剂外汇市场。因此，出现了官方汇率和市场汇率并存的双轨汇率制度。

为了促进中国市场经济体制的建立和进一步对外开放，克服双重汇率带来的不利影响，从 1994 年 1 月 1 日起，中国的外汇管理体制进行了重大的改革，具体内容如下：

（1）汇率并轨，实行以市场供求为基础的、单一的、有管理的浮动汇率制。从 1994 年 1 月 1 日起，实现人民币汇率并轨。并轨后的人民币汇率，实行以市场供求为基础的、单一的、有管理的浮动汇率制。由中国人民银行根据前一日银行的外汇交易市场形成的价格，每日公布人民币对美元交易的中间价，并参照国际外汇市场变化，同时公布人民币对其他主要货币的汇率。

（2）实行银行结汇、售汇制。结汇制是指企业将外汇收入按当日汇价卖给外汇指定银行，银行收取外汇，兑换人民币的制度。实行结汇制是为了实现人民币经常项目下有条件可兑换，保证充足的外汇来源，满足国家用汇的需要。根据 1994 年 3 月中国人民银行发布的《结汇、售汇及付汇管理暂行规定》的规定，结汇是外贸经营者的法律义务。除了外商投资企业的外汇，境外借款和用于还债的外汇，居民个人的外汇以及其他一些特殊用途的外汇等几项外汇收入可保留外，其他外汇一律要及时办理结汇。

售汇制是指用汇企业需要使用外汇时，持有效凭证到外汇指定银行用人民币兑换，银行收取人民币，售给用汇企业外汇的制度。

在实行银行结汇、售汇制前，中国实行外汇留成上缴制度，外贸企业创汇收入的一部分必须上缴，只可以保留一定比例的用汇额度，在使用时用人民币换成现汇。外贸企业每用一笔留成外汇，都得层层审批。实行结汇、售汇制后，取消了原来的各类外汇留成，上缴和额度管理制度。

（3）1996 年年底，人民币实现经常项目下可兑换。1996 年，在国家外汇储备大幅度增加的基础上，接受国际货币基金组织协定第八条第 2 款、第 3 款、第 4 款的义务，实现人民币经常项目下的可兑换。但对资本项目外汇收支仍将有所限制。这一举措将有利于促进按国际通行规则经营，提高竞争力。

此外，为对外汇收入性质进行区别，防止资本项目外汇混入经常项目结汇，1997 年 7 月 25 日，国家外汇管理局印发了《经常项目外汇结汇管理办法》的通知。

（4）自 2005 年 7 月 21 日起，中国开始实行以市场供求为基础、参考一揽子货币进行调节、有管理的浮动汇率制度。人民币汇率不再单一盯住美元，形成更富弹性的人民币汇率机制。

人民币汇率调整有利于缓解中国对外贸易不平衡，改善贸易条件，扩大内需，增强货币政策独立性，提高金融调控的主动性和有效性；促使企业转变经营机制，增强自主创新能力，加快转变外贸增长方式，提高国际竞争力和抗风险能力；有利于优化利用外资结构，提高利用外资效果。

（三）出口信贷制度

中国出口信贷的基本任务是：按照国家发展社会主义市场经济的要求，遵循改革开放的方针，根据国家有关政策和批准的信贷计划发放贷款，支持对外贸易的发展；同时发挥信贷的监督和服务作用，监督企业合理地使用信贷资金，协助外贸企业加强经济核算，提高经济效益。

1. 出口信贷政策

出口信贷政策是有效地发挥出口信贷对出口贸易的促进作用的指南与保证。中国出口信贷政策的基本内容是：积极支持有信誉的国有进出口企业发展有效益、有市场的进出口业务；支持国有大中型企业、企业集团的发展；支持外贸企业推行代理制；严禁为盲目竞争、没有效益、挪用银行资金的企业贷款；支持国家重点建设企业技术进步；支持机电产品、成套设备出口；支持高利税高创汇、高销售额的外商投资企业；支持效益好、产业结构合理的国家级经济技术开发区。

2. 出口信贷机构

中国进出口银行和中国银行是中国提供出口信贷的主渠道。另外，中国一些国有商业银行、区域性银行及其他金融机构，经国家外汇管理局批准，也可以对进出口企业发放一定数量的外汇贷款及人民币贷款。

中国于1994年5月成立了中国进出口银行，是专门办理进出口信贷业务的政策性银行。其主要任务是：执行国家生产政策和产业政策，为扩大中国机电产品和成套设备等资本性货物出口提供政策性金融支持。它实行自主保本经营和企业化管理，不以赢利为目的，不与商业银行进行业务竞争，资本金主要由财政拨款，另外的资金来源是向金融机构发行金融债券。其业务范围包括：为机电产品和成套设备等资本性货物进出口提供出口卖方信贷和买方信贷；为中国银行的成套机电产品出口信贷办理贴息、出口信用担保及进出口保险的保理业务；从事进出口信贷项目评估审查业务。按照国际流行做法，有选择地试办出口买方信贷业务，以及中国政府对外国政府贷款、混合贷款的转贷业务等。在信贷项目的选择上，该银行注意突出重点，充分体现政策性，并通过优化贷款结构，以提高政策性资金的使用效益；特别是在出口信贷方面，重点支持了高技术，高附加值的机电产品和成套设备出口，有力地促进了出口商品结构优化和产业结构的升级；另外，还把信贷的重点放在支持国有大中型企业，特别是大力扶持产业联动效应大的行业以及中西部地区机电产品的出口上。

中国银行是中国政府授权经营外汇业务，办理进出口信贷的国有商业性银行，具有国家指定的外汇专业银行的性质和地位，并作为中国对外筹资的主渠道，在国内外开展各项银行业务，支持中国对外贸易和社会经济的发展。

三、对外贸易宏观管理的行政手段

在社会主义市场经济条件下，中国对外贸易管理以法律手段、经济手段为主，但也要辅以必要的行政手段。行政手段是指国家各级政府和其所属主管部门凭借其职权，通过制定和下达指示、命令、规定等形式，对社会经济活动进行决策、组织、监督和调节的一种手段。由于行政手段的依托是国家行政权力，因此，它具有强制性、权威性、直接性和无偿性的特点，可以弥补和修正市场自发机制的缺陷，有效地维护对外贸易秩序。

（一）外贸经营权管理

2004年修订的《对外贸易法》取消了对货物和技术进出口经营权的审批规定，只要求从事对外贸易经营活动的法人、其他组织或者个人对外贸易者依法办理工商登记或者其他执业手续，并进行备案登记。商务部发布的《对外贸易经营者备案登记办法》自 2004 年 7 月 1 日起实施。

（二）海关管理

海关是指设置在国境口岸上管理进出境的专门机关。海关对货物进出口实施强制行政管理主要包括：使货物物品和运输工具合法进出关境，保证关税的征收，制止走私违法，同时为征税统计业务提供可靠的数据。

1. 进出境货物监管制度

（1）一般贸易进出境货物监管制度。

一般贸易进出境货物监管基本制度由报关、查验、征税和放行四个基本环节构成。

报关是指进出口货物的收发货人在货物进出境时，在法律规定的时间内，向海关申报货物名称、规格、数量、价格、贸易国别等内容，呈交规定的单证并申请查验，以接受海关监管的制度。海关在接受申报时，要认真审核单证。发现不符合规定要求的，应及时通知报关单位补充或更正，必要时可以调阅报关单位的合同账册和其他单证。

查验是指海关以已审核的报关单证或许可证为依据，对进出口货物进行实际的核对和检查，确定单货是否相符。凡是进出口货物，除经海关总署批准可以免验者外，都必须接受海关查验。海关查验货物时，进出口货物的收发货人应当到场，并负责搬移货物，开拆和重封货物的包装。海关认为必要时，可以进行开验、复验或者提取货样。

征税是指除海关特准外，进出口货物在收发货人缴清税款或者提供担保后，由海关签印放行。

放行是指海关在查验进出口货物与所填内容相符并依法征税或提供担保后，在货运单据上加盖海关放行章，以示准许进境或出境的制度。

（2）特殊贸易进出境货物监管制度。

一是加工贸易、补偿贸易进出境货物的监管。海关对加工贸易、补偿贸易进出境货物的监管是指保税加工、补偿贸易进出境货物本身，包括进出境用于加工的料件设备机器，加工后复出口的成品或半成品。

对加工贸易、补偿贸易货物，海关监管的基本制度是保税监管制度，即对加工贸易和补偿贸易的货物，一律按保税货物进行管理，在企业承担有关货物在期限内完成加工和将成品复运出口的保证的前提下，不必交验许可证，也不必纳税。但其进口的料件和加工的成品系保税货物，料件自进口之日起至成品出口之日止，未经外贸主管部门许可和向所在地海关或分工管理海关办理手续，任何单位和个人不得出售、转移或移作他用。加工的成品则必须全部出口，如因故转为内销时，应按一般货物申领进口货物许可证，海关凭证按加工成品复进口补征关税。

二是保税货物的监管。保税货物是指经海关批准未办理纳税手续而进境，在境内存储加工装配后复运出境的货物。经营保税货物单位，必须向海关申请注册登记，接受海关的监管。海关对保税货物的监管主要采取保税仓库和保税工厂两种方式。

保税仓库是专门存放经海关核准的保税货物的仓库。经营保税仓库，应当由经注册登记准予经营进出口业务的单位，向当地海关申请办理有关手续，经海关审查，符合有关法律规定，具备海关严密监管条件的独立专用仓库，方可经营。保税货物只能在保税仓库存储一年，如有特殊情况可向海关申请延期，但延长期最长不超过一年。保税货物存储期满未转为进口也不复出口的，由海关将货物变卖。保税仓库所存货物在存储期间发生短少，除由于不可抗力原因外，其短少部分由保税仓库经理人承担缴纳税款的责任。

保税工厂是由海关批准的保税进口的料件和包装物料，在国内加工装配成成品、半成品后复运出境的企业。经营保税工厂的单位，必须要经海关审查批准，且收到《保税工厂登记书》后，才可以经营。保税工厂进口的原材料、零部件和包装物料，自进口之日起就要接受海关的监管。进口料件只能在加工后复运出境，不得私自销售、转移、更换和移作他用。

（3）进出境运输工具监管制度。

进出境运输工具是指用以运载人员货物物品进出境的各种船舶、车辆、航空器和驮畜。海关对进出境运输工具的监管程序包括：申报、查验和放行。

（4）进出境物品的监管制度。

个人携带进出境的行李物品及邮寄进出境的物品，应当以自用合理数量为限，并接受海关监管。进出境物品的所有人应当向海关如实申报，并接受海关查验。

2. 查缉走私

查缉走私是海关的基本职责，也是维护国家主权和利益、保障改革开放健康发展的重要手段。

国家实行联合缉私、统一处理、综合治理的缉私体制。海关负责协调管理查缉走私的工作。

国家在海关总署设立专门侦查走私犯罪的公安机构，配备专职缉私警察，负责对其管辖的走私犯罪案件的侦查、拘留、执行逮捕及预审。

各有关行政执法部门查获的走私案件，应当给予行政处罚的，移送海关依法处理；涉嫌犯罪的，应当移送海关侦查走私犯罪公安机构、地方公安机关并依据案件管辖分工和法定程序办理。

依照《海关法》和《海关法行政处罚实施细则》的规定，走私分为走私犯罪与走私行为。犯走私罪者，依法追究当事人的刑事责任，包括判处徒刑直至死刑，并判处没收财产及走私货物、走私工具和违法所得等。犯走私行为者，由海关没收其货物物品及违法所得，并处以罚款。

（三）进出口商品管理

进出口商品管理，即以国家的法律、法令和政策规定为依据，从国家宏观经济利益以及对内和对外政策需要出发，对进出口商品实行管理。

随着对外开放和中国对外贸易管理体制改革的逐步深化和外贸企业数量的不断增加，国家加强了进出口贸易的宏观管理，采用配额、许可证等手段控制对外贸易，达到既与中国社会主义市场经济相适应又符合国际贸易规范的对外贸易管理体制。

1. 出口商品管理

中国出口商品管理主要是依据 1992 年 12 月 29 日对外经济贸易部发布并于 1993 年 1 月 1 日起执行的《出口商品管理暂行方法》进行的。采取少数商品由国家管理，大部分商品放开经营。国家管理的出口商品包括：实行计划配额、主动配额、被动配额、许可证管理的商品。

（1）出口配额管理。

中国出口配额管理可分为被动配额管理、主动配额管理和计划配额管理三种形式。

被动配额管理是指由于进口国对某种商品的进口实行数量限制，并通过政府间多双边贸易协定谈判，要求出口国控制出口数量，从而出口国对这类出口实施数量限制，称作被动配额管理。

中国被动配额管理的出口商品包括：纺织品类和非纺织品类。纺织品被动配额是指对于出口输往与中国签订双边纺织品协议的国家协议项目下的棉毛、化学纤维、丝麻及其他植物纤维纺织品及其制品，中国均需进行出口数量自我限制。设限国有美国、加拿大、欧盟国家及土耳其。

非纺织品被动配额是指对于输往欧盟国家的蘑菇罐头、日用陶瓷、木螺丝、红薯干、黑白彩色电视机 5 种非纺织品，同样也受被动配额限制。

主动配额管理是指处于保障国家经济安全的需要，或保护国内有限资源的需要，根据国家对有关产业的发展规划、目标和政策，根据国际国内市场的需求及产销状况，国家对部分商品的出口实行数量限制。

实施主动配额管理的出口商品有三类：一类是中国在国际市场或某一市场上占主导地位的重要出口商品；二类是外国要求中国主动限制的出口商品；三类是国外易进行市场干扰调查、反倾销立案的出口商品。

计划配额管理是指国家为保证出口符合国民经济计划的要求，对部分重要出口商品实行的一种出口配额管理。这部分商品由国家经贸委员会及外经贸部等主管部门确定出口计划配额。

2002 年现行计划配额管理的出口商品有两类：农产品和工业品。农产品主要包括大米、玉米、小麦、棉花、食粮等。工业品主要有原油、成品油、煤炭、焦炭、稀土等。

（2）出口配额分配办法。

根据《对外贸易法》第 20 条规定："进出口货物配额由国务院对外经济贸易主管部门或者有关部门在自己的职责范围内，根据申请者的进出口实绩能力等条件，按照效益公正、公开和平等竞争的原则进行分配。"因此，中国出口配额的总量由外经贸部根据国际国内市场的供求情况、其他国家（地区）要求中国主动设限的情况、全国出口配额申请总量和实际出口执行情况加以确定。外经贸部根据各地上报的出口配额、申请数量、出口实绩及经营能力，参照资源分布情况，在综合平衡的基础上，严格按照出口配额分配条件，将出口配额切块分配并下达给各地外贸主管部门和外贸总公司执行。各地外贸主管部门应按照外经贸部规定的出口配额分配条件，将配额分配给本地区有出口实绩、出口规模大、出口效益好的各类提出申请的出口企业。

为了使中国的配额分配管理符合市场经济和国际贸易规范的要求，国家从 1994 年开始对部分出口商品配额实行有偿与无偿招标分配，即出口企业通过自主投标竞标，有偿取得和使用中标配额。这是中国对出口配额分配办法的重大改革，通过招标把配额行政分配转化为市场分配，将无偿使用改为有偿使用，有利于配额管理中的主观随意性，增加科学性，避免了人为因素的干扰。同时，配额有偿招标在分配中也引进了竞争机制，打破了配额垄断和终身制，大大提高了外贸出口的经济效益和管理制度的透明度。

对外贸易经济合作部设立出口商品配额招标委员会，统一管理出口商品配额招标工作，并确定招标商品范围，即国家实行纺织品被动配额管理商品，出口配额管理商品及其他实行出口许可证管理的商品。

出口商品配额招标遵循"效益、公正、公平、公开"的原则，实行配额招标的商品主要包括不可再生的大宗资源性商品；在国际市场上占主导地位且价格变化对出口量影响较小的商品；供大于求、经营相对分散、易于发生低价竞销、招致国外反倾销诉讼的商品；中国与设限国家签订的多双边协议中规定需要实行出口配额管理的商品。

出口商品配额招标适用于对全球市场的各种贸易方式出口的招标商品，包括通过一般贸易、进料加工、来料加工、易货贸易、边境贸易、补偿贸易等贸易方式出口以及通过承包工程和劳务输出带出的招标商品。

（3）出口许可证管理。

中国出口许可证包括出口配额许可证和出口许可证。对下列情况之一，国家可以实行出口配额许可证或出口许可证管理：为维护国家安全或者社会公共利益，需要限制出口的；国内供应短缺或者为有效保护可能用竭的国内资源，需要限制出口的；对任何形式的农业、牧业及渔业产品有必要限制出口的；根据中华人民共和国所缔结或者参加的国际条约、协定的规定，需要限制出口的。

中国出口许可证签发原则是：实行出口许可证管理的商品，除特殊规定外，出口均应申领出口许可证；出口许可证的签发实行分级管理的原则，各级发证机关必须严格按照外经贸部所授权的商品范围签发出口许可证，不得交叉发证，不得超越授权的商品范围发证。

3. 进口商品管理

按照国务院关于外贸体制改革决定的精神，参照国际通行做法，外经贸部和国家有关部门多次对进口配额、许可证管理办法进行调整。

（1）进口配额管理。

列入进口配额管理的商品主要有三类：一是国家尚需适量进口以调节国内市场供应，但过量进口会严重损害国内相关产业发展的进口产品；二是直接影响进口商品结构产业结构调整的进口商品；三是危及国家外汇收支地位的进口商品。

中国进口配额包括关税配额、机电产品进口配额、一般商品进口配额。

（2）进口许可证管理。

根据《中华人民共和国进口货物许可证制度暂行条例》及《施行细则》，中国目前对部分商品实行进口许可证：一是对部分商品实行进口配额管理的商品同时实行进口许可证管理；二是对部分商品实行单一的进口许可证管理，其目的在于遵守有关国际公约及时有效地对进口货物进行监管，保护国内相关产业。

进口许可证是国家管理货物进口的法律凭证。凡属于进口许可证管理的货物，除国家另有规定外，各类进出口企业应在进口前按规定向指定的发证机构申领进口许可证，海关凭进口许可证接受申报和验放。

对外贸易经济合作部是全国进口许可证的归口管理部门，负责制定进口许可证管理条例、规章制度，发布进口许可证管理商品目录，监督、检查进口许可证管理规定的执行情况，处罚违规行为。

外经贸部授权配额许可证管理事务局统一管理、指导全国各发证机构的进口许可证签发工作，配额许可证事务局对外经贸部负责。各发证机构必须严格按照外经贸部发布的年度《进口许可证管理商品目录》和《进口许可证管理商品分级发证目录》的规定，签发相关商品的进口许可证，不得违反规定发证。各发证机构不得无配额、超配额、越权或超发证范围签发进口许可证。

（四）进出口商品检验制度

1. 进出口商品检验管理

进出口商品检验管理就是对进出口商品的质量、重量、数量和包装等严格按照合同和标准规定进行检验和管理。进出口商品检验是国家对对外贸易活动实行监督管理的一个重要方面，也是一项国际性业务。它是保证进出口商品质量，维护对外贸易有关各方合法利益，促进对外经济贸易关系顺利发展的重要措施之一。

国家质检总局主管全国进出口商品检验工作。国家质检总局在省、自治区、直辖市以及进出口商品的口岸、集散地设立的进出口商品检验局及其分支机构，管理所负责地区的进出口商品检验工作。

国家商检部门可以按照国家有关规定，通过考核，许可符合条件的国内外检验机构承担委托的进出口商品检验鉴定工作，并依法对经国家商检部门许可的检验机构的进出口商品检验鉴定业务活动进行监督，可以对其检验的商品抽查检验。

中国进出口商品检验工作，主要有三项任务：法定检验、监督管理和对外贸易公证鉴定。

（1）法定检验。

法定检验是对指定的重要进出口商品实施强制检验。国家质检总局根据对外贸易发展的需要，制定、调整并公布的《商检机构实施检验的进出口商品检验表》中的进出口商品和其他法律、行政法规规定需经商检机构检验的进出口商品，必须经过商检机构或者国家商检部门、商检机构指定的检验机构依法检验。法定检验的出口商品未经商检机构检验并签发证书放行单，不准出口。出口商品未经向商检机构申报，不准进口。

（2）监督管理。

商检机构通过组织管理和监督检查等方式，对进出口商品的质量、重量、数量、包装等实施监督管理。

（3）公证鉴定。

公证鉴定是国家设置的商品检验机构或社团法人设立的第三者检验机构，对进出口商品进行鉴别和认定。通常是根据对外贸易关系人的申请，外国检验机构的委托，或仲裁、司法机关的指定进行公证鉴定。

2. 进出口商品检验程序

根据中国现行法律规定，办理进出口商品检验主要经过以下几个步骤：

（1）报验。法定检验的进口商品到货后，收货人必须向卸货口岸或者到达站的商检机构办理登记。商检机构在报关单上加盖"已接受登记"的印章，海关凭报关单上加盖的印章验放。法定检验的出口商品，发货人应当在商检机构规定的地点和期限内，持合同等必要的单证向商检机构报验，由商检机构实施或者组织实施检验。

法定检验以外的进出口商品，对外贸易合同约定由商检机构检验的，依照规定办理报验检验事项。货物的收、发货人应当在规定的地点和期限内向商检机构报验。

（2）检验。商检机构在接受报验人的申请后，对进出口商品实施检验的内容，包括商品的质量、规格、数量、重量、包装以及是否符合安全卫生要求。

（3）出证。商检机构进行检验之后，符合标准、认为合格的，签发商品检验证书，或者在报关单上加盖印章，海关依据商品检验书予以验放；商品经过检验不合格的，商检机构发给不合格通知书，经返工整理后，可以申请一次复验。复验仍不合格的，出口商品不准出口，进口商品不准销售使用。

3. ISO9000 系列标准

ISO9000 系列标准是国际化标准组织为适应国际贸易发展的需要而制定的国际品质保证标准。在激烈的国际市场竞争中，产品质量不仅仅依赖于技术标准，还要依赖于正常运转的产品质量体系。而 ISO9000 系列标准为国际市场商品的生产企业质量体系评定提供了统一的标准，具有国际通行证的作用。出口商品生产企业的质量体系如果达不到 ISO9000 系列标准的水平，今后就很难在国际市场的竞争中取胜。

贯彻 ISO9000 系列标准，不仅是适应国际市场和发展对外贸易的需要，也是生产企业提高自身技术和管理素质的需要。国家商检局和外经贸部于 1990 年 10 月 31 日发出通知，为使出口商品生产企业符合 ISO9000 系列标准，促进中国产品顺利进入国际市场，根据《商检法》关于进出口商品实施免验认证、质量许可证和商检标志制度的规定，在现行对出口商品生产企业实行出口质量许可证、卫生注册评审的基础上，决定在中国出口商品生产企业推行 ISO9000 系列标准。1992 年国家商检局公布了《出口商品生产企业质量体系评审管理办法》，规定国家商检局统一管理对出口商品生产企业质量体系的评审工作。今后出口商品，不但质量要符合外贸合同和有关标准的要求，而且如果外贸合同约定或者外国政府要求以及中国有关规定，应提供质量体系评审合格证书的，必须提供该项合格证书，否则，商检局不接受报验。

（五）进出口外汇管理

根据《中华人民共和国外汇管理条例》的规定，国家对经常性国际支付和转移不予限制。经常性国际收支主要指国际收支平衡表中"经常项目"项下的国际收支，包括贸易收支、劳务收支、单方面转移等。经常项目项下的外汇管理主要包括对境内机构、个人、驻华机构和来华人员的管理。对境内机构经常项目的外汇管理规定主要有：

1. 对境内机构经常项目外汇收入的管理

中国对经常项目外汇收入实行银行结汇制，即中国境内所有中资企业、机关和社会团体的外汇收入都必须按银行挂牌汇率卖给外汇指定银行，银行收取外汇，兑换人民币的制度。

根据《外汇管理条例》的规定，境内机构的经常项目外汇收入必须调回境内，不得违反国家有关规定将外汇擅自存放在境外。这是中国对经常项目外汇收入管理的首要原则，适用于所有境内机构。如果擅自将外汇收入存入境外，则属于逃汇行为，将受到法律的制裁。

境内机构将经常项目外汇收入调回境内后，应当按照国务院关于结汇、售汇及付汇账户管理规定在外汇指定银行开立外汇收入账户，保留全部或部分外汇。

2. 对境内机构经常项目外汇支出的管理

中国对经常项目外汇支出实行银行售汇制，是指有关主体持合同、支付通知或凭证到外汇指定银行购汇，外汇指定银行按规定售给外汇的制度。境内机构的经常外汇支出，要按照国务院关于结汇、售汇及付汇管理的规定，到指定银行购汇支付。

外汇管理是指国家对进出本国境内的外汇收支、借贷、买卖、转移和本国货币的汇价等进行干预和控制。外汇管理是实现国家经济和政治目的的重要手段，目的是为了增加国家的外汇收入，节约外汇支出，防止浪费国家外汇、逃汇、套汇等不法行为的发生，维护国家权益。随着社会主义市场改革开放的深化，中国外汇管理制度也在进行改革，总的目标是不断放宽外汇管理。

（六）进出口商品原产地管理

1. 中国出口货物原产地管理

改革开放以来，中国对外贸易呈现出崭新的格局，越来越多的出口货物不再是由单一的本国成分组成。为了加强对出口货物原产地工作的管理，中国于 1992 年公布了《出口货物原产地规则》、《出口货物原产地规则实施办法》及《含有进口成分出口货物原产地证标准制造、加工工序单》，对原产地实行了统一管理。

（1）出口货物原产地管理体制。

按照中国《出口货物原产地规则》的规定，外经贸部是出口货物原产地工作的主管部门，对全国出口货物原产地工作实施统一监督管理。其主要职责是：负责政府的国际组织关于原产地工作的谈判及有关原产地规则协议的签署工作；制定全国统一的出口货物原产地规则；统一管理全国原产地证的申领和签发机构。省自治区直辖市和计划单列市外贸易主管部门负责协调本行政区域内的出口货物原产地工作。

出口货物原产地证书的签发由国家质检总局设在地方的商检机构的贸促会及其分会负责。

（2）出口货物原产地证的种类。

原产地证可分为一般原产地证、普惠制原产地证、专用（配额）产地证、地区经济集团协定产地证等。中国签发的原产地证书分为三种：

一是普惠制原产地证。签证是根据给惠国的要求出具的，它可使货物在向给惠国出口时享受普惠制的关税优惠待遇。

二是一般原产地证。该证使用范围广泛，是证明货物的生产和制造地的证明文件，进口国据此对货物制定所适用的关税待遇和进行贸易统计。

三是纺织品配额原产地证。签证是根据纺织品贸易设限国家进行配额管理的要求出具的。

（3）出口货物原产地标准。

中国《出口货物原产地规则》将判定货物原产地的标准分为两大类，即完全在中国原产的货物和含有进口成分的货物。

根据《出口货物原产地规则》的规定，全部在中国境内生产和制造的货物包括：从中国领土和大陆架提取的矿产品；在中国境内收获或采集的植物及其产品；在中国境内繁殖和饲养的动物及其产品；在中国境内狩猎或捕捞获得的产品；由中国船只或者其他工具从海洋获得的海产品或其他废物和废料及在中国境内收集的其他废旧物品；在中国境内完全用上述产品及其他非进口原料加工制成的产品。

根据《出口货物原产地规则》规定，部分或者全部使用进口原料零部件制造的产品，其主要的及最后的制造加工工序在中国进行，并使其外形性质形态或者用途发生实质性改变者，也可视为中国产品。

2. 中国进口货物原产地管理

中国于 1986 年颁布了《海关关于确定进口货物原产地暂行规定》，根据该规定的有关条款，中国把进口货物原产地标准划分为进口货物的"完全获得或生产"和"实质性加工或制造"。

（1）"完全获得或生产"标准。

根据《规定》第 2 条，下述货物视为"完全获得或生产"：该国领土或领海内开采的矿产品；该国领土上收获或收集的植物产品；该国领土上出生或由该国饲养的活动物及其所得产品；该国领土上狩猎或捕捞的产品；由中国船只或其他工具从海洋获得的海产品或其他产品及其加工制成的产品；在该国收集的只适用于做再加工制造的废碎料和废旧物品；在该国完全使用上述各项所列产品加工成的产品。

（2）"实质性加工或制造"标准。

根据《规定》第 3 条，"实质性加工或制造"标准适用于生产涉及几个国家加工制造的进口货物。在这种情况下，经历最后的实质性加工或制造的国家，被视为货物的原产国。所谓实质性加工是指产品加工后，在税则中四位数税号一级的税则归类已经有了改变，或在加工增值部分所占新产品总值的比例已超过 30% 及其以上者。

本章知识运用

相关知识一：中美纺织品协议

2005 年配额取消后，富有竞争力的中国纺织服装产品在像潮水一般地涌出国门之时，也招来了国际上的不少指责。由于后配额元年的前两三个月，中国纺织品出口"激增"，美欧等国借此认定中国纺织品大量出口，影响了他国利益，再三提出要对华纺织服装产品设限，频频敲响全球特保警报，以此散布"中国威胁论"。他们认为中国是配额取消后的最大受益者，而这种受益是建立在损坏孟加拉等一些发展中国家及穷国利益的基础之上的。美国主要纺织品服装协会和工会声称，未来两年，中国纺织业的快速增长，将使全美 70.2 万名纺织品服装工人中的 75% 失业，并将波及全球 3 000 万纺织服装工人。欧洲纺织协会更耸人听闻地预测，2005 年以后，中国将占据世界纺织品服装市场 50% 的份额。

纺织品一体化后，美方依据《中国加入 WTO 工作组报告书》第 242 段，频繁对中国纺织品实施限制措施，给两国纺织品贸易带来了极大的不稳定性，影响了贸易的正常、有序发展。美国对进口中国纺织品重新实施配额，不仅损害了中美双方的贸易关系，同时也影响了美国经销商、贸易商、制造商和消费者的利益。针对美国当局的这一行为，新任世贸组织总干事拉米也批评了美国奉行弱肉强食的贸易政策。他说："世贸组织的条款规定得很清楚，它不是弱肉强食的法则。"可见美国对中国纺织品重新实行配额限制是不得人心的。

外交部部长薄熙来在会见欧盟贸易委员曼德尔森时，就中欧经贸关系和纺织品问题与对方深入交换意见并指出，中国是负责任的贸易大国，为保证纺织品一体化的平稳过渡，中国主动采取了一系列措施，如加征出口关税、调低出口退税率、实行自动出口许可等，这些措施已经并正在显示出积极效果，3 月份中国对欧纺织品出口增幅已有所下降，后几个月还将继续下降。这种现象，欧美等国似乎没有看到，仍执意要对中国纺织品设限，严重影响了中美正常贸易关系。中国商务部副部长廖晓淇 16 日就美国对中国三种纺织品设限现象召见美国驻华使馆临时代办西德尼时，表达了中国政府坚决反对美对华纺织品设限的态度。廖晓淇说，全球纺织品一体化仅仅实施四个月，美方即依据短期的不准确的数据，由政府自主启动设限调查，作出对中国纺织品实施限制措施的决定，背离了世贸组织倡导的贸易自由化的基本精神，违背了世贸组织《纺织品与服装协定》，不符合中国加入世贸组织相关法律的规定。

中美两国业界强烈要求两国政府通过磋商达成协议，为两国业界创造稳定和可预见的贸易环境，维护双边经贸关系和发展大局。基于双方的共同关切，中美两国政府在平等互利的基础上，经过七轮磋商，最终就纺织品问题达成了协议。纺织品问题的解决符合中美两国企业的共同利益。

11 月 8 日，中美双方就纺织品问题达成协议，中美纺织品协议将于 2006 年 1 月 1 日正式生效，于 2008 年 12 月 31 日终止。中美双方同意在协议期内对中国向美国出口的棉制裤子等 21 个类别产品实施数量管理，包括 11 个类别服装产品和 10 个类别纺织产品，其中 16 个类别为 2005 年一体化产品，5 个类别为 2002 年以前一体化产品。

协议产品 2006 年基数基本上是 2005 年有关产品美国从中国的实际进口量，2007 年和 2008 年基数均为上一年度全年协议量。

协议产品 2006 年增长率为 10% ~ 15%，2007 年增长率为 12.5% ~ 16%，2008 年增长率为 15% ~ 17%。

根据协议，对协议外产品，美方将克制使用 242 段条款。美国对协议签署日之前因 242 段设限个案造成的卡关货物立即放行，不计入协议量。

相关知识二：中韩泡菜贸易摩擦

2005 年 11 月，中国出入境检验检疫机构对从韩国进口的土产进行了全面检查，在检测中发现，韩国生产的"中加吉"等 5 个品牌的泡菜、"太阳草"等 2 个品牌的辣椒酱和 1 个品牌的烤肉酱产品中检出寄生虫卵。

国家质检总局同时严令各地检验检疫机构加强对韩国泡菜、辣椒酱、烤肉酱及相关产品的检验工作，对于检验不合格的产品作退货或销毁处理，并暂停受理相关品牌的产品的进口报检。

中韩之间的"泡菜风波"起于 2005 年 9 月份。9 月 25 日，3 名韩国议员指责中国泡菜铅含量超过韩国泡菜 3 至 5 倍。韩国普通民众据此认为中国泡菜有害人体健康，开始停止食用和销售中国产泡菜。

尽管韩国食品药品安全厅 10 月 10 日发表新闻公报表示，中国泡菜铅含量低于国际标准，不会对人体产生危害，但泡菜风波并未就此平息。

10 月 21 日，韩国食品药品安全厅公布，对韩国市场上的 9 种中国泡菜进行了检测，抽检的 16 颗泡菜中有 9 颗检测出蛔虫、十二指肠虫及东方毛圆线虫等 3 种寄生虫虫卵。

而在 10 月 26 日，韩国食品药品安全厅再次宣称，对中国泡菜的第二次检测中，82 颗被抽检泡菜中有 15 颗检测出寄生虫卵。

根据韩国政府公布的数据显示，韩国 2004 年的泡菜进口量首次超过出口量，而进口泡菜绝大多数来自中国。进口泡菜的大量增加，使得韩国一些相关的农副产品价格大幅下降，首当其冲的是泡菜的主要用料白菜和萝卜。因此不仅对韩国企业，而且对韩国菜农也造成了很大压力。在中国泡菜的冲击下，中韩之间的泡菜贸易已经进入了敏感期。

国家质检总局进出口食品安全局局长李元平表示，以泡菜贸易摩擦为代表的中韩质检摩擦近日有增多的趋势，其中的确有一部分中国产品质量不合格的因素，但是更多原因在于韩国质检部门对于中国产品过于挑剔。

对于韩国在中国泡菜上的不断挑刺，国家质检总局也正式作出回应，决定停止进口韩国泡菜及相关产品，中韩之间的泡菜贸易摩擦升级。

相关知识三：市场经济地位问题

截至 2004 年底，已有 37 个国家承认中国完全市场经济地位。其中包括新西兰、吉尔吉斯、南非、东盟 10 国、格鲁吉亚、巴巴多斯、圭亚那、俄罗斯等。2005 年，又有澳大利亚（标志着发达国家首次承认）、冰岛、萨摩亚。

2005 年 6 月 28 日，欧盟拒绝承认中国市场经济地位。理由是：第一，中国的会计法和破产法等市场经济法律体制还不够健全。第二，中国对资源的进出口采取了非市场化控制，比如焦炭出口。第三，中国在知识产权保护以及含知识产权产品的保护体系存在漏洞，保护力度不够。第四，中国金融和企业融资不符合市场经济规律，国有企业的融资没有根据客观条件，导致了大量的呆账、坏账。

2004 年 6 月，美国就中国市场经济地位问题举行听证会。美国商务部就是否承认中国的市场经济地位的问题举行的首轮公共听证会于美国东部时间 6 月 3 日下午在华盛顿结束。经过近 7 个小时的听证辩论后，结果正如许多专家之前所预测的那样：中国的市场经济地位并没有得到美国听证委员会的认可。

本次听证会主席、负责进口管理的美国助理商务部长詹姆斯·乔切姆（James Jochum）在会上表示，根据中国加入世界贸易组织的条款规定，美国以及其他世贸组织成员可以将中国这个世界第四大出口国的"非市场经济地位"一直保持到 2016 年。

美国商务部对市场经济的 6 个法定要求或具体标准是：货币的可兑换程度；劳资双方进行工资谈判的自由程度；设立合资企业或外资企业的自由程度；政府对生产方式的所有和控制程度；对资源分配、企业的产出和价格决策的控制程度；商业部认为合适的其他判断因素。

在听证会上，美国企业代表辩论认为中国每一项都没有达到要求。在美国宏观经济环境低迷的情况下，美国企业将不断增高的失业率的原因指向中国，认为是中国的低成本把美国的工作吸引到了海外。在这次听证会上，这一点也是美方企业代表反对承认中国是市场经济的主要材料之一。美国劳工联盟及产业工会联合会（AFL - CIO）的证词说，我们认为目前在几项关键性标准，包括货币控制、基本的工人权利保护、不合理的补贴、功能失灵的银行部门和政府对经济的广泛干预方面，中国不符合市场经济的标准。

首轮中美战略与经济对话于 2009 年 7 月 27 日~28 日在华盛顿举行。两国在确保经济可持续和平衡增长、构建强有力的金融体系、贸易和投资、国际经济和金融机构等 5 方面达成共识。为促进贸易和投资，美方承认中国在市场改革方面不断取得的进展，并将切实考虑中方关切，通过中美商贸联委会以一种合作的方式迅速承认中国市场经济地位。

参考文献

1. 张锡嘏．国际贸易．北京：中国人民大学出版社，2004
2. 罗凤翔．国际经贸基础．北京：中国对外经济贸易出版社，2002
3. 袁永友．国际贸易基础知识．北京：对外经济贸易大学出版社，2002
4. 肖文，应颖．国际贸易基础知识，北京：机械工业出版社，2002
5. 刘力．WTO 案例精选．北京：中共中央党校出版社，2002
6. 刘力．中国入世法律文件干部培训读本．北京：中共中央党校出版社，2002
7. 中国加入世界贸易组织承诺精读．广州：广东省 WTO 事务咨询服务中心，2002
8. 经济日报．中国应对国外贸易壁垒最新实务指南．2003
9. 刘庆林，孙中伟．国际贸易理论与实务．北京：人民邮电出版社，2003
10. 涂永式，江虹．国际贸易理论与实务．广州：广东高等教育出版社，2005
11. 闫红珍，童西琳．国际贸易理论．北京：经济科学出版社，2005
12. 陈婷，吴宗金，李健．国际贸易．北京：经济科学出版社，2004
13. 喻常森．亚太地区合作的理论与实践．北京：中国社会科学出版社，2004
14. 曹云华，唐翀．新中国—东盟关系论．北京：世界知识出版社，2005
15. 王跃生，张德修．CEPA 与新世纪的内地香港经济关系．北京：中国发展出版社，2005
16. 王宁．警惕外贸依存度过高风险．中国经济时报，2005 – 01 – 10
17. 警惕外贸依存度持续上升．新华网
18. 吴念鲁．分析：中国对外贸易依存度有多大．国际金融报，2002 – 09 – 19
19. 中欧协议后：国内纺织业向何处去．新华网
20. 中国外贸"出乎意料"增长的背后．新华网
21. 中国要警惕"比较优势陷阱"．东方早报，2004 – 12 – 31
22. 崔日明，郭艳娇．战略性贸易政策—美国经济增长的有效支撑．国际贸易杂志，2004
23. 赖瑾瑜．国际商务基础知识．广州：暨南大学出版社，2006
24. 全国国际商务专业人员职业资格考试指定用书编委会．国际商务基础理论与实务．北京：中国对外经济贸易出版社，2008
25. 黄晓玲，宋沛．中国对外贸易．北京：中国人民大学出版社，2009